PUBLICATIONS

SAINT-SIMONIENNES.

1830-1836.

P.

P.

— — CRISES SAINT-SIMONIENNES. 1831—1832. 12 *pièces diverses*, formant un volume de 305 pages.

Scission de BAZARD.

—1° *Réunion générale de la Famille*. Séances des 19 et 21 novembre 1831. Brochure de 64 pages.

—2° Quelques-unes des pièces *in-quarto*, réimprimées dans le format *in-octavo* par le chef de la correspondance. 4 pages.

—3° *Cérémonie du 27 novembre. Protestation* de JEAN REYNAUD. 24 pages.

—4° *Lettre aux Saint-Simoniens*; par JULES LECHEVALIER. 20 décembre 1831. 56 pages.

—5° *Discussions morales politiques et religieuses*; par BAZARD. 20 janvier 1832. 30 pages.

—6° *Simple écrit* d'ABEL TRANSON *aux Saint-Simoniens*. 1er février 1832. 8 pages.

—7° *Lettre à monsieur* ENFANTIN; par *Toussaint*, de Belgique. 12 février 1832. 8 pages.

—8° *De la Société Saint-Simonienne*; par JEAN REYNAUD. Extrait de la *Revue Encyclopédique*. 32 pages.

—9° *Mémoire d'un Prédicateur saint-simonien*; par *Édouard Charton*. Extrait de la *Revue Encyclopédique*. 30 pages.

Scission d'O. Rodrigues.

—10° Olinde Rodrigues *aux Saint-Simoniens*. 13 février 1832. 15 pages.

—11° *Le Disciple de* SAINT-SIMON *aux Saint-Simoniens et au Public*. 28 pages.

—12° Olinde Rodrigues à Michel Chevalier. *Lettres* en date des 12, 17 et 18 mars 1832. 8 pages.

RELIGION SAINT-SIMONIENNE.

Réunion Générale

DE LA FAMILLE.

SÉANCES DES 19 ET 21 NOVEMBRE.

NOTE

SUR

Le Mariage et le Divorce;

Lue au Collége de la Religion Saint-Simonienne,

LE 17 OCTOBRE

PAR LE PÈRE RODRIGUES.

PARIS.

EVERAT, IMPRIMEUR RUE DU CADRAN, N° 16.

1831.

RELIGION SAINT-SIMONIENNE.

Réunion Générale

DE LA FAMILLE.

SÉANCES DES 19 ET 21 NOVEMBRE.

NOTE

SUR

Le Mariage et le Divorce;

Lue au Collége de la Religion Saint-Simonienne,

LE 17 OCTOBRE,

PAR LE PÈRE RODRIGUES.

PARIS.

ÉVERAT, IMPRIMEUR RUE DU CADRAN, N° 16.

1831.

RELIGION SAINT-SIMONIENNE.

RÉUNION GÉNÉRALE

DE LA FAMILLE.

SÉANCE DU SAMEDI 19 NOVEMBRE.

NOTRE PÈRE ENFANTIN A DIT :

CHERS ENFANS,

Je vous ai tous vus séparément dans les réunions des différens degrés : mais je veux vous parler aujourd'hui à tous, assemblés en famille.

Je vous ai déjà annoncé que, pour passer de l'état où nous nous trouvons depuis deux ans que la hiérarchie est fondée, à une constitution, à une organisation définitive, nous avions une phase d'autorité incomplète et d'obéissance incomplète à parcourir. Je vous ai dit même qu'au premier abord, dans les premiers jours, cette imperfection se manifesterait sous la forme d'*anarchie*. Je vous ai prévenus que tout homme ou toute femme qui se sentait rallié à la doctrine par l'œuvre accomplie jusqu'à ce jour, devait, en présence de l'annonce d'anarchie que je faisais, se sentir plus fort que jamais pour y résister.

L'autorité sous laquelle vous avez vécu jusqu'à présent a été despotique ; nous vous avons maintenus sous nos lois, *agglomérés* plutôt qu'*associés*, et vous seriez bientôt *divisés, séparés*, si vous ne sentiez pas, dès aujourd'hui, ce que je vais vous dire.

Nous avons déjà beaucoup fait, et nos œuvres sont de nature à nous donner quelque foi dans notre puissance : nous avons beaucoup fait ; mais tout en invoquant le témoignage de ce qui a été fait, sachez bien aujourd'hui où est la force : la force est dans CE QUI EST ; la force n'est pas dans CE QUI FUT ; elle est présente, vivante, elle est devant vous.

J'ai besoin de vous remettre sous les yeux les actes accomplis depuis trois ans surtout, pour vous donner l'entière intelligence de la position actuelle.

Lorsque nous avons fondé la hiérarchie, j'avais *appelé* Bazard à partager avec moi l'autorité suprême :

Bazard demanda du TEMPS pour réfléchir ; du TEMPS! et c'est là l'explication de toute notre vie, à l'un et à l'autre.

Depuis cette époque jusqu'à ce jour, j'ai PROVOQUÉ tout ce qui a été *pensé*, tout ce qui a été *fait* dans la doctrine ; je l'ai PROVOQUÉ devant la *négation* continuelle de Bazard, de Bazard qui toujours demandait du *temps* pour réfléchir.

Ceci n'est point un blâme que je jette sur le passé : c'est une justice, c'est l'expression de la vérité.

Le dogme a été posé ; Bazard l'a combattu, et cependant Bazard l'a formulé, et il a su le formuler de manière à répondre à toutes les objections qu'il avait faites lui-même.

Bazard, à l'époque de juillet, était préoccupé du mouvement

libéral, révolutionnaire, républicain qui se produisait alors, et pendant que moi, par mes sollicitations constantes, je poussais de toute ma force la doctrine dans les voies pacifiques, Bazard devait prétendre encore à conserver dans notre sein les passions de guerre, hostiles, haineuses même; car il y avait encore à nous adresser au parti qui venait de remporter la victoire, sous une forme *transitoire* qui l'amenât vers l'avenir que nous annonçons.

J'ai donc provoqué le langage PACIFIQUE que *le Globe* a tenu, et la justification des partis qui sont en dehors de nous, y compris même celui du *juste-milieu*. Je sentais que nous approchions de l'époque où notre langage vis-à-vis de TOUS devait être bienveillant pour TOUS; où les sentimens qui nous avaient donné jusque-là notre force, parce que nous avions à résister au passé, à combattre, à vaincre le passé, devaient disparaître, puisque nous avions à fonder l'avenir. En d'autres termes, j'ai senti que les hommes les plus forts en dehors de nous étaient ceux qui se trouvaient aujourd'hui à l'état où nous étions nous-mêmes, lorsque nous nous sommes approchés de Saint-Simon, c'est-à-dire dégoûtés et désenchantés de toutes les doctrines et de toutes les passions politiques du jour. Notre action sur eux, depuis que nous sommes entrés, en avant d'eux, dans la voie de l'avenir, a été de les attirer et de les amener eux-mêmes à l'entrée de cette voie; et si, depuis six ans que nous marchons, ils n'étaient pas encore arrivés, eux, à ce terme qui fut, il y a six ans, notre point de départ, il faudrait, ou bien croire que nous sommes dans une disproportion prodigieuse par rapport à tous les hommes qui nous entourent, ou bien nous accuser d'inertie et d'impuissance, de vanité, de nullité.

Cette disposition politique devait donc bientôt changer complétement notre langage. Nous avions *fait la loi* à tout ce qui était hors de nous: nous avions été des *juges* et des *docteurs* bien plus que des APÔTRES; nous avions bien plus fait la *leçon* au monde que nous ne l'avions AIMÉ, APPELÉ; nous avions

BLAMÉ, CRITIQUÉ, CHATIÉ; nous n'avions pas DÉVELOPPÉ, GLORIFIÉ, PERFECTIONNÉ.

Tout ce que je vous dis là est l'expression d'un autre fait.

J'avais, par mes travaux dans la doctrine, depuis le moment où s'était fait sentir à nos âmes la foi religieuse, indiqué que j'étais seul de nous deux en position d'appeler LA FEMME. Tous mes travaux portaient l'empreinte de ce désir. Bazard, au contaire, n'en parlait pas; Bazard pensait que la vie politique dans laquelle nous étions, et où nous continuions à marcher, était telle que nous avions surtout à développer parmi nous, et en face des hommes, des vertus MALES pour résister à l'état de désordre et de guerre dans lequel le monde se trouve encore. Or, nous n'avons pas à *résister* au monde, nous avons à le PACIFIER, nous avons à l'APPELER, à l'ATTRAIRE par nos sentimens de fraternité, d'union, de famille, par le spectacle de notre MORALITÉ. Notre œuvre, notre position, notre enseignement, notre vie ne doivent point être de dureté, de sévérité, de *guerre*, mais bien toute d'amour, de douceur et de *paix*.

J'avais de plus le besoin de manifester la doctrine au monde par le CULTE. Je sentais que nous ne pouvions revêtir aux yeux de tous le caractère RELIGIEUX, qu'en nous offrant tous personnellement, par nos *actions*, en face du monde, bien plus encore que par nos *pensées* et nos écrits. Je pressai donc l'organisation du *parti politique des travailleurs*, dans un but de CULTE, et non pas dans un but de *résistance* ou d'*attaque* contre le pouvoir. Au contraire c'était bien plutôt dans la pensée que l'*organisation pacifique des travailleurs* serait un exemple et une puissance pour arrêter le désordre qui existe toujours flagrant en dehors de nous.

LA FEMME et LE PROLÉTAIRE avaient tous deux besoin d'affranchissement. Tous deux, courbés sous le poids de l'esclavage, devaient nous donner la main et nous révéler l'un et l'autre une langue nouvelle. Nous avons eu jusqu'ici une parole très-savante, très-apprêtée, très-étudiée, très-profonde;

nous n'avons pas encore *improvisé* devant vous, et là est le secret de notre impuissance religieuse. Nous avons tous senti, au sortir des prédications où nous avions été émus par l'éloquence, la force et l'élévation des pensées, qu'il nous manquait quelque chose : c'était la vie de vérité, la vie de franchise, la vie d'abandon ; l'expression vive et instantanée de ce que l'on sent, et non pas de ce que l'on a médité, préparé, appris. Le réfléchi, l'étudié ne suffit pas aux hommes, et la parole doit être telle qu'elle aille au cœur de tous. Or, cette parole, nous ne pouvions l'avoir, ne connaissant encore ni LA FEMME ni L'OUVRIER.

Vous comprenez maintenant dans quelle position nous nous sommes trouvés, Bazard et moi, en présence l'un de l'autre depuis trois ans, et vous pouvez vous assurer par vous-mêmes si cette position ne s'est pas en effet réfléchie dans toute la doctrine.

Au milieu de tous nos débats, une question nous a surtout agités, qui nous agite et doit nous agiter encore, c'est la question de L'AFFRANCHISSEMENT DES FEMMES.

Je vous ai dit que j'avais le premier senti et exprimé le besoin de cet affranchissement. J'ajoute que, par le fait, j'étais seul de nous deux en position d'appeler la femme à la vie nouvelle, et c'était ce sentiment qui me faisait déclarer qu'au moment où nous allions nous occuper de la fondation de l'ORDRE MORAL nouveau, tout homme qui prétendrait imposer une loi à la femme n'était pas Saint-Simonien ; et que la seule position du Saint-Simonien, à l'égard de la femme, était de déclarer son incompétence à la juger, tant qu'elle ne se serait pas sentie elle-même assez affranchie pour librement révéler tout ce qu'elle sent, tout ce qu'elle désire, tout ce qu'elle veut pour l'avenir.

Il y avait donc à provoquer l'affranchissement de la femme.

Les termes dans lesquels cette provocation a été faite ont été répandus parmi vous d'une manière tellement désordonnée, qu'il est indispensable qu'aujourd'hui devant vous je les pose moi-même.

L'HOMME ET LA FEMME, voilà l'INDIVIDU SOCIAL, c'est notre foi la plus élevée sur les rapports des deux sexes; c'est la base de la morale de l'avenir. *L'exploitation* de la femme par l'homme existe encore, et c'est là ce qui constitue la nécessié de notre apostolat.

Cette exploitation, cette sûbalternité, contre nature par rapport à l'avenir, a pour effets, d'un côté le mensonge, la fraude, et d'autre part la violence, les passions brutales; tels sont les vices qu'il faut faire cesser.

L'homme qui se présente pénétré de la foi qu'il lui est donné d'affranchir la femme, a donc dû se placer dans une position telle que, devant lui, aucune femme ne pût rougir de lui confesser sa vie, de lui dire qui elle est, ce qu'elle veut, ce qu'elle désire. Cet homme a dû faire en sorte que rien dans sa personne ne présentât le symbole de la réprobation chrétienne, et j'entends par la réprobation chrétienne l'exclusion de la femme du temple, de la politique, sa subalternité par rapport à l'homme. Voilà dans quelles conditions j'ai dû me placer, et de plus j'ai dû me présenter à la femme en repoussant également loin de moi l'anathème correspondant à l'exclusion de la femme dans le christianisme, l'anathème contre la *chair*. C'est ce que j'ai fait; j'ai dû, en déclarant ce que je pensais, moi personnellement, sur l'avenir de la femme, exprimer une opinion telle que l'homme qui l'écouterait ne l'adoptât pas; car si l'homme l'avait adoptée, si la loi que je présentais, moi, homme, avait été acceptée par les hommes, cette loi faite sans la femme aurait été imposée aux femmes qui seraient donc toujours restées dans la subalternité et l'esclavage : mais, ainsi que je devais le prévoir, ma loi se trouve rejetée par les hommes, et la femme est attendue qui doit avec l'homme trouver la loi définitive sous laquelle l'homme et la femme s'uniront et vivront dans une *sainte égalité*.

Quand je vous parlerai tout à l'heure des idées que j'ai

présentées sur les femmes, vous regarderez donc le but dans lequel elles ont été présentées, et vous les considérerez comme une limite extrême, posée à une distance assez grande de la loi chrétienne, pour que les femmes, dans l'espace intermédiaire qui sépare ces idées des idées actuelles, osent et puissent venir parler librement.

Vous savez que tous nos enseignemens sur le passé, et les principaux moyens à l'aide desquels nous classons les faits de l'humanité se réduisent à ceci : L'humanité s'est d'abord développée *matériellement*, ensuite *spirituellement;* elle doit harmoniser un jour le développement de *l'esprit* et de *la matière.*

Lorsque l'humanité était sous l'empire de la loi de CHAIR, de la loi de sang, les chefs étaient *violens*, les inférieurs *esclaves.* Lorsque l'ESPRIT voulut résister à la CHAIR et la vaincre par le christianisme, il employa le mensonge, le miracle et le jésuitisme. Aujourd'hui la *violence* et le *mensonge* doivent cesser ; car l'extase chrétienne et l'exaltation païenne ont mis la *chair* et *l'esprit* en état d'hostilité, et par conséquent ont déterminé la chair à la violence et l'esprit au mensonge : or cette guerre, cette lutte, cette disposition hostile doivent disparaître devant LA LOI D'AMOUR qui donnera satisfaction à la chair et à l'esprit, à l'industrie et à la science, au culte et au dogme, à la pratique et à la théorie. Tout le problème social de l'avenir consiste donc à concevoir comment les *appétits des sens* et les *appétits intellectuels* peuvent être dirigés, ordonnés, combinés, séparés à chaque époque de la civilisation humaine, selon les besoins progressifs de l'humanité. Le PRÊTRE doit donc se proposer d'inspirer et de diriger ces *deux natures* distinctes, jusqu'ici ennemies, de les diriger dans un amour commun pour une destinée commune, en rapprochant sans cesse la distance qui sépare ces deux natures, et en s'opposant de toute sa force, de toute sa sagesse, de tout son amour, à ce que leur rapprochement donne lieu à un combat, à un DUEL.

Voilà la politique, voilà le gouvernement de l'avenir. Il

consiste à mettre le théoricien et le praticien, les hommes de l'esprit et les hommes de la chair en relation telle que le duel qui a existé entre eux dans le passé n'existe plus et qu'à ce duel succède une harmonie.

Vous sentez, dans les termes dont je viens de me servir, que c'est le même problème que celui de l'HOMME et de la FEMME. Il faut que l'harmonie s'établisse entre l'homme et la femme, leurs rapports jusqu'ici ayant toujours été ou *violens* ou *faux*; la fausseté et la violence doivent disparaître. Mais, en nous tenant dans les termes de chair et d'esprit, de science et d'industrie, de dogme et de culte, termes métaphysiques, historiques, politiques, je ne me fais pas SENTIR : prenons donc une forme nouvelle.

Il y a des êtres à AFFECTIONS PROFONDES, durables et que le temps ne fait que resserrer. Il y en a d'autres à AFFECTIONS VIVES, rapides, passagères, cependant puissantes, sur lesquelles le temps est une épreuve pénible, souvent insupportable.

Ces deux natures d'affections, toutes les fois jusqu'ici qu'elles se sont trouvées en présence, se sont méprisées, repoussées, éloignées, salies. Comment, dans l'avenir, des êtres à affections profondes pourront-ils, non pas se lier d'amour avec ceux qui ont des affections vives (ce qui serait pour les uns et pour les autres une union de douleur et de sacrifices), mais se rendre justice réciproquement, mais s'estimer les uns les autres, mais se considérer comme également utiles au développement de l'humanité ? c'est là toute la question qui nous occupe.

Or je dis qu'il y a dans le monde trois formes de relations, l'*intimité*, la *convenance* et la RELIGION. Les rapports qui existeront entre les êtres à affections profondes seront des rapports intimes comme ceux qui existeront entre les êtres à affections vives. Les relations de ces deux natures l'une avec l'autre, c'est ce que j'appelle les relations de convenance. Enfin la réunion de ces deux natures autour du PRÊTRE qui les comprend l'une et l'autre, qui les sent également l'une et l'autre, qui les élève l'une et l'autre, constitue la RELIGION. Le *Temple*, sous le rapport MORAL, se trouve donc divisé en trois parties, ainsi que la *Cité* et l'*Humanité*, en trois parties qui correspondent à ces trois faces de la vie, *affection vive*, *affection profonde*, et CALME OU AFFECTION SACERDOTALE qui sait les comprendre l'une et l'autre.

J'ai besoin cependant de revenir sur ce que j'ai dit tout à l'heure du passé. Nous avons exprimé sous bien des formes déjà que l'avenir se distinguait de la dernière époque organique, du christianisme, spécialement par le développement *industriel*. C'est pour cela que nous avons dit, dans ces autres termes, que notre œuvre apostolique consistait dans la *réhabilitation de la chair*. Vous avez donc à vous souvenir que jusqu'à présent sur toutes les questions que nous avons examinées, philosophiques et politiques, sur chacune successivement, vous avez toujours été trouvés chrétiens, chrétiens à votre insu, chrétiens quand même vous en étiez à la critique du christianisme, et c'est pourquoi vous devez vous attendre, aujourd'hui qu'il s'agit entre nous de morale, de la réhabilitation de la chair sous le point de vue moral, vous devez vous attendre à être trouvés et à vous trouver encore chrétiens. Souvenez-vous donc, devant toutes les paroles qui peuvent appeler l'avenir, souvenez-vous de vous bien défendre de toute réprobation anticipée, faites effort pour vous délivrer, vous, enfans de Saint-Simon, de l'influence encore vivace de l'anathème chrétien, anathème qui pèse toujours sur notre monde, quoi qu'on puisse dire de l'état de démoralisation où trois siècles de critique nous ont plongés, et du désordre des appétits physiques de notre époque. Ce monde d'immoralité n'en garde pas moins pour règle de ses jugemens la loi morale chrétienne : c'est selon cette morale qu'il loue et qu'il blâme, tout en ne la suivant pas ; dernier et mystique hommage à la vertu ancienne : fiction bonne pour ce monde, mais qui ne doit pas nous préoccuper, nous, d'une manière fâcheuse, dans la recherche hardie et sainte que nous faisons de la loi morale nouvelle, de la loi définitive de l'humanité.

Je reprends la suite de l'enseignement que je vous faisais tout à l'heure.

La nature des relations qui existeront dans l'intimité de chacune des séries que je vous ai signalées sera telle, tant que l'humanité existera, que, sans l'influence médiatrice des PRÊTRES, il serait impossible de s'expliquer comment les êtres à affections vives ne *repousseraient* pas les êtres à affections profondes, et comment les êtres à affections profondes ne *repousseraient* pas les êtres à affections vives.

Ces deux formes de répulsions pourraient s'exprimer ainsi: que les uns *dégoûteraient* les autres, et que les autres *ennuieraient* les premiers.

L'*ennui* et le *dégoût*, voilà ce qu'il faut que le prêtre s'occupe sans cesse de faire disparaître, car c'est par l'ennui et le dégoût que tous les crimes sont déterminés. Et voilà pourquoi je vous ai dit tout à l'heure qu'entre ces deux séries devaient s'établir des relations de convenance, c'est-à-dire que leur rapprochement devait se faire de manière à ce que la vie habituelle de chacune des deux fût modifiée par la présence et pour la présence de l'autre.

Ainsi prenez pour un instant une image que j'aime à donner, parce qu'elle indique dans l'époque actuelle une division pareille, qui se fait instinctivement. Comparez le quartier de la Chaussée-d'Antin au Marais, vous voyez là certes deux natures d'individus bien distinctes, qui néanmoins à certains jours, à certaines heures où elles se visitent, où elles se rapprochent, où elles s'unissent, savent réciproquement l'une pour l'autre modifier leurs habitudes, leurs sentimens, leurs pensées, leurs manières, leur vie. Aujourd'hui sans doute la vie du Marais et la vie de la Chaussée-d'Antin sont également mauvaises, vicieuses, fâcheuses: mais ce sera l'œuvre de la religion nouvelle, en réglant et en justifiant ces existences diverses, de les amener chacune et toutes à l'état de communion complète, à la communion *religieuse.*

Je reviens maintenant à la forme sous laquelle les deux natures dont je viens de parler se manifestent le plus vivement l'une par rapport à l'autre. *L'indifférence* et la *jalousie* sont deux vices également funestes : je dis l'indifférence, c'est la facilité de passer d'une affection à une autre ; la jalousie, c'est l'amour exclusif pour *un seul* être, qui s'absorbe en *lui* et qui veut l'absorber en soi, qui craint toute approche, qu'un regard trouble et qu'un soupçon désespère. Othello et don Juan, voilà les types des deux vices; mais sous ces deux vices il y a aussi deux vertus : l'amour profond et exclusif pour un seul être, qui se donne tout entier à lui, mais qui ne veut pas s'isoler en lui, non plus que l'isoler en soi, et qui de deux existences n'en fait qu'une, pour les rattacher toutes deux en une, plus fortes l'une par l'autre, à l'œuvre sociale et à toutes les affections de l'humanité, cet amour est beau et religieux. De même, la facilité de passer d'une affection inférieure à une affection supérieure, sans s'abstraire dans la première, sans s'y confondre, sans s'y abîmer, au contraire en voyant en elle un premier élément de progrès, est d'une belle et sainte nature. Seulement il ne faut pas que ce soit un oubli, un abandon de ce qu'on a aimé, mais bien une puissance de marcher, après avoir aimé, vers un nouvel amour.

Ces deux natures ont donc leur vice à côté de leur vertu ; dans ces deux natures, comme dans toutes choses, l'humanité manifeste le *bien* et le *mal*, car elle est *imparfaite* mais PROGRESSIVE. Comment donc leur donner à toutes deux *satisfaction* et *règle* en même temps ? Comment garantir l'amour exclusif de cette exaltation anormale qui le fait vicieux, et en même temps le garantir aussi des causes qui déterminent cette exaltation ? c'est-à-dire comment le garantir de l'influence désordonnée qu'exercent, par rapport aux êtres de son choix, le caractère de l'autre série, ou de don Juan ? Comment préserver aussi (ce qui n'est pas moins important, quoi que le préjugé chrétien ait pu faire et fasse encore en faveur de l'amour exclusif), comment préserver l'individu qui a cet amour progressif, qui ne s'arrête pas dans *un* parce qu'il a aimé *un*, et qui peut, après avoir aimé *un*, marcher vers *un autre*, sans s'abstraire dans le premier, si le second est plus grand que le premier, comment le préserver, dis-je, de l'anathème, de la réprobation, du mépris que lui jette le christianisme, et que les êtres à affection exclusive et sanctifiée par la loi chrétienne pourraient vouloir lui continuer ?

Remarquez que cette disposition morale, dans laquelle je prétends vous mettre tous, et dans laquelle je suis, de donner *satisfaction* et *règle* à chacune de ces deux faces de la vie, cette disposition MORALE est la disposition saint-simonienne. Comme MORALITÉ SACERDOTALE, c'est la seule qu'on puisse admettre ; elle consiste à mettre d'accord, à HARMONISER sans cesse *les deux natures* ; nous l'avons tous professée sous les rapports politique, métaphysique, philosophique ; nous ne faisons ici que continuer. Ainsi, établissez le lien qui existe entre tout ce que je vous ai enseigné jusqu'à présent et ce que je vous enseigne aujourd'hui. Je tiens à ce que ce lien soit établi de manière à ce que vous conceviez qu'il y aurait à faire une rénovation entière de tout ce que je vous ai dit par le passé, si vous contestiez ce que je viens de vous dire.

J'ai parlé d'unions successives, et c'est là un fait sur lequel il faut que la doctrine se prononce; car au moment où tout le monde s'occupe du *divorce*, nous ne pouvons pas être dépassés pour un fait de ce genre par la Chambre des députés.

La femme, avons-nous dit, est l'égale de l'homme, *sera* l'égale de l'homme : elle est aujourd'hui esclave ; c'est son maître qui doit l'affranchir. Le divorce, tel qu'il peut être conçu en dehors de nous, n'ayant pas pour but l'*égalité* de l'homme et de la femme, n'a qu'une valeur négative de la loi chrétienne, et par conséquent une valeur dissolvante, une valeur critique, comme tout ce qui a été fait jusqu'à présent en dehors de nous. Nous, au contraire, en prononçant sur le divorce, nous aurons le caractère organisateur que nous avons eu dans toutes les théories politiques ou philosophiques que nous avons posées. Par exemple, quand nous professons l'abolition de l'hérédité selon la naissance, quoi que puissent dire les adversaires de la doctrine qui ne la comprennent pas, nous ne sommes pas des *destructeurs*, des *démolisseurs*, nous sommes les hommes du PROGRÈS qui *édifions* et *construisons* en même temps que nous *démolissons*. De même, en établissant le divorce, en vue de l'égalité de l'homme et de la femme, nous voulons bien en effet dissoudre des liens mal formés, mais en même temps nous en préparons de nouveaux. D'où il résulte qu'on pourra bien nous faire, dans l'ordre moral, les mêmes attaques que dans l'ordre politique, mais ces attaques seront également fausses. Sans doute notre caractère général est bien, par rapport à ce qui est avant nous et à côté de nous, la *dissolution*, la *destruction;* mais aussi par rapport à l'avenir, c'est la *réorganisation*, la *reconstruction*. En d'autres termes, notre caractère général, c'est le PROGRÈS ; nous accomplissons dans le temps ce qu'il y a de plus important à accomplir dans le temps : or dans le temps, il y aura toujours à faire *démolition* et *reconstruction*.

Avant de continuer sur les relations de l'homme et de la femme, j'ai besoin de vous dire qu'encore que nous ne puissions formuler aujourd'hui la LOI MORALE de l'avenir, qui ne peut pas être révélée sans la femme, il existe néanmoins pour nous une règle morale à laquelle je prétends le premier m'astreindre, et à laquelle, avant tout, je vous demande aussi de vous astreindre. Je déclare que tout acte, aujourd'hui, dans le sein de la doctrine, qui serait de nature à être réprouvé par les mœurs et les idées morales du monde qui nous entoure, serait un acte d'immoralité ; car il serait funeste à la doctrine en général ; pour MOI, *personnellement*, je le regarderais comme la preuve de désaffection la plus grande qu'un de mes enfans puisse me donner.

Voilà la règle morale que je vous donne à tous, règle morale qui a une autre forme, qu'il est utile de constater aujourd'hui devant vous. Tout est faux aujourd'hui dans les rapports de l'homme avec la femme. Ces rapports sont de maître à esclave : ceci doit disparaître parmi nous. Quand vous jugez une femme, vous, hommes, vous, Saint-Simoniens, vous êtes dans un état d'immoralité : vous ne le pouvez plus dès ce jour; vous avez tous à attendre, comme hommes, que la femme ait parlé, pour penser qu'il vous soit possible, à vous qui avez fait la loi sous laquelle elle vit, de juger un acte qu'elle aurait commis comme un acte d'immoralité. Permis à tous les hommes en dehors de nous de juger les femmes qui sont encore sous leurs lois; ils le peuvent; ils sont maîtres : nous ne le pouvons plus, car nous cessons d'avoir des esclaves. Sachez-le bien, toute femme aujourd'hui que vous jugeriez sans qu'elle vous accusât vous-même, sans qu'elle vous demandât compte de la loi que vous avez faite, de cette loi véritable cause de l'acte qu'elle aurait commis; toute femme, dis-je, que vous jugeriez ainsi, serait dans un état de moralité Saint-Simonienne plus grand que celui où vous vous trouveriez vous-mêmes en la jugeant.

Voilà donc les deux formes sous lesquelles je vous présente aujourd'hui la règle morale que je désire être la vôtre, et je dis que cette règle morale vous place dans une position où aucune loi précédente n'a pu vous mettre à l'égard des femmes. Vous êtes, non pas les défenseurs, les champions de la femme, comme au moyen âge; vous attendez, vous écoutez sa parole, vous recueillez ses révélations; elle est libre en face de vous. J'ai dit tout ce qui pouvait être dit pour qu'elle parlât; vous n'avez plus à la presser; elle sait qu'un homme à la tête de la Doctrine, appelant la femme à lui, a dit tout ce qu'il fallait dire pour qu'elle pût parler librement, et cela suffit. Encore une fois, vous avez à écouter et non pas à parler; vous devez même fermer vos yeux de manière à ne pas faire tomber sur la femme, par vos regards, le poids de la chaîne chrétienne, et à ne pas faire tomber non plus involontairement sur elle le poids plus épouvantable du désir païen. Et je vous répète encore ici qu'avant tout vous devez regarder les idées que j'ai présentées, sur la femme, comme une exagération, comme une limite extrême posée par moi pour laisser à la femme, entre cette limite et la loi chrétienne, assez d'espace pour se prononcer librement; qu'ainsi ce n'est point une loi que je vous donne, une doctrine, un enseignement à faire, mais bien seulement l'opinion d'un seul homme que j'énonce.

En vous parlant des affections vives et passagères, j'ai été nécessairement conduit à prononcer le mot de divorce, parce que cette facilité de certains êtres de passer d'une affection à une autre implique en effet l'idée de divorce. Toutefois je veux vous présenter le divorce sous une forme plus générale que celle-là.

Le divorce peut tenir soit à une faiblesse, à un *vice*, soit à une puissance, à une *vertu*, soit enfin à un *désaccord* entre les deux êtres unis, l'un s'élevant par ses vertus, par sa puissance, l'autre s'abaissant par sa faiblesse, par ses vices. Ainsi le divorce se présente sous ces trois formes; savoir : ou bien que les êtres unis tombent en quelque sorte en faillite morale, se désunissent et se séparent par faiblesse, n'ayant plus la puissance de rester unis : ou bien, au contraire que, marchant tous les deux vers un avenir plus grand, tous deux rencontrent devant eux quelque chose de plus élevé que ce qu'ils avaient auparavant dans leur union, en sorte qu'ayant accompli leurs progrès sous une forme double, ils le recherchent sous une forme double nouvelle; soit qu'enfin, des deux êtres unis, l'un s'élevant et l'autre restant à la même place ou tombant, la séparation devient à l'un et à l'autre nécessaire : toutes conditions de la perfectibilité humaine. Voilà, dis-je, quelle est ma conception sur le divorce.

Maintenant, si ces mariages successifs sont autorisés, quelle sera la limite, le temps, la durée qu'on pourra leur déterminer un jour ? devant toute question de limite, je m'arrête; la femme parlera; elle parlera sur tout, et particulièrement sur ces questions de convenance, de tact, de délicatesse, où je me tais. Je n'ai, moi, rien à dire, et j'ai fait tout ce que je devais faire en posant des termes tels qu'ils permissent à la femme de parler toute sa pensée, sans nulle crainte du vieil anathème chrétien.

Le PRÊTRE, ai-je dit, a pour mission de diriger, de développer les *deux natures* des êtres à affections *vives* et des êtres à affections *profondes*, et de les unir par un lien de convenance et d'estime réciproque, de les unir l'une à l'autre, en les faisant s'aimer l'une et l'autre par leur amour commun pour lui et pour les destinées vers lesquelles il les entraîne. Le prêtre doit donc, lui, sentir également les deux natures, les comprendre et les aimer également; sans cela sa puissance d'action, de direction, d'inspiration, de RELIGION lui manquerait; il serait encore réduit à l'anathème chrétien ou païen.

Le prêtre, le clergé, a pour mission d'inspirer les travaux de la science et les travaux de l'*industrie* : les relations dans lesquelles le CLERGÉ se trouve à l'égard de toute la société par la poésie, les beaux-arts, se retrouvent dans les relations personnelles du COUPLE PRÊTRE avec les fidèles. La mission du prêtre est donc de régulariser et de développer les appétits *intellectuels* et les appétits *charnels*; ainsi que sa mission est encore de faciliter l'union des êtres à affections profondes en les garantissant de l'influence des êtres à affections vives, et de faciliter également l'union et la vie des êtres à affections vives, en les garantissant du mépris des êtres à affections profondes.

Quelle que soit la difficulté de concevoir aujourd'hui le sacerdoce, en lui donnant une mission aussi grande, aussi difficile, rappelez-vous que *le sacerdoce c'est l'homme et la femme*, et non pas l'homme seulement ou la femme seulement: surtout vous rappelant les difficultés du sacerdoce passé, ne craignez pas de vous présenter les difficultés du sacerdoce nouveau dans toute leur étendue; car certes, en songeant aux obligations du sacerdoce chrétien, vous verrez qu'il est bien plus difficile d'admettre, de concevoir comment l'humanité trouva ses prêtres chrétiens qu'il ne peut l'être aujourd'hui d'imaginer comment l'humanité trouvera ses couples de prêtres Saint-Simoniens.

Ce serait en effet une chose difficile que de trouver parmi les hommes un homme ayant assez de puissance morale pour donner également la main à deux natures dissemblables, comme celles dont je viens de parler, les êtres à affections vives et les êtres à affections profondes. Cette difficulté est bien visible aujourd'hui, dans le mouvement qui se passe au sein de la doctrine. Moi qui suis *seul* à la tête de la doctrine, je suis obligé de laisser de côté une face de la vie......

PIERRE LEROUX *interrompant avec vivacité:*

Vous exposez là une doctrine que vous avez développée devant le collége et qu'il a unanimement réprouvée; je suis venu ici pour le déclarer, je vais me retirer.

PÈRE ENFANTIN :

Il est impossible à un homme, en voici la preuve, de maintenir l'égalité entre les hommes et les femmes qui ont des affections profondes, et les hommes et les femmes qui ont des affections vives. La preuve, je vous ai dit qu'elle était présente; vous la voyez. En effet, il ne m'est pas donné aujourd'hui de prononcer une parole qui satisfasse les êtres à affections profondes et les êtres à affections vives. Voilà l'homme (montrant Leroux) qui représente le mieux la VERTU, *telle qu'elle a été conçue jusqu'à présent.* Et vous le voyez, la vertu EXCLUSIVE de cet homme ne peut pas comprendre ce qu'il y a d'UNIVERSEL dans mes paroles.

PIERRE LEROUX : C'est parce que votre doctrine est un pur système, discuté et réprouvé dans le collége, que je suis venu le déclarer ici.

PÈRE ENFANTIN : J'ai dit moi-même que ces idées m'étaient personnelles, qu'elles devaient avoir la réprobation

de tous les HOMMES, parce qu'elles étaient dans des termes tels que la FEMME pouvait, entre ces termes et ceux de la loi chrétienne, dire tout ce qu'elle avait à dire : je l'ai dit; je tiens à ce que tout le monde sente pourquoi je m'exprime ainsi. Il est impossible de concevoir comment la femme serait affranchie si un homme n'osait pas s'exprimer comme je viens de le faire: elle ne parlerait pas.

CARNOT: Lorsque tous réprouvent les idées émises par le chef d'une association, il leur est impossible de demeurer en communion avec lui.

PÈRE LAURENT : Ayez donc la patience d'attendre.

PÈRE BARRAULT : Vous avez accepté la hiérarchie du père Enfantin.

CARNOT : Je vais la renier, il faut que toute vérité soit connue.

JULES LECHEVALLIER : Quant à moi, je me retire, car je n'accepte plus la hiérarchie du P. Enfantin, je n'accepte pas non plus celle du P. Bazard. Je suis encore une fois seul dans ce monde. — Si vous me permettez de parler, comme vous en avez le droit, puisque vous présidez une réunion où tous vous reconnaissent pour chef, je ferai ma profession de foi publique.

PÈRE ENFANTIN :

Tu parleras..... Je le répète, j'ai dû poser des termes tels que la femme, en présence de ces termes et de la loi chrétienne, fût en libre possession de la parole : voilà ce que j'ai voulu et ce que je veux encore aujourd'hui. Je vous ai declaré que vous eussiez à regarder mes idées sur la femme comme l'opinion d'un seul homme et non point du tout comme une loi, comme une doctrine, car il n'y aura de loi et de doctrine morale qu'alors que la femme aura parlé. Je vous ai déclaré en outre qu'en attendant la loi définitive, nous avions une règle morale à laquelle je veux, moi le premier, m'astreindre, vous demandant, à vous aussi, de le faire; je vous ai déclaré que tout acte, aujourd'hui, parmi nous, qui serait de nature à être réprouvé par les mœurs et les idées morales du monde était un acte immoral, et, que je le regarderais comme la preuve de désaffection la plus grande qui pût m'être donnée : et voilà qu'après ce que j'ai dit, des hommes qui m'ont suivi jusqu'à présent PROTESTENT contre l'apparition de cette parole. Il faut donc qu'il y ait dans leur cœur une réprobation contre la femme bien puissante encore! Que craignent-ils? Que la femme ne parle, probablement! que la femme ne vienne dire ce qu'elle sent! je dis *la femme* : ils ne peuvent pas craindre que ce soit une femme dégradée, avilie, infâme! Que pourrait-elle sur vous? pourrait-elle vous faire marcher? Une femme d'immoralité! elle n'aurait aucune puissance sur vous!

Avez-vous peur qu'une femme qui aurait en effet la puissance d'entraîner vienne parler et dire : Je sens ainsi l'avenir? mais cette crainte serait une réprobation de la femme. Vous le savez pourtant : il faut qu'une femme vienne, puissante, qui se mette à la tête de l'humanité, et qui dise ce qu'elle sent avec tout le courage que j'ai pour l'appeler. Or, en ce moment, vous êtes évidemment dans l'impuissance d'appeler la femme, car ce n'est pas avec une PROTESTATION contre l'immoralité d'une théorie d'avenir qu'il est possible de dire aux femmes de parler, de parler devant les hommes, de dire sans rougir tout ce qu'elles veulent. Ce n'est pas par une PROTESTATION, par une NÉGATION que vous pouvez appeler la femme; vous ne pouvez l'appeler qu'en AFFIRMANT, qu'en disant ce que vous désirez pour elle, comment vous concevez, comment vous espérez l'avenir pour elle. Or, vous n'affirmez rien, vous ne dites rien, vous ne l'appelez pas.

Eh! comment se fait-il que cette inspiration, que cette pensée de l'appel de la femme ne soit pas venue, à aucun de vous, depuis bientôt six mois que je suis dans le collége, répétant les termes de l'appel, ainsi que je le conçois, et que vous soyez obligés aujourd'hui de vous retirer? C'est que probablement vous n'avez pas une pensée, pas un sentiment d'émancipation pour la femme; c'est que sans doute vous ne voulez pas la voir parler, s'énoncer librement. Si vous aviez voulu appeler la femme au milieu de la lutte, vous auriez parlé, vous auriez dit comment vous voulez l'appeler; mais vous n'avez rien dit, vous avez pu NIER, et vous n'avez rien pu AFFIRMER. Vous avez l'amour du passé, vous n'avez pas l'amour de l'avenir, et c'est pourquoi vous êtes muets en regard de l'avenir... A présent, Jules, parle.

JULES LECHEVALIER. Et moi aussi je crois à la nécessité d'appeler la femme; je crois que l'homme et la femme unis, s'entendant ensemble, peuvent seuls donner la loi de l'avenir. Ainsi ce n'est point à cause de l'appel de la femme que j'ai pris la résolution que je viens vous communiquer et par laquelle je me sépare, pour le moment, de toute hiérarchie. Mais ce que je reconnais comme une grave erreur, ce dont je m'accuse comme d'une faute que j'ai commise et que j'ai laissé commettre (et ici je *m'accuse*, afin de pouvoir également accuser les deux chefs de notre ancienne hiérarchie), c'est d'avoir cru à la possibilité de *constituer une famille* et d'avoir travaillé à la *réalisation* d'une *société* avant que la loi ne fût trouvée.

Oui, je pars de ce principe, parce que c'est le principe le plus large admis par le P. Enfantin, savoir, que le problème social de l'avenir dont l'expression est l'*association la plus complète*, l'*abolition de toute exploitation*, la *constitution de l'humanité pour le progrès*, ne peut être résolu que par l'établissement d'une *loi vivante*.

J'admets aussi que cette loi vivante ne pourra exister que par l'union de l'homme et de la femme. Je dis alors qu'il n'est pas possible de songer à constituer la famille Saint-Simonienne, tant que cette loi vivante ne sera pas trouvée; et que même jusque là la *religion* et la *politique*, tout aussi bien que la *morale*, devront rester à l'état d'élaboration, puisque la femme est déclarée l'égale de l'homme, dans le *temple* et dans *l'état*, aussi bien que dans la *famille*. Mais ce que je dis ici, je ne fais que le supposer en face de ceux qui acceptent encore tous ces principes, et je ne peux pas déclarer y avoir une foi entière, car j'avoue que je suis arrivé au DOUTE, au DOUTE COMPLET sur toute la doctrine, à l'état où je me trouvais avant d'être Saint-Simonien. Je n'accepte donc cette révélation sur la loi vivante et sur l'avenir de la femme, qu'afin de prendre position devant vous, et parce que, même en l'acceptant, je puis motiver suffisamment ma résolution.

Maintenant je vais vous dire mon histoire de Saint-Simonien et vous raconter mon passé pour justifier autant que possible ma situation présente ; après, je vous dirai mon but pour l'avenir. Le P. Enfantin prétend qu'en retournant au DOUTE, je devrais aboutir au suicide si j'étais conséquent. Non! je proteste de toute mon âme contre un pareil sentiment. Je puis bien avoir perdu la foi que j'avais en la doctrine, mais j'ai foi à la *vie*, j'ai foi au *travail*; je travaillerai jusqu'à la mort, avec l'espérance de trouver la vérité. On m'a classé comme *théologien*, je veux bien n'avoir été qu'un théologien. Le théologien est celui qui cherche la vérité. Eh bien ! il y a une unité dans ma vie, je me suis toujours dévoué à la recherche de la vérité. Si c'est là toute ma vocation, toute ma capacité, je continuerai comme j'ai commencé.

Depuis l'âge où l'homme peut se décider librement à quelque chose, je n'ai pris que deux résolutions : celle qui m'a fait déclarer que j'acceptais la religion Saint-Simonienne ; et celle qui me fait déclarer aujourd'hui que je ne l'accepte plus.

Le jour où j'ai été converti à la doctrine, j'y suis venu avec une profession de foi écrite. Dans cette profession de foi, j'ai dit que je croyais avoir trouvé le but de ma vie ; qu'au nom de Dieu je mettais ma destinée entre les mains de *Bazard-Enfantin*, chef de la doctrine qui m'avait été annoncée par Ch. *Duveyrier*; qu'après huit années de recherches, de travail, j'étais heureux de pouvoir enfin *m'orienter* vers l'avenir; que j'y marchais, parce que je croyais me trouver sous l'influence de la doctrine la plus favorable au progrès, et avec les hommes les plus dignes de me guider pour l'accomplir. Je reconnaissais donc par là *l'imperfection* de la doctrine et celle des hommes qui la dirigeaient; mais je sentais que de mon côté l'imperfection était encore plus grande, et je me soumettais avec dévouement à ceux que je regardais comme supérieurs à moi. Le sentiment de ma propre faiblesse était si profond, que je n'hésitai point à la confesser. Cet aveu me purifia, me fortifia et me permit d'accomplir les fonctions qui me furent confiées. Depuis j'ai toujours travaillé avec zèle et ardeur; et ici j'en appelle à tous ceux avec lesquels je me suis dévoué à l'humanité, je leur demande si jamais, même dans les circonstances difficiles, je leur ai paru faible, manquant de courage et d'énergie (*marque d'adhésion générale*). On m'a souvent donné mission de *gouverner* des hommes et *des femmes!* j'ai eu la faiblesse d'accepter, ainsi j'ai été nommé directeur du second degré; mais, en réalité, je n'ai jamais pu le diriger : convaincu de mon insuffisance, je me démis de cette fonction et je ne m'en pris qu'à moi-même. Mais je ne tardai pas à voir que beaucoup d'autres raisons dont je n'avais pas eu nettement conscience, m'avaient empêché de diriger convenablement le second degré, le collége lui-même n'était guère mieux gouverné, les deux chefs n'étaient plus d'accord en politique ni en *morale*; ils n'étaient plus en *religion*. Du jour où j'ai eu la conviction de ce fait, ma foi dans les pères, surtout comme *directeurs d'hommes*, a faibli, mais je n'ai jamais cessé de croire que les hommes avec lesquels je travaillais étaient dans la voie de l'avenir, que j'y étais moi-même.

Sur ces entrefaites, la discussion fut portée dans le collége; j'étais en mission. Ici je dois déclarer que, depuis le moment ou je me suis avoué *missionnaire*, et où j'ai *préféré* cette fonction à tout autre, l'état de ma foi a été tel que je viens de l'exprimer.

J'avais prévu que jamais l'accord ne pourrait s'établir entre nos pères, tant que leur position relativement l'un à l'autre ne serait pas changée ; je leur écrivis de Strasbourg et leur proposai quelques moyens de conciliation ; mais je n'osai point envoyer cette lettre, craignant d'avoir été trop loin. Ce fut alors que je reçus de *Duveyrier* une lettre m'annonçant que tout était fini et que nos deux pères s'étaient embrassés en présence du collége. Je fus vraiment transporté de joie, et j'écrivis immédiatement à Bazard-Enfantin que, pour la première fois, je me sentais entièrement *religieux* et plein de foi en eux, que j'allais venir me jeter dans leurs bras. Cette lettre fut portée par *Capella*. A mon retour de Strasbourg, je trouvai la discorde au lieu de l'accord; seconde illusion détruite! Le collége me sembla divisé en deux camps, celui du P. Bazard et celui du P. Enfantin; pour moi je bornai mon rôle à essayer d'écarter la question qui avait amené la discussion entre nous, et par mon amour, par des témoignages de toute nature, je m'efforcai de maintenir entre les deux pères un équilibre que je *rêvais*; car en politique on rêve toujours quand on cherche *l'équilibre* des pouvoirs. Ma position ne fut pas bien comprise, on m'appela un homme du *juste-milieu*. J'avais pourtant un parti bien pris et je ne songeais pas à m'arrêter en chemin; car déjà j'avais déclaré à Carnot, qui ici peut en rendre témoignage, que, si les deux chefs de la doctrine cessaient d'être d'accord, je ne marcherais ni avec l'un ni avec l'autre, mais que jusque-là je voulais tout faire pour éviter une rupture. (*Carnot* : c'est vrai.) La discussion fut suspendue un moment, je repartis pour Metz en qualité de missionnaire. Là je reçus une lettre ou l'on m'annonçait officiellement que le père Enfantin était devenu le chef suprême de la religion, qu'à côté de lui se trouveraient désormais placés ; *Olinde Rodrigues* comme chef du culte, et *Bazard* comme chef du dogme. Je fus tout étonné d'apprendre qu'Olinde Rodrigues était devenu le chef de quelque chose et que Bazard avait consenti à *obéir*. Aussi n'avais-je pas grande confiance dans cet arrangement, mais la pièce était officielle.

PÈRE ENFANTIN : Tu sais que c'est Bazard lui-même qui l'avait corrigée.

DUGIED. Il avait indiqué la correction.

JULES LECHEVALLIER. Vous allez voir tout à l'heure où j'en suis avec le P. Bazard.

La pièce était officielle, je la communiquai aux membres de la nouvelle famille de Metz, et je fis des vœux pour que la constitution pût se maintenir. Cependant j'étais encore plein de doute; aussi, en arrivant à Paris, je ne voulus point aller tout d'abord rue Monsigny, et, pour la première fois depuis mes missions, je descendis à l'hôtel. La première personne de la famille que je rencontrai fut *Cécile Fournel ;* elle m'apprit que le P. Bazard quittait la rue Monsigny. Je déclarai à *Cécile* que provisoirement je me rallierais à la hiérarchie constituée; néanmoins je me rendis auprès du *P. Bazard.* Il abandonnait le centre de la famille; il s'était laissé déposséder; je ne pouvais reconnaître en lui le chef de la Doctrine ; *je saluais un vaincu ;* mais je sentais lui devoir mon *premier* témoignage d'affection, parce que je l'aime profondément et qu'il a beaucoup souffert dans cette longue crise. A l'égard du P. Enfantin, je me trouvais encore dans l'incertitude ; je réfléchis beaucoup à ce qui se passait autour de moi: et, après avoir vu les divers membres du collége avec lesquels je sentais avoir quelque chose à faire, j'acquis la conviction que le temps était venu de se manifester.

C'est ce que je viens faire aujourd'hui. Je pense que la Doctrine Saint-Simonienne ne peut plus être considérée comme à l'état d'*association.* Le chef suprême ayant déclaré que la *morale* n'était pas faite encore, il ne peut prétendre à *réaliser*, à *gouverner*. J'entends par *gouverner*, assumer sur soi la responsabilité de personnes qui ne peuvent se vouer à l'*apostolat*, et qui n'ont ni leur *liberté* ni la conscience profonde du but où elles marchent. Ces personnes, ce sont les hommes peu capables, les vieillards, les jeunes filles, les enfans ; et à cet égard je crois pouvoir dire qu'il y a des *enfans* dans tous les degrés de la doctrine. Pour *gouverner* il faut que la loi morale soit donnée ; jusque-là la doctrine ne pourra se maintenir et se sauver qu'en revenant à l'*état apostolique* pour l'appel de la femme. Actuellement c'est une expérience que l'on veut faire. Nous sommes ici dans un *laboratoire ;* il n'y a plus place pour des *sujets*, mais pour des APÔTRES.

Nous avons entrepris une œuvre de réalisation : *Associations d'ouvriers, maisons d'éducation*, *etc.* C'est une tentative prématurée ; c'est une faute commise par Bazard et Enfantin, faute que nous avons tous partagée. Ce que nous avons de mieux à faire, c'est de la réparer et de ne point l'aggraver en continuant dans la même voie.

Le P. Bazard s'est éloigné de la maison de Saint-Simon ; il laisse un autre que lui parler seul en ce nom ; je ne crois pas que le P. Bazard puisse, du moins pour le moment, prétendre à une mission de *chef.*

Le P. Enfantin veut s'instituer chef d'une association qui réalise, d'un *gouvernement* et non d'un *corps apostolique.* J'expliquerai plus tard comment je conçois la constitution de ce corps apostolique. Pour le moment je me contente de proclamer que le seul moyen de salut pour la doctrine de Saint-Simon, c'est de cesser l'*œuvre de réalisation* qu'elle a entreprise, et de chercher, non plus des *sujets*, mais des *apôtres.* Nous ne devons cependant pas oublier qu'au nom de Saint-Simon nous avons appelé beaucoup d'hommes qui ne peuvent nous servir dans l'œuvre d'apostolat ; que nous avons fait quitter à plusieurs d'entre ces hommes une famille, une fonction dans le monde ; notre devoir est de les faire rentrer dans leur état antérieur, en leur faisant éprouver le moins de froissement possible ; nous devons rester tous *en communion* pour cette œuvre, et y consacrer tout notre travail, tous nos moyens moraux intellectuels et matériels. Je propose donc que, pour tout ce qui regarde la réalisation, la doctrine se mette EN LI-

QUIDATION ; et que ceux d'entre nous qui en sont les plus capables soient chargés de cette liquidation.

Quant aux nouvelles théories morales et aux questions de doctrine qui me séparent du P. Enfantin, je ne puis pas encore m'expliquer nettement puisque je doute ; mais ce qui est profondément résolu chez moi, ce dont je réponds devant Dieu et devant les hommes, c'est que je ne marche plus tant qu'on voudra réaliser; *c'est que je ne reconnais plus de famille Saint-Simonienne*. Vous voyez que je suis dans une situation bien douloureuse. Oui! je DOUTE, je DOUTE même de Saint-Simon, je DOUTE de ceux qui l'ont continué, je DOUTE DE TOUT enfin, *je redeviens philosophe.*

Raymond Bonheure : Doutez-vous qu'il y ait nécessité de s'aimer les uns les autres : Tout Saint-Simon est là.

JULES. Je ne répudie pas mon passé; j'accepte encore l'héritage de Saint-Simon, mais *sous bénéfice d'inventaire ;* je reconnais que Bazard et Enfantin, qui ont été enseignés par *Rodrigues*, sont ceux qui jusqu'ici ont le mieux continué Saint-Simon ; je reconnais leur devoir beaucoup; mais pour l'avenir, je n'ai plus foi en eux. Me voici donc encore une fois *seul*, seul sur la terre ; mais, comme l'a dit, en me voyant ce matin, un des hommes qui reconnaissent partout des *symboles* (*Ch. Duveyrier*), je porte encore l'*habit de l'espérance.* Oui, je vais chercher la vérité avec un ferme espoir de trouver ce qui sera bon pour mes semblables et pour moi. Je sais à quel sacrifice doit se condamner l'homme qui ose accepter une position pareille, et je connais toute la responsabilité que j'ai assumée sur ma tête, en prêchant au monde la parole de Saint-Simon. Il ne m'est plus permis de reculer, et plus que jamais je me dévoue à l'humanité, à la vérité.

Pour cela je *renonce à ma famille du sang* et je me considère comme dégagé de toutes les obligations que m'imposeraient, à son égard, les sentimens de mon cœur aussi bien que les lois de la société actuelle. Je *renonce* pour toujours à *vivre* d'une doctrine que je ne regarderais pas comme constituée, à *vivre de l'autel*, là où il n'y a pas encore d'autel.

Je *renonce à me marier* tant que je n'aurai pas une loi de mariage et un prêtre pour bénir mon union. Désormais je ne puis avoir avec la femme aucune relation qui soit reconnue LEGITIME par les mœurs et par les lois telles que le christianisme les a faites. J'ai oublié de dire tout-à-l'heure que, lors même que j'accepterais l'appel de la femme comme l'entend le P. Enfantin, je devrais encore n'y point prendre part, car je ne me sens pas la force d'obéir à la loi qu'il a donnée *provisoirement*.

J'ai voulu ajouter ces paroles, afin que personne ici ne pût croire qu'il y ait d'autres causes de ma retraite que celles que j'ai énoncées publiquement. Je n'ai pas craint de livrer ma vie passée au P. *Enfantin*, il sait qu'elle *justifie sa morale*. Je n'accepte nullement cette morale, mais puisque le P. Enfantin fera une *expérience sur l'humanité*, qu'il se serve de ma vie pour son expérience. Je la lui abandonne. Depuis que je vis dans la doctrine, j'ai fait toutes les confessions dont je me suis senti capable ; ce que je n'ai pas dit encore, j'aurai le courage de le dire au P. Enfantin. Je promets de le faire.

J'ai un dernier devoir à remplir. Je me trouve depuis plus d'un an en relation très-intime avec un des membres de la doctrine ; il m'a nommé son ami, son protecteur, il a voulu attacher sa vie à la mienne. Dans tous ses momens de souffrance c'est à moi qu'il a eu recours ; je me suis toujours efforcé de l'aider et de le servir. Lorsque j'ai pris ma résolution, je lui en ai fait connaître les motifs, lui disant *où je n'allais pas* et lui demandant *où il voulait aller*. Il m'a répondu : « Puisque vous n'êtes plus avec le P. Enfantin, je me sépare de lui ; mais je ne puis pas vous suivre. » L'homme dont je parle, c'est *Abel Transon*. Il est ici. Il vous parlera tout-à-l'heure.

Je n'ai plus rien à ajouter ; tout est fini maintenant. (Jules se dispose à sortir.)

PÈRE ENFANTIN : Jules, tu sais bien que tu as dit dans ta profession de foi : *tout est fini et tout commence.*

JULES : Oui, sans doute. Tout est fini et tout recommence. (Jules se rasseoit.)

TRANSON donne lecture de la lettre qu'il a écrite à Jules Lechevallier.

Moi ! Je ne suis pas philosophe, je suis un homme religieux, c'est vous, Père Enfantin, qui me l'avez appris. Oui, je suis un homme religieux, et c'est précisément parce que je je ne vois plus de religion ni en Bazard, ni en vous, que je me retire. Je suis un *porte-bannière*, je ne porte plus la vôtre ; je n'y ai plus foi, je disparais. Voilà comment je ne suis pas philosophe, mais bien un homme religieux. J'irai où je verrai une religion. Vous, Père Enfantin, vous me connaissez ; c'est vous qui m'avez mieux compris que personne.

PÈRE ENFANTIN : Ce que tu as écrit de mon intelligence *incomplète*, sur mon sentiment *incomplet* de la nature humaine, n'est-ce pas comme si tu avais dit que je n'ai pas de femme? Ne rattaches-tu pas ces deux choses l'une à l'autre? et ne penses-tu pas que l'homme qui est à la tête de la doctrine, n'ayant pas de femme, doit avoir *l'imperfection* que tu viens de signaler ? Si donc cette imperfection que tu lui reproches était en effet dans la nécessité même des choses; si, par exemple, dans l'impuissance où il est de déterminer les confessions publiques, il s'était trouvé dans une position où, pour les déterminer, il fallait indirectement les provoquer, je te demande alors si tu pourrais dire : Je me sépare de cette bannière !

TRANSON : Je crois bien que l'absence d'une femme qui vous complète est une des raisons qui vous ont mis jusqu'ici dans l'impuissance de produire des confessions publiques. Tout ce qui m'a répugné, tout ce qui a fait que je me sépare de vous, c'est qu'ayant eu la puissance de provoquer des confessions particulières, vous les avez divulguées ; vous en avez fait usage sans le consentement de ceux qui les avaient faites.

PÈRE ENFANTIN : pour la doctrine!

TRANSON : J'avoue que l'usage que vous en avez fait était en faveur de la doctrine et dans les intérêts de l'humanité : mais je n'en persiste pas moins à dire qu'il y a là mépris de la dignité humaine ; je suis prêt à me sacrifier pour l'humanité, mais je veux savoir que je me sacrifie : je livrerai ma vie quand on voudra.

PÈRE ENFANTIN : Tu as raison, c'est ce qui doit nous presser d'avoir dans la doctrine la FEMME, que nous appelons aujourd'hui; c'est elle qui doit déterminer la limite que personne ne doit franchir sans sacrilége, la limite de la *personnalité*. Je te demande à toi si tu ne penses pas que la présence de la femme fera disparaître cet abus, et que l'individualité parmi nous n'est pas assez respectée, précisément parce que nous n'avons pas de famille, pas de femme.

TRANSON : C'est parce que l'individualité n'est pas assez respectée que je me retire. L'homme ou la femme qui vous auront confessé leur vie, leurs actions, qui vous auront donné ce témoignage de confiance, repousseront votre autorité, si vous usez de leur confession, sans leur en avoir demandé la permission.

PÈRE ENFANTIN : Sous quelle loi tout cela a-t-il eu lieu? Quand nous avons pris la doctrine Bazard et moi, les individualités ont disparu complétement : vous avez été sous une loi despotique, nous avons eu seuls un nom..... Nous avions dit, dans le temps dont je vous parle, que le prêtre ou le chef avait liberté de faire de la confession ce qu'il jugeait convenable. Cela a été dit : jamais tu n'as entendu d'autres paroles sortir de la bouche de Bazard ou de la mienne ; nous savions bien que nous ne pouvions gouverner la doctrine, à l'état d'imperfection où elle était, sans avoir cette forme absolue de gouvernement.

TRANSON : Dans les premiers temps du christianisme, il y a eu la confession publique. Je rends hommage aux hommes qui dans notre siècle, ainsi que Baud et d'autres, ont conservé assez de dignité pour se garder purs; mais il y a quelque chose d'aussi grand dans l'humanité, c'est de venir devant les hommes déclarer comme quoi sa chair a été salie. Je viendrai quand vous voudrez, mais je ne veux pas que vous puissiez livrer une confession sans le consentement de celui qui vous l'a faite.

PÈRE ENFANTIN : C'est ce que je veux faire disparaître aussi bien que toi-même ; mais réfléchis à l'état d'imperfection où nous étions. Je le répète, *tant que la femme ne sera pas au milieu de nous*, exerçant avec l'homme l'autorité, les limites dans lesquelles le pouvoir devra restreindre son influence sur les *individus* seront mal posées, le cercle de la *personnalité* sera trop resserré ou trop étendu; la seule *autorité* légitime est celle de l'*homme et de la femme*, car c'est la seule qui puisse donner la véritable *liberté*.

PÈRE MICHEL CHEVALIER (*à Transon*) : Tu trouves qu'il y a eu jusqu'à présent un grave abus dans le gouvernement Saint-Simonien; ce n'est pas là une raison pour te séparer de nous.

PÈRE DUVEYRIER : Il est très-vrai que la dignité, la personnalité humaine n'a pas été assez respectée. Mais évidemment, quelques efforts qu'ait pu faire le P. Enfantin pour se grandir, il lui a été impossible de réaliser tout ce que nous attendons de notre chef; *la femme n'étant pas là*. Le moyen le plus prompt de remédier à cet abus, c'est d'*appeler la femme*.

TRANSON : J'accepte complétement ce que vient de dire Duveyrier; mais je ne veux pas que l'on use de la confiance des hommes sans leur consentement. Je crois que le P.

Enfantin aurait et a très-bien fait de pousser à la confession publique ; mais le moyen qu'il a employé ne me paraît pas *une imperfection qui perfectionne.*

JULES LECHEVALLIER : Je ne pense pas comme ransson ; ces confessions ont été faites au P. Enfantin par des hommes qui avaient accepté son autorité ; il avait le droit d'en faire ce qu'il voulait.

PIERRE LEROUX : Mon devoir, P. Enfantin, est de déclarer que votre doctrine n'a pas été approuvée par la majorité des membres du collége. Quant à moi, je m'y suis opposé de toutes mes forces, je ne reconnais plus votre autorité, et je m'éloigne. En proclamant la division trinitaire, en vous déclarant chef suprême avec Bazard et Rodrigues, chargés l'un de la science et l'autre de l'industrie, nous n'avons jamais entendu approuver la doctrine que vous professiez. Aujourd'hui vous l'avez exposée d'une manière très-obscure pour l'immense majorité des Saint-Simoniens.

Plusieurs voix : Non, non.

PIERRE LEROUX : Je dois déclarer que je ne partage pas cette doctrine, jusqu'ici restée secrète pour la plupart des Saint-Simoniens. Ce qui caractérise tout-à-fait l'époque nouvelle, c'est l'abolition de toute doctrine secrète, la mise à nu, devant tout le monde, de toutes les questions. Jusqu'ici vous avez été la loi vivante, vous avez gouverné les hommes tout-à-fait en vertu de la doctrine que vous aviez au fond du cœur : il est temps qu'elle soit connue. Vous avez commencé à l'exposer, tous sont appelés à l'examiner. Je crois que nous devons entrer maintenant dans une époque de liberté, où nous devons examiner avant de suivre l'enseignement d'un seul homme. Je vous déclare donc que je ne reconnais plus votre autorité, que je me retire de votre communion, j'examinerai à part moi les idées nouvelles.

CAZEAUX, *s'adressant au père Enfantin :*

Il doit y avoir deux doctrines dans le monde, une incarnée

en vous, une autre dans le père Bazard. Nous appellerons aussi la femme à notre manière. J'admets entièrement votre doctrine, et je vous aime dans l'œuvre que vous accomplissez; mais je sens une autre œuvre et je marche; votre doctrine est une doctrine de déliement universel dans l'ordre politique, civil et moral, mais je veux préparer la doctrine du ralliement. A l'arrivée de la femme, les deux doctrines pourront, par une révélation, marcher ensemble; jusques là il faut qu'elles marchent séparées.

PÈRE ENFANTIN : Tu as foi que l'œuvre la plus importante est l'appel de la femme, sous deux formes?

CAZEAUX : La forme que vous avez présentée est éclatante; enivrante; je crois que nous devons en présenter une autre.

PÈRE ENFANTIN : Tu as dit qu'il y avait deux formes d'appel pour la femme, par conséquent deux modes de manifestation pour la doctrine. Mais tu as conclu de ce que la femme n'était pas là que ces deux modes de manisfestation devaient être indépendans, isolés, séparés.

CAZEAUX : Il y a un fait nouveau à établir dans l'humanité. C'est le fait que nous tous, moi et ceux qui accompagnent le Père Bazard, et ceux qui vous accompagnent, devons établir. Ce fait, c'est précisément une harmonisation particulière entre les deux formes nouvelles.

PÈRE ENFANTIN : Tu dis que ces deux formes doivent rester désunies pendant tout le temps nécessaire pour appeler la femme, et que la femme les unira? Est-ce cela que tu penses?

CAZEAUX : Je ne peux pas exposer ici un système; je ne suis venu ici que pour PROTESTER : j'élève ma voix et je ne discute pas.

PÈRE LAURENT : Je crains que la manière dont *Leroux* a présenté la question n'entraîne quelques-uns à se méprendre sur le caractère de notre division. Il est très vrai que, dans le collége, lorsque vous avez émis vos idées sur les relations de l'homme et de la femme, il y a eu une espèce d'émeute contre elles. Mais, ainsi que vous l'avez dit, ce n'est pas une loi, une doctrine que vous nous donnez ; votre théorie ne doit être regardée que comme l'opinion d'un seul homme, et l'exagération même de ses termes n'a d'autre but que de laisser à la femme, entre ces termes et la loi chrétienne, assez de latitude pour trouver la limite véritable. Aussi lorsque le P. Bazard a voulu motiver sa séparation sur ce fait, de l'émission d'une pareille théorie, tous ceux qui vous suivent ont protesté de leur non-adhésion à vos idées. Mais en attendant la femme, vous nous appelez à concourir à votre œuvre, nous demandant toutes les inspirations de notre conscience, et toutes les ressources de notre intelligence, et nous venons. La première femme qui parlera ne sera pas infaillible ; celle qui prononcera la première parole ne s'emparera pas de nous aussitôt. Ce ne sera ni la parole de l'esclave, ni celle de la femme licencieuse qui sera puissante ; mais ce sera celle de la femme libre de tout lien *licencieux* et de tout lien *d'esclavage*. Et même, jusqu'au temps où elle viendra, nous avons, nous, une très-grande part à prendre dans la formation de la morale nouvelle ; c'est pourquoi tous ceux qui ont foi à la morale Saint-Simonienne doivent rester pour concourir à sa formation. Car certes nous ne pouvons penser qu'après que nous avons une POLITIQUE NOUVELLE, nous ayons à conserver une MORALE ANCIENNE.

REYNAUD : Si je ne croyais pas le Père Enfantin plus grand qu'il ne s'est posé devant vous ; si je ne croyais pas qu'il y a dans sa vie quelque chose de plus fort, de plus puissant, je me retirerais, je me vouerais, moi aussi, à la recherche de la vérité. La théorie que le Père Enfantin professe sur la femme n'est qu'un détail de l'ensemble de sa théorie sur l'humanité. Je crois que cette théorie abolit toute la liberté humaine. La femme vient à la suite. Il abjurerait la grandeur de sa mission s'il pouvait croire aujourd'hui que ses opinions seront influencées par les nôtres. Il croit évidemment que la femme viendra légitimer ce qu'il a le premier annoncé, et c'est pourquoi il marche la tête levée. Moi, j'ai foi que la femme lui écrasera la tête ; mais il faut attendre que la femme se lève, jusque-là ceux qui le suivront peuvent marcher. Eh bien! Je ne me retirerai pas, je serai sur ses pas, et lorsqu'il aura parlé devant vous, je parlerai à mon tour et je parlerai plus clairement que lui : je le montrerai tel qu'il est. Voici la mission que je me conçois. Avant que la femme ait donné la parole révélatrice de la nouvelle morale, nous avons un abîme immense qui s'ouvre devant nous : je chercherai à éclairer ceux qui n'auront pas la force de le franchir. Nous avons amené des hommes à la doctrine, c'est une responsabilité énorme pour nous. Je crains l'influence du Père Enfantin sur ces hommes, je resterai à côté de lui pour le leur montrer tel qu'il est.

PÈRE ENFANTIN : Reynaud lui seul conçoit la mission de haut protestantisme ; il me sent grand, il me sait grand, il me voit grand, il veut protester là où l'on doit protester, à côté ; il confirme le jugement que Transon a porté sur Bazard. C'est là que Bazard devrait être, au-dessus de Reynaud ; c'est là que Bazard accomplirait, bien mieux encore que Reynaud, la mission que celui-ci veut remplir.

Je te l'ai déjà dit, Reynaud, tu as à voir ma vie tout entière et à la signaler. Tu as à dire quel est ce monde dont tu parlais l'autre jour, ce monde de boue. Ce monde! c'est l'homme qui fait marcher aujourd'hui l'humanité. Tu dois me sentir ainsi, jusqu'à ce que la femme te dise QUI JE SUIS ; jusque-là tu ne le sais pas. Chaque fois que nous serons en présence de la famille Saint-Simonienne, chaque fois même que tu sentiras qu'en présence du public tout entier, tu as à PROTESTER contre un acte de mon autorité, tu le feras.

REYNAUD : Je ne crois pas que vous puissiez réaliser ce monde de boue ; vous ne trouverez pas, pour le réaliser, des hommes comme vous ; *je ne sais d'où vous êtes*, mais vous pouvez tromper les hommes, et c'est pour empêcher qu'ils ne soient trompés que je vous montrerai *tel que vous êtes*. Vous avez dit que, jusqu'à ce que la morale nouvelle fût révélée, on devait marcher avec la morale chrétienne. Vous adoptez donc la morale chrétienne comme pratique, et votre immoralité comme théorie.

Père Enfantin : Tu sais ce que j'ai dit hier : j'en appelais aux hommes forts qui n'aiment pas l'infaillibilité ; je t'ai dit que, si tu croyais à l'immoralité du chef, il y avait une seule méthode pour l'empêcher, c'est que tous ceux qui l'entouraient prononçassent hautement la volonté que j'ai manifestée tout à l'heure. J'ai dit que je regardais comme immoral tout membre de la doctrine qui commettrait dans sa vie actuelle un acte réprouvé par la morale chrétienne ou plutôt par les mœurs actuelles, car il n'y a pas plus de morale chrétienne aujourd'hui qu'il n'y a de prêtres chrétiens ; j'ai dit que je regarderais un tel acte, de la part de celui qui le commettrait, comme plus insultant pour moi que jamais n'a pu l'être parole sortie de ta bouche.

Reynaud : Votre théorie enlève à l'homme sa dignité et sa conscience.

PÈRE ENFANTIN : J'en appelle au sentiment de ceux qui m'aiment et à la raison de ceux qui ne m'aiment pas : tu ne m'as pas compris. Tu crains les *fautes* du pouvoir, et tu le *soupçonnes* ; mais, avec la foi que nous avons qu'il n'y a plus d'infaillibilité sur la terre, c'est une folle prétention que de dire que le chef de la doctrine est en suspicion parce qu'il pourrait faillir.

Reynaud : Vous dites que la morale Saint-Simonienne ne pourra être conçue que par l'homme et la femme ; la femme n'est pas venue et nous attendons la morale. Or, une association qui attend une morale peut bien se soutenir quelque temps avec les traditions de sa moralité ancienne ; mais tôt ou tard elle tombera dans l'immoralité. Je dis donc que cette association tombera dans l'immoralité, si la femme n'arrive pas demain ou après-demain ou du moins à une époque assez rapprochée. Le temps, nous ne pouvons le fixer; mais la marche de l'association sous votre direction, c'est la tendance à l'immoralité. Nous ne pouvons être, jusqu'à l'arrivée de la femme, qu'à l'état apostolique.

PÈRE ENFANTIN. Après que j'ai déclaré quelle était la conduite que je demandais à tous les hommes qui restent avec moi, conduite dont je veux leur donner l'exemple, tu ne saurais affirmer que la voie dans laquelle nous entrons est une voie d'immoralité. D'ailleurs le crois-tu? Je tiens à ce que tu répondes formellement.

REYNAUD : J'ai déjà répondu que je ne croyais pas que vous vous montrassiez tel que vous êtes : non, vous ne vous êtes pas montré tout entier.

ENFANTIN : Tout entier, non : j'ai répondu tout à l'heure à *Leroux* que j'avais à continuer l'enseignement commencé, à développer ici ce qui a fait, pendant cinq mois, l'objet des travaux du Collége, et je ne puis le faire que successivement.

CÉCILE FOURNEL: Ma voix sera bien faible après toutes celles qu'on a entendues : je dois déclarer devant tous que je repousse la théorie qu'on a commencé à vous exposer ici avec une enveloppe très-épaisse, quoi qu'on en dise ; je la repousse et, en la repoussant, je repousse celui qui la professe, qui veut la répandre, persuadé qu'elle est morale alors qu'elle ne l'est pas. Je dis que toutes les femmes qui m'entendent, qui me connaissent, doivent savoir que, pour avoir repoussé cette théorie, depuis cinq mois qu'elle est produite au Collége, il faut que j'aie bien senti qu'il y avait en elle quelque chose de bien profondément immoral, et j'espère faire partager mes craintes, faire connaître le danger qu'elles courent aux femmes sur lesquelles j'aurai encore quelque influence.

Quelques voix de femmes dans les tribunes : Oui, oui !

FOURNEL : Enfantin a exposé sa théorie d'une manière très-obscure, et il n'a pas tout dit : vous avez bien des choses à apprendre.

PÈRE ENFANTIN : Vous les apprendrez ; je n'ai jamais craint de les dire au collége. Vous en êtes sûrs, je dirai tout ; je n'ai rien à cacher.

FOURNEL : Il est très-vrai qu'au collége tout a été dit : Nous savons tout.

PÈRE ENFANTIN : Ils sauront tout, mais je veux qu'ils le sachent par moi ; je veux le dire à ma manière, qui est meilleure que la vôtre.

FOURNEL : Je ne doute pas que tout le monde ne connaisse bientôt la chose parfaitement, aussi je m'occupe fort peu de chercher en ce moment des membres individuellement pour la leur apprendre ; je n'ai communiqué mes idées qu'à un ou deux. Je pense qu'après avoir posé une doctrine, quelque recommandation que vous fassiez pour ne pas la suivre, il est difficile qu'on ne cherche pas à la réaliser. Je ne sais pas ce que la femme retranchera de ces théories, mais je suis convaincu que la femme de l'avenir, la femme qui doit être à la tête de la doctrine, les reniera comme je le fais à présent.

PÈRE ENFANTIN : Il faut s'expliquer franchement ; vous avez dit qu'il était difficile que la théorie et la pratique ne fussent pas d'accord ; or, je vous demande si ma théorie précisément n'est pas que les idées que je présente sur la femme ne peuvent être ni obligatoires, ni *pratiquées* en ce moment. Voici ma *théorie* : c'est que tout homme qui voudrait *pratiquer* ou faire pratiquer des idées nouvelles sur les relations de l'homme et de la femme n'est pas Saint-Simonien.

Guéroult : Père Enfantin, le débat se passe entre vous et quelques membres du collége ; il est impossible aux spectateurs de porter un jugement.

PÈRE ENFANTIN : Plus tard tu sentiras qu'il n'y a ici ni *débat* pour moi, ni *jugement* pour d'autres que moi.

FOURNEL : Vous avez dit que depuis long-temps vous étiez d'avis d'appeler la femme, et que Bazard avait semblé s'y refuser. Je ne sache pas, pour mon compte personnel, qu'il y ait eu discussion sur ce point. Bazard a pensé qu'en présence d'un monde en lutte avec nous, la voie de l'apostolat était celle qui nous convenait ; il a cru que dans cet état il valait mieux que la doctrine fût gouvernée par des hommes que par un homme et une femme.

PÈRE ENFANTIN : Si Bazard et vous aviez désiré, comme moi, appeler la femme, vous auriez su lui dire, avant moi ou en même temps que moi, une parole nouvelle. Mes idées comprennent les vôtres, et encore d'autres que les vôtres ne comprennent pas. J'ai donné la loi de tous les amours qui peuvent s'exprimer par des hommes ; c'est lorsque la femme connaîtra cette parole de l'homme qu'elle pourra répondre ; tandis que vous, vous n'exprimez que l'une des formes de l'amour de l'homme, moi, je les exprime toutes.... Je ne dis pas que j'exprime l'amour de la femme.

FOURNEL : Vous n'exprimez pas non plus l'amour de l'homme, vous ne le connaissez pas.

PÈRE BARRAULT : Malgré la douleur que j'éprouve de voir la résolution prise par plusieurs membres du collége de se séparer du P. Enfantin, dont ils avaient d'abord accepté la haute paternité, j'éprouve le besoin de faire connaître à la famille St-Simonienne que ceux qui se séparent maintenant avaient, il y a huit jours, déclaré qu'ils adhéraient entièrement au *P. Enfantin.* Je le déclare ici bien hautement, je n'avais jamais cru à l'adhésion franche des membres du collége, qui acceptaient la paternité du *P. Enfantin*. La conduite de Fournel et de quelques autres membres, relativement aux degrés inférieurs, me paraissait ressembler à de la diplomatie. Ils font aujourd'hui ce qu'ils auraient dû faire dès le premier jour, ils se rallient à Bazard. Qu'ils protestent donc en dehors, puisqu'ils ne se sentent pas le courage de le faire en dedans.

Pour moi, les idées du Père Enfantin sur les relations de l'homme et de la femme m'ont jusqu'ici répugné, mais le Père Enfantin a toujours été, à mes yeux, la vie de la doctrine; c'est pourquoi je me suis rallié à lui. Ce n'est pas sans une vive douleur que j'ai vu Transon, le porte-bannière de la doctrine, à côté duquel j'ai marché, se séparer de nous. Non, Transon, ta place est auprès du P. Enfantin, auprès de moi. Je t'ai senti, tu ne saurais nous quitter, car tu es religieux; tu ne suivras pas Jules, car Jules a dit que la doctrine est à l'état de faillite, de liquidation. Tu voudrais nous quitter! non, tu ne le pourrais pas, tu aimes les ouvriers, les petits-enfans, ceux qui souffrent. Tu viendras avec le Père Enfantin, car il nous porte dans son cœur, il veut *réaliser* la doctrine, et non pas faire du *mysticisme* philosophique. (Bravo, bravo, applaudissemens.)

FOURNEL : Le mot *déloyauté* a été prononcé : je m'en étonne quand on peut offrir à tous une vie commé la mienne.

PÈRE BARRAULT : Oui, tu as été grand, toi et ta femme; mais vous deviez, il y a huit jours, faire ce que vous faites aujourd'hui, et ne pas prévenir la publicité que le Père Enfantin avait le droit de donner seul à ses idées, vous qui aviez accepté sa paternité.

FOURNEL : Si j'ai accepté le Père Enfantin il y a huit jours, c'est que j'ai voulu donner jusqu'au bout la preuve que je voulais éviter, par tous les moyens imaginables, une scission qui était flagrante; et dès-lors je déclarai au Père Enfantin, en ta présence, que je ne me sentais plus en position de continuer la direction qui m'était confiée.

Père Barrault : C'est le lendemain du jour où j'ai été obligé de porter cette accusation contre toi en présence du second degré.

Jules Lechevallier : Je prie d'établir une délimitation entre ceux dont Barrault vient de parler et moi.

Transon revient encore sur l'abus qu'il accuse le P. Enfantin d'avoir fait de la confession secrète.

PÈRE ENFANTIN : En effet, j'ai pu et j'ai dû blesser certaines individualités, mais, ainsi que je l'ai déjà dit, cela tient à l'état encore incomplet du pouvoir, à l'*absence de la femme*. D'ailleurs, quand j'ai reçu les confessions, j'ai dit que j'en ferais ce que je voudrais et que je les emploierais selon l'utilité sociale, et dans l'intérêt véritable des individus eux-mêmes ; je l'ai fait.

Duveyrier. Je reste auprès du P. Enfantin, parce que je crois que tous les défauts dont moi et plusieurs personnes avons souffert tiennent à ce qu'*il n'a pas de femme à côté de lui* : de là défaut de dignité, langage léger, impossibilité d'agir d'une manière qui paraisse franche. Cependant j'ai la conviction que pas un de ses actes n'a été un acte individuel, d'égoïsme. Tous ses actes ont été sociaux, religieux, généraux, marchant à un but qui nous intéresse tous. Ses défauts ne sont que l'expression de ce fait, savoir : qu'il n'y a pas encore parmi nous la loi de *Convenance*, de *pudeur*, de *fidélité*, en un mot, la loi que la femme est plus particulièrement propre à apporter. J'acclame à la manière dont le Père Enfantin a posé les termes pour appeler la femme. C'est donc avec joie que je déclare devant vous que je communie avec le Père Enfantin, et que je souffrirais horriblement moi-même de tout acte qui enfreindrait les habitudes morales du monde que nous voulons convertir à nous. Je dois dire à Reynaud que, quoique je n'envisage pas d'une manière très-nette l'avenir, cependant j'y vois déjà mieux et plus loin que je n'y voyais depuis long-temps. Je suis convaincu que la morale se présentera sous trois formes, l'une d'elles reliant et comprenant les deux autres.

LEROUX : J'expliquerai les motifs de ma conduite : je sors.

CARNOT : Je ne sais pas faire de mysticisme, et séparer la conduite des hommes des idées qu'ils professent. Je repousse les idées et l'homme qui les professe. L'appel du Père Enfantin est immoral : il tend à la promiscuité : ce n'est pas une loi nouvelle, c'est la négation de la loi chrétienne. Je déclare qu'Enfantin n'est pas plus Saint-Simonien dans l'ordre moral, que les partisans de la loi agraire dans l'ordre civil. Je vais là où est la doctrine, où l'on conçoit une œuvre de réédification. Quelqu'un a prononcé le mot *déloyauté*; je suis étonné de l'avoir entendu dans cette enceinte; je suis prêt à faire en public la confession de ma vie entière, je n'ai pas un jour à en retrancher; que ceux qui peuvent en dire autant le fassent comme moi.

DUGIED : Ce que Carnot vient d'exprimer est mon opinion. Tout ce qu'il y avait en nous, de force, de fortune et d'avenir, nous l'avons consacré à une œuvre de reconstruction; la théorie d'Enfantin n'est autre chose que la dissolution ; je ne m'y associe pas.

Guéroult : Nous sommes le premier public, il est bon que nous soyons éclairés, afin de savoir si l'on nous trompe et si nous ne sommes que des instrumens.

CARNOT : Nous déclarons que la doctrine n'est pas ici.

PÈRE TALABOT : Il est juste que celui qui un des premiers a porté la parole de l'apostolat ait une parole toute particulière à dire. Eh bien ! je vous déclare que cet homme (montrant le Père Enfantin) est le chef de l'humanité.

La femme est aujourd'hui esclave : une esclave ne peut dire toute sa pensée; elle doit être provoquée à s'expliquer librement

(*S'adressant aux dissidens* :) Vous n'avez pas mission religieuse à accomplir, car vous continuez l'exploitation de la femme, vous ne pouvez pas lui donner la parole libre. Reynaud peut insulter, souiller de boue notre P. Enfantin; moi j'ai la confiance que cet homme porte l'humanité dans son sein, et je sens qu'en marchant avec lui, je la porte aussi.

Il est étonnant qu'après avoir entendu pendant six mois le Père Enfantin exposer sa doctrine dans le collége, on puisse la taxer de promiscuité.

Dugied : C'est une erreur de dire que depuis six mois on nous enseigne cette doctrine secrète. C'est nous qui l'avons obtenue à force d'inductions et de demandes d'explications.

PÈRE ENFANTIN : Depuis dix-huit mois Bazard et Rodrigues la connaissaient; et Bazard s'est long-temps opposé à ce qu'elle fût livrée au collége. Carnot vient de dire que ma doctrine est la promiscuité, je m'étonne de voir ainsi travestir mes idées.

Carnot : Votre doctrine est la réglementation de l'adultère.

PÈRE ENFANTIN. Jamais cette doctrine n'ira à l'adultère; l'adultère n'a lieu que parce qu'une nature est écrasée par l'autre; les idées que j'avance viennent donc, au contraire, prévenir l'adultère.

Dugied : C'est vrai, il n'y a plus d'adultère, car le vice est réhabilité, réglementé. Ce n'est que de cette manière qu'on peut dire qu'il n'y a plus d'adultère. Vous en jugeriez facilement si l'on vous enseignait d'abord les principes généraux sur lesquels reposent toutes ces idées.

PÈRE ENFANTIN : Chacun enseigne, *dans le monde*, d'après la méthode qui lui semble bonne, je prie qu'on me laisse exposer ICI mes idées comme je le croirai convenable.

Dugied : On nous a demandé pourquoi nous nous retirions; nous avons voulu exposer nos idées, on ne l'a pas souffert.

Père Talabot : Comment peux-tu dire des choses qui feraient penser que des hommes que tu as aimés et que tu aimes encore sont des hommes abominables? je te demande à toi, Carnot, si nous pouvions vous laisser continuer d'exposer vos idées, comme vous avez commencé à le faire.

Dugied : Nous ne pouvons accepter une discussion dont on nous imposerait les termes; nous nous retirons.

Transon : Vous n'êtes pas libres d'empêcher aujourd'hui le Père Enfantin d'exposer ses idées : vous exposerez les vôtres au fur et à mesure que le Père Enfantin aura communiqué les siennes.

Duguet : Dugied, vous avez été un de ceux qui ont exercé le plus d'influence sur moi pour m'amener à la doctrine; vous ne devez pas m'abandonner; ce n'est pas à moi d'aller vous chercher; c'est à vous de ne pas me quitter.

Je ne suis pas en position de répéter l'accusation de déloyauté qu'on a portée contre vous; mais je dis qu'au moment où l'on dit qu'il peut s'ouvrir un abîme sous nos pas, il y a de la lâcheté à se retirer.

Fournel : Lorsque des hommes ont livré leur vie entière à l'humanité, nul, à aucun instant, n'a le droit de les traiter de lâches.

Père Lambert : Je suis depuis long-temps dans une position particulière, j'ai besoin de l'expliquer en peu de mots; je ne connais encore que d'une manière imparfaite les idées du Père Enfantin. C'est pourquoi il ne m'est pas possible de les juger. Je reste dans la doctrine, car je ne puis penser que nous soyons arrivés à l'état d'apostolat pour être isolés plus que jamais; au contraire. Par goût, je n'ai jamais pu travailler à une œuvre quelconque sans être hiérarchisé, et je ne le pourrai jamais. Le Père Enfantin a promulgué la morale provisoire qui doit nous conduire jusqu'à la venue de la femme; s'il n'y satisfait pas lui-même, il abdique. Je reste dans la même position, par rapport aux théories du Père Enfantin, que Reynaud : j'attends que la femme vienne qui dira de ces théories ce qu'elle pense, ou, comme le dit Reynaud, qui écrasera la tête du Père Enfantin. Je reste et je demande aux membres qui se retirent et à ceux qui demeurent, la continuation de leurs relations fraternelles.

Fournel. Je ne conçois pas comment des liens si étroits pourraient être brisés.

Guéroult. Je pense que tous les membres du collége ont agi avec loyauté, et je déclare que les membres du deuxième degré veulent prendre un parti; laissons donc le Père Enfantin expliquer toute sa *théorie* avant de discuter.

PÈRE ENFANTIN : Guéroult, tu ne comprends pas le FAIT VIVANT qui se passe devant tes yeux, autrement tu sentirais combien est utile la discussion actuelle pour connaître les hommes qui sont tes pères. Tu es trop désireux de *théorie*, de *discussions*, d'*idées*, d'*explications*; tu demandes de la *science*, quand tu as devant toi LA VIE; dans ce qui se passe est l'enseignement véritable de la doctrine.

Baud. Je supplie, au nom de Dieu, les membres du collége dissidens de rester jusqu'à la fin.

Fournel : Je déclare que mon intention est de satisfaire le désir de Baud, j'assisterai à la discussion jusqu'à la fin.

Carnot : Moi, je viendrai; mais à la condition que l'on posera d'abord les questions générales, fondamentales, les questions d'*autorité* et de *liberté*.

PÈRE ENFANTIN : En venant ici, je dois faire l'enseignement comme je l'entends, à ma volonté; on sera libre ensuite de me répondre.

Dugied : Je ne peux admettre un tel état de discussion, il faut que l'on pose d'abord la question *générale*, la *loi vivante*, la question d'*autorité* et de *liberté*. Les questions relatives à l'homme et à la femme seront résolues quand les premières le seront; je n'admets la discussion qu'à cette condition : d'abord, la question fondamentale.

Cazeaux : Le père Bazard doit écrire ce qui a causé ses déterminations, et refuse de venir ici; il croit que la forme qu'il veut prendre est la meilleure pour ramener l'unité ; je me retire. (*Cazeaux sort.*)

Père Laurent. Cazeaux me paraît être le seul des dissidens qui ait bien compris la position actuelle. Il faut que cet état anormal cesse. Les membres dissidens doivent se retirer s'ils ne reconnaissent pas le Père Enfantin comme chef, comme père. Je ne conçois pas un tel mode de discussion ; c'est un duel qui ne doit pas exister.

PÈRE ENFANTIN : Il y a dans ce qui se passe un enseignement pour l'avenir. Voyez quelle anarchie parmi les dissidens! Lambert proteste et reste néanmoins avec nous; Dugied et Carnot donnent une règle pour la discussion; Fournel consent à rester sans en donner aucune; Jules est de l'opinion de Laurent sur la discussion, et il n'a foi ni en moi ni en Bazard. Quoi que ce qui se passe maintenant soit pour tous d'une grande utilité, je désire qu'on en finisse au plus tôt. Nous recommencerons encore lundi, mais si nous continuions à batailler ainsi, les ouvriers mourraient de faim, et les enfans que nous avons adoptés seraient délaissés. Le fait évident, c'est qu'il y a des hommes qui doivent se tenir momentanément à l'écart, et se reposer.

Il est cinq heures la séance est levée.

DEUXIÈME SÉANCE.

LUNDI 21 NOVEMBRE 1831.

PÈRE ENFANTIN :

Cazeaux, tu m'as prévenu que tu avais quelque chose à dire.

CAZEAUX : Je viens déclarer ici, au nom de tous ceux de mes frères qui accompagnent le Père Bazard, Claire Bazard, Dugied, Carnot, Cécile, Fournel, Leroux, qu'ils ne peuvent pas assister à cette séance, parce qu'ayant cessé d'être en communion avec le Père Enfantin, leur position ici n'est pas convenable pour exposer leur sentiment. Du reste, toute leur vie, tous leurs efforts seront consacrés à vous exposer ces sentimens, et vous les trouverez toujours prêts à vous répondre,

Fournel : Vous savez tous à quel titre j'assiste à cette réunion : dans la dernière séance plusieurs membres du second et du troisième degré se sont plaint de ce que nous les abandonnions. Ils ont pensé que l'exposition des idées nouvelles, qui doit leur être faite, pourrait bien être incomplète ou obscure ; ils ont considéré comme une garantie pour eux la présence de quelques-uns de ceux qui rejettent ces idées. C'est là la raison qui fait que je me trouve ici.

Père Laurent. D'après la déclaration faite par Cazeaux au nom de tous ceux qui suivent le Père Bazard, je ne conçois pas la présence de Fournel parmi nous, à l'état de protestation.

Fournel : Je suis prêt à me retirer.

PÈRE ENFANTIN : Sentez-vous votre position ?

Fournel : Ce que je sens, c'est que j'ai besoin d'un entretien avec vous.

PÈRE ENFANTIN : Vous l'aurez.

Une voix. Nous réclamons la présence du P. Fournel parmi nous.

Plusieurs voix. Oui, oui. — Non, non.

PÈRE ENFANTIN : Reste Fournel, reste.

Saint-Chéron : Je désire me retirer de la hiérarchie actuelle et motiver ma retraite.

PÈRE ENFANTIN : Nous ne pouvons entendre les protestations de tout le monde. Nous avons écouté les protestations les plus capitales, celles qui justifient toutes les autres. Ce qu'il nous importe à présent, c'est de déterminer au plus vite ce qu'est la doctrine. Notre vie n'est pas une vie de discussion, de bataille entre nous : elle doit être nette, franche et active. Nous ne pouvons nous arrêter à des discussions interminables. Rappelez-vous que nous avons mis dix-huit mois, Bazard, Olinde et moi, à traiter ces questions ; si je pouvais avoir la pensée de recommencer à les élaborer moi-même, à les développer devant vous et avec vous, jusqu'à la satisfaction complète de chacun d'entre vous, je ne serais pas votre chef, je ne saurais pas ce que c'est que de conduire des hommes, je perdrais mon temps et je vous ferais perdre le vôtre, nous ne marcherions pas. Déjà j'ai réuni les différens degrés séparément, et nous avons répondu aux demandes de chacun. Vous avez pu, tous aussi, approcher et interroger les membres du Collége, qui, depuis six mois, sont au courant de toute la discussion. Il me reste à former autour de moi, le plus promptement possible, des enseigneurs qui puissent vous enseigner à vous-mêmes et au monde tout ce que je sens d'avenir pour l'humanité. Ce n'est qu'ainsi que je serai votre chef, votre père, et que je vous ferai marcher.

Nous avons à constituer dans le sein de la doctrine une nouvelle hiérarchie, car le sommet de la hiérarchie est changé. Nous avons à annoncer au monde une nouvelle politique; le caractère de notre apostolat n'est plus le même. Nous avons enfin à faire un appel que jusqu'à présent nous avons laissé dans l'oubli, l'appel de la femme, et pour cela il nous faut dire des choses nouvelles aux hommes et aux femmes.

L'impatience que plusieurs d'entre vous ont manifestée, que vous éprouvez tous à titres divers, d'arriver à la connaissance entière de tout ce qui s'est passé entre nous, de tout ce qui nous a occupé depuis six mois, cette impatience est légitime. Et cependant les mêmes raisons qui nous ont fait garder dans le sein du Collége, et élaborer au milieu de lui, des questions que nous nous sommes réservé de vous exposer à une époque plus éloignée, ces mêmes raisons subsistent encore, avec cette différence que vous avez aujourd'hui tous les termes généraux sur lesquels l'élaboration chez vous, entre vous et avec nous peut se faire. Vous êtes initiés à la direction nouvelle que va prendre la doctrine.

Vous êtes initiés à la volonté que nous avons de constituer par notre apostolat l'appel de la femme, et c'est là le point important qui doit maintenant nous réunir.

Mais pour confirmer encore davantage la nécessité de cette marche prudente que je viens de vous signaler, j'ai besoin de remettre devant vos yeux une chose fort oubliée depuis quelque temps.

Nous avons dit souvent que la doctrine Saint-Simonienne était la doctrine de CE QUI EST; que nous étions les hommes du PROGRÈS : que nous ne nous attachions que secondairement à CE QUI FUT et à CE QUI SERA, parce que nous voulons VIVRE et que la vie, c'est le PRÉSENT. Depuis quelques jours, par un effort d'esprit, beaucoup d'entre vous ont oublié la doctrine, beaucoup d'entre vous ont cru qu'il était possible d'hésiter, de rester dans le DOUTE entre deux chefs, peut-être même à l'égard de la doctrine tout entière. Or, ces positions diverses doivent cesser un jour, nous devons nous employer à les faire cesser. Mais ce qu'il y a de certain, c'est que nous ne pouvons considérer aucune des personnes qui se trouveraient dans un pareil état comme étant dans l'ordre apostolique que nous accomplissons.

Nous ne sommes pas des chefs de clan, des présidens de club ; nous nous sommes nommés vos pères, nous vous avons donné une vie nouvelle ; nous vous avons attachés à nous, parce que nous nous sommes attachés à vous. Mais celui qui DOUTERAIT de cet amour que nous avons pour lui serait dans une position fausse pour nous aider à faire tout ce que nous aurons à réaliser.

Il est bien, sans doute, que celui-là attende de nous les éclaircissemens qui peuvent lui faire espérer qu'un jour il se rapprochera de nous; et nous-même, il est de notre devoir de lui donner ces éclaircissemens qui pourront le ramener à nous.

Mais l'enseignement dont vous avez besoin ne peut se faire aujourd'hui que sous la forme d'une nouvelle hiérarchie ; vous avez besoin d'être reclassés, réorganisés ; vous avez besoin surtout que je fasse sentir au milieu de vous la réalisation de la parole d'appel que j'ai promise aux femmes. La réorganisation de notre hiérarchie exige donc toute mon attention.

Or, voici ce que dès aujourd'hui j'ai à vous dire :

Je vous ai annoncé, la dernière fois, en posant les premiers termes de l'appel de la femme, que j'avais eu pour but de laisser entre ces termes et ceux de la loi chrétienne une marge assez vaste pour que la femme, se présentant à nous, pût nous parler librement et sans rougir de ses désirs pour l'avenir, de sa volonté, de sa foi; et je vous ai dit en même temps que, parlant ainsi au milieu de vous, je savais tout ce qu'il y avait d'obligation pour vous à présenter au monde le spectacle d'une conduite qui lui donnât un gage de notre moralité à tous, un gage éclatant de notre volonté de perfectionner tout ce qui est, et non de rétrograder vers ce qui fut.

Je vous ai dit que je regarderais comme la preuve de désaffection la plus grande qu'un de mes enfans pût me donner, comme une injure faite à mon caractère de Père, tout acte d'un Saint-Simonien qui serait de nature à être réprouvé par les mœurs et les idées morales du monde qui nous entoure.

J'ai ajouté, pour aller au devant de la susceptibilité ombrageuse qui ne permet pas encore à un Père, au chef de l'humanité nouvelle, de demander quelque chose pour lui, sans qu'il explique en même temps que faire quelque chose pour lui, c'est faire quelque chose pour le monde; j'ai ajouté que c'était dans l'intérêt de la DOCTRINE aussi bien que pour MOI, que je repoussais comme immoral tout acte d'un Saint-Simonien qui serait de nature à blesser les opinions morales du monde.

En m'exprimant ainsi, je vous ai préparés à nous voir apparaître bientôt sous une forme nouvelle; nous n'avons pas été JUGES encore au milieu de vous; nous n'avons pas dit qui était mal, qui était bien; nous n'avons pas condamné, approuvé. Nous entrons dans une voie où la JUSTICE sera MALE.

Nous avons autour de nous, en ce moment, des hommes qui ont vécu de notre vie, et qui pourtant vont se retirer ou se sont déjà momentanément retirés de nous. Nous avons parmi nous des hommes qui vivent de notre vie, et qui peut-être bientôt devront se retirer de nous; en d'autres termes, l'œuvre *théorique* que nous venons d'accomplir a eu besoin de certaines puissances, qui se trouvent à cette heure réduites à l'infirmité; l'œuvre *pratique* que nous allons commencer exigera une force morale, qui ne permettra pas à tous de nous suivre dans notre apostolat : œuvre sainte, qui nous placera devant le monde avec une foi que tous ne peuvent point *porter*. Notre vie d'apôtre qui va nous faire recevoir de ce monde bien des injures, bien des calomnies; notre vie d'apôtre exige aussi une prudence que vous ne m'avez pas connue encore, et que vous trouverez en moi. J'ai dit, lorsque le changement de la hiérarchie s'est opéré, qu'à ces éperons avec lesquels j'avais poussé la doctrine, je saurais bien substituer une bride dans l'occasion. Le moment est venu. Il y a des hommes qui n'ont pas pu aller assez vite : ils sont restés. Il y aura des hommes qui voudront aller trop vite, ils resteront.

Je vous ai dit que je n'étais pas pour vous un président d'assemblée, ni même un tuteur, un enseignant; que je n'étais pas même un prêtre; je suis le père de l'humanité! je sais ce qu'aujourd'hui nous avons à accomplir, car je vous ai amenés où vous êtes aujourd'hui, et je suis devant vous A LA PREMIÈRE PLACE. Nous nous sommes dits religieux jusqu'ici, et nous avons répété des leçons d'histoire, et nous avons parlé de Jésus, de Saint-Paul, des premiers pères de l'église chrétienne, en les saluant de notre admiration. Nous nous sommes mis quelquefois à leur propre place, et nous nous sentions grandir en retournant ainsi en arrière; et moi, je me sens grand en votre présence, et j'ai besoin de voir en vous quelque chose qui m'annonce que nous marchons ensemble. J'ai besoin de sentir que tout ce qui m'entoure a foi en moi, je ne peux pas le sentir aujourd'hui! je vous vois trop mêlés, trop incertains, trop faibles, vous doutez trop encore, vous n'avez pas de foi, je ne suis pas votre père à tous. Cazeaux l'a senti, et il est venu me dire que ceux qui protestaient se retiraient : eh bien! si quelqu'un proteste ici contre l'autorité que j'assume en moi, qu'il se retire.

Plusieurs voix: Oui, mais nous voulons protester

D'autres voix : Laissez-nous continuer, vous protesterez où vous voudrez.

Une voix : Il faut que l'on sache pourquoi nous protestons, et nous demandons à le dire.

Une voix : Il y aurait mauvaise intention de votre part si vous continuiez à troubler notre enseignement.

(*Plusieurs demandent, avec plus ou moins de vivacité, à protester ; ils se récrient contre l'empêchement qu'on y met.*)

Charton : Nous ne pouvons nous retirer sans exposer les motifs de notre protestation.

PÈRE ENFANTIN : Tu remplirais en ce moment une mission fâcheuse, ce serait un appel au désordre. Si tu veux instruire chacun des motifs de ta retraite, convoque-les chez toi, fais comme ton Père Bazard, comme Cazeaux.

Guéroult : Je vous demande la permission de rester tant que je n'aurai pu expliquer mes motifs.

(*La séance est encore quelques instans troublée par les réclamations des protestans.*)

JULES LECHEVALLIER : Je n'ai qu'une chose à dire pour expliquer ma présence. Après que j'ai eu exposé ma véritable position au P. Enfantin, il m'a dit que je pouvais assister à cette séance. Après la déclaration que vous venez de faire, je sens que je dois me retirer ; je sens que je porte en moi une espérance nouvelle que j'annoncerai à tous ; je suis toujours fidèle à mon passé que j'ai accepté comme tradition, toujours fidèle à l'avenir que je me sens, j'ose le dire, la puissance de préparer.

PÈRE ENFANTIN : Jules, tu es en effet trop *logicien,* tu as été trop fort *raisonneur* jusqu'à présent pour ne pas *comprendre*, en ce lieu, ta position.

JULES LECHEVALLIER : Vous êtes à la tête d'une société à laquelle je n'appartiens plus par les mêmes liens qu'autrefois, cependant je vous écouterai le plus souvent que je pourrai.

Charton : Il y a ici des hommes que j'ai amenés à la doctrine ; j'ai besoin de leur dire les motifs de ma conduite. Comment voulez-vous que je puisse jamais les leur faire connaître aussi bien que je le pourrais en ce moment?

PÈRE ENFANTIN : Nous vous donnerons la salle un jour si vous voulez, mais nous ne pouvons passer l'année entière dans des discussions semblables, nous ne marcherions pas.

PÈRE RODRIGUES : Le monde nous attend.

Guéroult : Notre personnalité se trouve assez engagée dans ce qui se passe ici, pour que notre demande ne vous doive pas paraître exagérée.

Charton : Nous devons à ceux à qui nous avons enseigné la doctrine de leur prouver que ce n'est pas acte de protestantisme, mais acte d'apostolat que nous faisons.

PÈRE LAURENT : Si vous avez enseigné quelques hommes, c'est nous qui vous avons enseignés vous-mêmes.

PÈRE ENFANTIN : Vous avez un lieu très-commode pour donner ces explications, c'est chez Bazard; réunissez-vous autour de lui.

Maurize : Je ne suis pas avec Bazard, je suis seul; je cherche ma doctrine.

PÈRE ENFANTIN : C'est, de toutes les positions, la plus pénible. Je demande à Charton, à Guéroult et aux autres de se grouper autour de Bazard, vous ne pouvez qu'y gagner et y faire gagner la doctrine..

(*Un protestant demande également à dire les motifs de sa protestation.*)

PÈRE RODRIGUES (*s'adressant à lui*) : Vous êtes chef d'arrondissement, tous les arrondissemens d'ouvriers vont être constitués, je vous y attends si vous êtes Saint-Simonien ! (*Bravo! bravo!*)

PÈRE LAURENT : Il m'est arrivé un jour de douter ; j'ai adressé alors aux deux chefs suprêmes de la doctrine mes réclamations, mais je me suis bien gardé de troubler pour cela le cours ordinaire des enseignemens et des prédications.

Guéroult et FOURNEL : La position était différente.

Charton : Je crois qu'il n'y a pas de doctrine ici, qu'il n'y a qu'une hérésie.

PÈRE BARRAULT : La doctrine est ici.

PÈRE RODRIGUES : Quand notre père suprême aura achevé ce qu'il a à vous dire, je me lèverai et je répondrai à ceux qui peuvent dire que la religion Saint-Simonienne est ailleurs que là où je suis.

Charton : Je désire au moins exprimer, en me séparant de vous, l'espérance que ce ne sera que pour un temps, car j'ai la conviction que nous serons bientôt réunis. (*Applaudissemens.*)

(*Après quelques paroles encore, les protestans se retirent.*)

PÈRE ENFANTIN : L'homme et la femme, voilà l'individu social ; mais la femme est encore esclave, nous devons l'affranchir. Avant de passer à l'état d'égalité avec l'homme, elle doit avoir sa liberté. Nous devons donc réaliser, pour les femmes Saint-Simoniennes, cet état de liberté, en détruisant la hiérarchie jusqu'ici constituée pour elles aussi bien que pour les hommes, et en les faisant rentrer toutes dans la loi de l'égalité entre elles. IL N'Y A PLUS DE FEMMES DANS LES DEGRÉS DE LA HIÉRARCHIE. Notre apostolat, qui est l'appel de la femme, est un apostolat d'hommes. L'homme aujourd'hui peut être classé, parce qu'il a depuis long-temps sa liberté complète à l'égard de la femme ; mais la femme ne pourra être classée que lorsqu'elle-même se sera révélée.

Voilà notre position nouvelle à l'égard des femmes, et il faut qu'elles sentent bien que ce passage d'une hiérarchie imparfaite et incomplète à l'état d'égalité, ne fait qu'établir leur utilité, leur importance dans l'œuvre de la doctrine, plus réellement que jamais elle n'a pu l'être. Cet état d'*égalité confuse* présentera de grands inconvéniens sans doute ; mais il aura un avantage immense sur la *hiérarchie fautive* que nous avons pu poser jusqu'à présent, puisque la femme ne s'étant pas encore révélée libre, tout classement de femme a été fait par la loi d'homme et mal fait.

Voilà le fait capital qui va constater le changement de la hiérarchie actuelle. Les femmes n'apparaîtront plus sur l'estrade, à la prédication. Les femmes ne feront plus, extérieurement à la doctrine, partie de la famille Saint-Simonienne; elles seront, extérieurement, toutes à l'état d'appel, comme toutes les femmes du monde qui nous entoure.

(*Montrant le fauteuil vide qui est à côté de lui.*)

Voici le symbole de cet appel; ce sera le seul qui manifestera l'appel de la femme aux yeux de tous. La femme manque à la doctrine, elle ne s'y est pas révélée, elle est encore à l'état d'esclavage, elle va entrer à l'état d'*égalité confuse*; elle doit en sortir, nous l'attendons; il faut qu'elle parle; elle parlera, puisqu'elle est appelée.

Quant à la hiérarchie des hommes, comme des fonctions nouvelles vont être conçues, comme d'anciennes fonctions vont être modifiées, comme l'œuvre que nous commençons est toute différente de celle qui vient de finir, nous aurons également à changer, dans le sein de la hiérarchie mâle, les grades et les fonctions, et voilà pourquoi je vous disais qu'en présence de cette élaboration intérieure, indispensable pour nous produire à l'extérieur avec toute la force que la foi peut nous donner à tous, j'avais besoin de suspendre, pour quelques jours, les enseignemens commencés ici, et de préparer, dans les personnes qui m'approchent le plus, la parole qui se répand sur vous, en vous réunissant par groupes moins nombreux, de manière à pouvoir vous donner un enseignement collectif et individuel plus suivi, plus détaillé que celui que moi-même je pourrais vous faire.

Vous sentez qu'en changeant ainsi les formes de l'enseignement, j'ai besoin plus que jamais d'être bien convaincu qu'à la parole que je viens de prononcer tout à l'heure vous avez vraiment répondu de cœur, et que vous avez foi dans la direction que j'imprime dès ce moment à la doctrine. Il faut que vous compreniez bien que, si je m'y prenais autrement pour vous faire parvenir la lumière que vous devez recevoir, je perdrais moi-même à vos yeux un des titres qui font que je suis votre chef, car ce serait sacrifier ma vie, quand j'ai plus à faire et mieux que de passer mon temps à vous *enseigner* moi-même. J'ai à élever, auprès de moi, des hommes qui vous enseignent tous, et qui vous donnent, à votre tour, puissance d'enseigner tout le monde.

Je vous ai dit que la hiérarchie allait être complétement modifiée, et déjà au sommet vous voyez une forme toute nouvelle. Une face de l'autorité reste dans l'ombre, une autre apparaît. OLINDE RODRIGUES votre père rentre activement dans la doctrine ; il prend en main les intérêts financiers, matériels, l'organisation de l'association religieuse des travailleurs. RODRIGUES est prêt à nous faire tous marcher dans une voie que la doctrine ne connaît pas encore, dans une voie de crédit, de confiance, d'exactitude, d'économie, d'ordre, de prévoyance. Jusqu'ici nous avons été, dans tous nos actes, tellement pressés par le mouvement apostolique, et si peu préoccupés de préparer le terrain sur lequel nous marchions, que nous nous sommes souvent trouvés en présence du monde dans un embarras très-grand, et dans l'impossibilité de réaliser des promesses qui nous touchaient fortement au cœur. Nous ne pouvons dès aujourd'hui rien *promettre* que nous ne *tenions* ; la forme nouvelle qui se montre au sommet de la hiérarchie se réfléchira aussi et s'étendra sur toute la famille ; c'est sur les deux hommes qui sont devant vous que se réglera et se figurera, en quelque sorte, la forme générale de toute notre activité. Enfin, nous aurons à tâche spécialement de constituer tout ce qui concerne la pratique, le culte, l'industrie, et en même temps de préparer l'organisation morale nouvelle.

PÈRE RODRIGUES : Au nom du DIEU VIVANT qui m'a été révélé par SAINT-SIMON, votre maître à tous, le mien en particulier, mon premier acte de foi ici doit être de vous proclamer, vous, Enfantin, l'homme le plus moral de mon temps, le vrai successeur de Saint-Simon, le chef suprême de la religion Saint-Simonienne.

(*Bravos et applaudissemens prolongés.*)

Et moi maintenant j'arrive, quittant toutes mes affaires du vieux monde, quand j'ai eu conquis à ma foi, tout autant qu'il pouvait l'être, l'amour de mon père, et celui de ma mère, et celui de mes sœurs, et celui de celle qui est la moitié de ma vie, de ma femme qui m'a laissé quitter *la Bourse*, quand elle a vu que le temps était venu. Et maintenant après que j'ai proclamé la hiérarchie nouvelle, je fais appel à tous, pour réaliser l'association religieuse des travailleurs Saint-Simoniens. Saint-Simoniens, entendez-le bien, je viens pour installer la puissance morale de l'argent, je viens faire appel à tous ceux qui ont un cœur, à tous ceux qui ont une bourse, à tous ceux qui ont une intelligence Saint-Simonienne, et je leur dis : Apportez-moi les moyens de nourrir la famille Saint-Simonienne, dont la vie entière doit être comptée pour le bonheur du monde. Je recevrai tout, et je rendrai compte de tout, et je me placerai en face du monde, en face des banquiers, des hommes puissans par l'argent; en face de ceux qui veulent chanter le peuple, et qui ont puissance de faire donner de l'argent pour le peuple, en face des femmes qui ont de l'argent ou qui ont puissance de faire donner de l'argent pour le peuple, et je leur dirai que, me soumettant à la loi suprême de notre PÈRE SUPRÊME, je suis ici, moi, le père de l'industrie, le chef du culte Saint-Simonien. M'avez-vous entendu?

(*Acclamations.*) Oui! oui!

PÈRE RODRIGUES : Me suivrez-vous?

Tous Oui! oui!

NOTE (1)

SUR

LE MARIAGE ET LE DIVORCE,

LUE AU COLLÉGE LE 17 OCTOBRE 1831,

PAR LE PÈRE RODRIGUES.

LE MARIAGE.

Toute œuvre *sociale*, dans l'avenir, est l'œuvre d'un couple, homme et femme, complément l'un de l'autre, recherché, accepté *librement*, dont l'*union* préparée par l'éducation, a reçu la sanctification de l'autorité religieuse, *homme* et *femme*.

L'homme et la femme *seront mariés*, alors qu'ils seront tous deux arrivés à aimer, désirer l'un par l'autre, l'un et l'autre, l'accomplissement d'un œuvre commune, manifestation d'une commune destinée. A cette condition, l'union

(1) Notre Père Suprême, en posant les bases des relations de l'homme et de la femme dans l'avenir, a déclaré que la loi de *convenance*, de *tact* et de *pudeur* ne serait formulée que par l'homme et la femme, qui détermineraient ensemble les limites *légitimes* de ces relations; le P. Olinde a exprimé dans le collége son sentiment personnel sur la morale de l'avenir. Cette note est placée ici, d'une part, afin de constater l'impuissance où sont tous les hommes pour régler définitivement les rapports de l'homme et de la femme, puisqu'elle diffère, dans ses *formes* et dans les *limites* qu'elle pose, des idées de notre P. Suprême; de l'autre, pour présenter à tous, par ce désaccord même entre notre P. Suprême et le *P. Rodrigues*, la garantie que nulle *idée* nouvelle sur les relations de l'homme et de la femme ne donnerait lieu à une *pratique* légitime, tant que la femme n'aura pas parlé.

sera sanctifiée, elle aura toute sa force, toute son *abnégation*, tout son *égoïsme*. Elle sera RELIGIEUSE.

Je crois fermement que *tous* doivent, au moment où ils vont compléter leur vie par le mariage, après y avoir été amenés par le développement du système d'éducation, espérer, désirer, que ce mariage ne soit pas dissout, dans quelque catégorie qu'ils puissent être rangés à cet égard.

Nul ne sera en état normal pour être marié, qui désirerait ou accepterait le mariage, en voyant devant lui le divorce.

Mais, d'un autre côté, j'admets fermement qu'il existe, suivant la qualification des individus, des différences plus ou moins grandes, dans la *probabilité* d'une durée quelconque pour le maintien de l'état normal de mariage.

Et j'entends que le mariage est à l'état normal stable, tant que les deux époux, à travers toutes les petites variations d'humeur, de goût et de puissance, inévitables dans l'union la mieux assortie, sont ramenés sans cesse à aimer, à concevoir, à pratiquer *ensemble*, l'œuvre sociale qu'ils ont reçu mission d'accomplir, à se *sentir* complément l'un de l'autre.

LE DIVORCE.

Mais du jour ou l'autorité religieuse, homme et femme, renonce, après maintes épreuves, à considérer comme possible le maintien de l'état normal de mariage entre les deux époux ; du jour où les chances d'un pénible déchirement deviennent prédominantes, il y a lieu, dans l'intérêt personnel des deux époux, aussi bien que dans l'intérêt social, à préparer, à prononcer le *divorce*, c'est-à-dire le passage *d'un lien* à un *autre lien*. Il en est de même du mariage dissout par la mort d'un des conjoints, tant que les individus divorcés ou en état de viduité peuvent réclamer, et pour eux et pour la société, une œuvre sociale à accomplir ; tant que l'heure de la retraite n'a pas sonné pour eux, il y a lieu à un nouveau mariage, et c'est à le préparer que doivent concourir tous les efforts de l'autorité religieuse, suivant les aptitudes morales, intellectuelles et physiques des individus qui le réclament.

Je crois donc fermement qu'un individu ne peut être à *la fois* l'époux que d'une seule femme, et qu'il ne peut l'être de plusieurs que *successivement.*

QUELQUES CONSÉQUENCES DU DIVORCE.

Les causes du divorce peuvent être telles, suivant les individus, que, pour les uns il soit une peuve d'élévation, et pour d'autres, le signe d'un abaissement. Dans certains cas sociaux, selon certaines fonctions, et indubitablement pour la fonction suprême, il équivaut à une *abdication*, car le divorce, pour les deux chefs suprêmes, homme et femme, ne pourrait être un moyen d'*élévation* pour aucun d'eux, et ne saurait recevoir sa sanction que d'un autre couple à eux supérieur, qui deviendrait, par le fait, investi du suprême pouvoir.

CONSIDÉRATIONS SUR LA FAMILLE.

Le mariage n'est pas seulement l'association la plus complète d'un homme et d'une femme, ayant pour objet l'accomplissement d'une œuvre sacerdotale, scientifique ou industrielle :

Le mariage est encore le *lien sacré* des générations, et ici de nouvelles considérations se présentent.

Saint-Simon a promulgué le règne de Dieu sur la terre. L'homme, par lui, est désormais appelé à *connaître* et à *pratiquer* selon son AMOUR.

L'AMOUR doit unir le *vrai* et l'*utile*, l'*idéal* et le *réel*; il n'y a plus, il ne doit plus y avoir de fictions constitutionnelles ni dans l'*état* ni dans la *famille.*

L'homme, à sa naissance, veut être entouré de ceux dont il est réellement le plus *aimé*, pour *apprendre*, par leur exemple, *pratiquer* la vie.

La *mère* veut toujours offrir aux caresses du *père* l'enfant que Dieu fit naître d'eux, pour que par *eux commençât* la famille, famille toujours *progressive* qui entoure sans cesse l'enfant grandissant du *patronage* le plus *intelligent* et le plus *actif*, pour développer ses facultés.

La procréation doit donc être le fruit du plus grand amour; de l'amour le plus complet, de l'amour qui fait le mariage de deux êtres, *égaux* sans être *identiques*, égaux parce qu'ils sont complémens l'un pour l'autre.

MORALITÉ DES RELATIONS SAINT-SIMONIENNES.

Ainsi donc, dans l'avenir. l'autorité religieuse, le prêtre et la prêtresse, mariés eux-mêmes, président aux mariages et aux divorces, veillent au maintien des *unions normales*, et sanctifient le divorce quand les circonstances énoncées ci-dessus viennent le réclamer. Par leur intervention religieuse, la loyauté règne dans toutes les affections; la fausseté, la dissimulation, comme la violence et la ruse disparaissent dans la *famille* comme dans la *cité*, et avec elles l'*adultère*, c'est-à-dire, le divorce caché, outrageant, irréligieux, protestation violente du passé, contre une loi incomplète du mariage; et la *séduction*, c'est-à-dire jusqu'à la tentative d'adultère à l'égard d'une des deux parties d'un couple, ou la tentative, auprès d'un être faible et sans défense, d'obtenir l'amour sans le donner soi-même.

Enfin, grâce à ces mariages vraiment saints, la famille ne commence plus, avec certitude, *seulement* à la *mère*, qu'une loi barbare et immorale ne pouvait récuser. Elle commence à la mère *et au père*, et la législation voit disparaître cet axiome romain, honteux témoignage de l'impuissance de la loi morale, *Pater is est quem nuptiæ demonstrant :* parce que les mariages, par l'éducation et par le divorce, peuvent désormais placer constamment l'homme et la femme dans la situation de sympathie réciproque, la plus favorable à leur mutuel développement, à l'accomplissement de tous leurs devoirs sociaux.

DES RELATIONS DU PRÊTRE ET DE LA PRÊTRESSE AVEC LES INDIVIDUS MARIÉS OU NON MARIÉS.

Relations générales des hommes et des femmes.

L'épouse est la femme que l'époux aime le plus complétement, le plus *intimement.* C'est la moitié de sa vie.

L'époux est l'homme que l'épouse aime le plus complétement, le plus *intimement.* C'est la moitié de sa vie.

Mais la vie est à la fois individuelle et sociale, c'est-à-dire que l'époux ressent aussi de l'affection pour d'autres femmes que la sienne, l'épouse de l'affection pour d'autres hommes que celui qui est son époux. Un intervalle relativement immense sépare toutefois l'affection mutuelle des époux de celle qu'ils peuvent éprouver, à titre de supériorité, d'égalité ou d'infériorité, pour celui-là même ou celle-là qu'après son époux la femme aime le *plus*, qu'après son épouse l'homme aime le *plus;* parce qu'avec l'épouse *seule* l'époux est vraiment *lié*, parce qu'avec l'épouse *seule* l'époux forme une *unité* dans la famille universelle, parce qu'avec l'épouse *seule* l'époux constitue un des *liens* qui unissent les générations humaines.

L'expression *spirituelle* et *charnelle*, de l'affection qui unit l'époux à toutes les femmes autres que la sienne, l'épouse à tout autre que son époux, doit donc avoir une manifestation et des *limites* d'une nature différente de celles qui caractérisent l'union la plus *intime* de deux êtres, l'union conjugale, et différentes aussi selon l'état des individus par rapport au mariage.

Quelles seront ces manifestations, ces limites ?

Au premier couple, placé au sommet de la hiérarchie St-Simonienne, il sera donné de jeter une vive lumière sur ces problèmes de la vie intime, que la préoccupation d'une éducation critique ou chrétienne empêche des hommes et des femmes, aujourd'hui placés à des points de vue insuffisans, d'envisager avec le *calme* indispensable. La première *femme* qui s'assoiera au trône pontifical pourra seule révéler et proposer à l'élaboration méditative de l'homme la loi des *convenances* au-delà desquelles commencerait l'*immoralité*.

J'affirme toutefois, en vertu des principes ci dessus posés, que cette loi devra satisfaire aux conditions suivantes :

A l'époux et à l'épouse appartient *exclusivement* ce saint état, l'*intimité* du cœur, de l'esprit et des sens, sphère mystérieuse, impénétrable, ou deux *spontanéités* se confondent, où la *vie* peut produire la *vie*.

L'œil et l'esprit de *tous* devront reconnaître à toutes les relations des deux époux avec les autres membres de la famille que cette *intimité* qui fait leur joie et leur vertu sociale est *intacte*.

Mais à l'égard de ces époux prêts à divorcer, dont l'harmonie n'existe plus, l'action du prêtre et de la prêtresse a pour objet spécial de rendre le plus douce possible la transition d'un nœud détruit à un autre plus moral, plus convenable à chacun des deux époux. Et là où il n'existe pas de lien à briser, on peut concevoir, de la part du supérieur, une influence assez grande pour diriger les divorcés par l'attrait de l'esprit ou des sens vers les nouveaux liens qu'ils cherchent à contracter.

La limite qui se présente est que le supérieur et l'inférieur ne soient jamais placés dans les circonstances morales où ils puissent oublier que l'*intimité* du mariage est l'attribut exclusif de l'*égalité*. Un tel oubli annulerait la hiérarchie et briserait l'égalité même du prêtre et de la prêtresse, chargés de la direction des fidèles.

Des considérations du même genre s'offrent à l'esprit pour tous les individus qui souffrent en cherchant l'être qui doit compléter leur vie.

Mais, je le répète, en-deçà de ces limites, j'attends avec confiance la révélation de la première femme qui sera à la tête de la doctrine ; c'est à la femme *affranchie*, LIBRE ET PRÊTE POUR L'AVENIR, qu'il appartient de révéler la loi des convenances, LE CODE DE LA PUDEUR.

Imprimerie d'ÉVERAT, rue du Cadran, n° 16.

RELIGION

SAINT-SIMONIENNE.

Aux chefs des églises des départements.

26 novembre 1831.

Nous vous avons adressé une lettre, en date du 22 novembre, sur la transformation que vient d'éprouver la hiérarchie, et qui nous ouvre une nouvelle carrière éminemment pacifique. Cette lettre a donné lieu, de la part du père Bazard, à une réclamation dont nous vous envoyons copie.

A M. Michel Chevalier, rédacteur général du GLOBE.

23 novembre 1831.

Je viens de lire une circulaire qui, m'a-t-on dit, doit être envoyée dans les départements et distribuée dans Paris. J'ai peine à croire qu'on veuille faire usage de cette pièce, car le récit qu'elle contient est évidemment erroné, et pour ce qu'il ne dit pas, savoir, les causes graves et profondes qui ont amené ce qui se passe; et encore pour ce qu'il dit, particulièrement en ce qui touche la détermination des personnes qui ont cessé d'être en communion avec Enfantin; la conduite qu'on leur prête n'est pas celle qu'elles ont tenue. Par exemple, leurs énergiques protestations contre les doctrines qui ont déterminé la crise actuelle y sont complètement passées sous silence. Quant à moi, je n'ai jamais prétendu me *retirer*, me *recueillir*, m'*abstenir*. Après de longs débats sur les questions les plus importantes de la morale, sur celles qui intéressent le plus vivement, le plus profondément le sentiment de la dignité humaine et la liberté individuelle, je me suis éloigné d'un milieu que moi-même j'avais en grande partie contribué à former, et dans lequel de grandes choses s'étaient faites, mais qui ne pouvait pas offrir d'issue au débat dont je parle, et où d'ailleurs des habitudes, des formes qui s'étaient successivement développées sous l'empire de l'œuvre préparatoire qu'il avait fallu accomplir, s'opposaient désormais à tout progrès nouveau de la doctrine de Saint-Simon.

Je me suis le premier éloigné de ce milieu, afin que mon absence même servît à la fois à en dévoiler la nature à ceux qui l'ignoraient et à en donner une conscience plus nette à ceux qui déjà commençaient à la sentir. Ce premier but se trouve atteint en grande partie; plusieurs membres des différents degrés de l'ancienne hiérarchie Saint-Simonienne sont aujourd'hui intimement unis dans le sentiment qui a déterminé ma conduite; bien loin qu'aucun de nous *sente sa foi chanceler*, veuille rester dans le recueillement et s'abstenir, nous nous sentons tous au contraire une foi plus ardente que jamais. Nous sommes tous résolus à redoubler d'activité et de dévouement. Car nous savons que la phase dans laquelle entre dès ce jour la doctrine de Saint-Simon est plus grande, plus vivante qu'aucune de celles qu'elle a parcourues.

Le débat qui nous occupe depuis si long-temps, qui nous a si vivement, et, nous ne craignons pas de le dire, si douloureusement agités, va s'ouvrir en présence de tous les Saint-Simoniens et du public tout entier; devant lui vont pâlir et bientôt s'éteindre les discussions languissantes de la société vieillie qui nous entoure; mais notre devoir à tous, à vous comme à nous, est de le rendre aussi solennel, aussi religieux qu'il est en notre pouvoir de le faire, en le dépouillant du caractère des débats antiques, c'est-à-dire en en faisant disparaître le mépris, l'injure, l'anathème, ainsi que la dissimulation et la fraude : car si nous n'avons pas pris l'engagement qu'il n'y aurait plus de dissentiment entre nous, ce qui eût été une illusion ou un mensonge, nous nous sommes formellement engagés au moins à déposer toute haine, à nous abstenir de tout langage, de tout acte hostiles, et à donner dans le spectacle même de nos luttes le symbole de l'avenir de paix et d'amour qu'au nom de Saint-Simon nous promettons au monde.

C'est dans l'intérêt de remplir ce grand engagement que nous vous prions de supprimer la circulaire dont il est question, ou du moins de lui faire subir les rectifications convenables.

BAZARD.

En réponse à la réclamation du Père Bazard, le P. Michel Chevalier lui a adressé la lettre suivante :

Au père Bazard.

23 novembre 1831.

Le père Bazard me permettra de lui donner encore ce nom comme un précieux souvenir du passé, comme une espérance d'avenir.

La circulaire qui sera distribuée dans le *Globe* de demain ne renferme rien d'hostile contre le père Bazard. Elle est incomplète, parcequ'on ne peut en deux pages reproduire ce qui s'est passé en quatre mois; mais elle est exempte de *dissimulation* et de *fraude*. NOTRE PÈRE ENFANTIN ne veut rien *dissimuler* : car je m'apprête en ce moment à faire imprimer, conformément à sa volonté, le récit détaillé des séances de samedi et de lundi derniers.

Il est dit dans cette circulaire que le père Bazard *s'abstient*, et que quelques membres du Collége ont senti *leur foi chanceler*. Le père Bazard s'étant *abstenu* de prendre part à *l'œuvre de* NOTRE PÈRE ENFANTIN, qui est l'œuvre de Saint-Simon; ces membres du Collége ayant cessé d'avoir *foi en* NOTRE PÈRE ENFANTIN, qui est le chef de la société Saint-Simonienne, il y a eu à nos yeux *abstention* de l'un, *absence de foi* chez les autres.

J'ajouterai au surplus que, lorsque le père Bazard s'est retiré le vendredi 11 novembre, la déclaration des membres qui ont porté sa parole a été conçue en ce sens, qu'il *s'abstenait* momentanément de toute part active à l'œuvre de la doctrine, sauf à rentrer un jour *à un titre ou à un autre* : c'est dans cette pensée qu'il engagea les membres qui l'avaient suivi à reconnaître l'autorité du père Enfantin, ce qu'ils firent formellement. Depuis lors nulle manifestation positive ne nous a annoncé que le père Bazard eût l'intention de constituer une hiérarchie nouvelle ; et la note qu'il m'a adressée hier n'indique nullement chez lui la prétention d'être le chef de la Société Saint-Simonienne : ceci justifie surabondamment le mot *abstenir*.

Je ne pense pas d'ailleurs que notre œuvre principale consiste à nous *débattre* contre le père Bazard ; le projet de NOTRE PÈRE ENFANTIN n'est point de faire de la politique et du gouvernement par antagonisme : c'est d'*affranchir* la femme, d'*organiser* le parti pacifique des travailleurs, et de *fonder* le culte Saint-Simonien. Mais, dans la série de nos travaux et de nos progrès, nous n'oublierons jamais combien fut puissante la coopération du père Bazard à l'œuvre Saint-Simonienne dans la phase qui vient de s'accomplir, combien fut utile celle des divers membres qui se sont séparés de nous. Et aidés de la femme qui, par nous, sera devenue *libre*, nous ne désespérerons jamais de les relier à nous. Pour mon compte personnel, je me souviendrai toujours des obligations immenses que j'ai au père Bazard. Il me serait douloureux qu'il en doutât.

Je terminerai en assurant au père Bazard que, quoi qu'il arrive, NOTRE PÈRE ENFANTIN ni ses fils ne *protesteront*, soit directement, soit indirectement, contre les théories et les écrits du père Bazard; notre mission est d'*affirmer* et non de *nier*, de *poser* et non de *protester*.

Je prie le père Bazard de recevoir l'assurance de mon respect filial.

Le membre du Collége, directeur du Globe,

MICHEL CHEVALIER.

Le père Bazard a répondu dans les termes suivants :

24 novembre 1831.

La lettre que je reçois de Michel est, d'un bout à l'autre, comme la circulaire qui y donne lieu, le produit de la plus complète illusion. J'en excepte bien volontiers l'affection qu'il me témoigne; je lui ai donné trop de preuves de la mienne, pour mettre en doute la sincérité des sentiments qu'il m'exprime.

BAZARD.

Nous vous avons donné connaissance de ces pièces pour satisfaire à un vœu exprimé par le père Bazard, mais nous clorons là ces discussions. En présence de la grave situation de la société, notre œuvre ne saurait résider à faire de la polémique. Le moyen le plus efficace et le plus religieux de ramener à nous ceux qui s'en sont séparés, c'est de leur prouver par nos actes que la force et la vie de notre maître sont en nous.

Nous vous embrassons.

Le Chef de la correspondance,

J. PEREIRE.

IMPRIMERIE DE GIRAUDET, RUE SAINT-HONORÉ, N° 315.

RELIGION

SAINT-SIMONIENNE.

CÉRÉMONIE

DU 27 NOVEMBRE.

PARIS,

AU BUREAU DU GLOBE,

RUE MONSIGNY, N° 6.

1831.

RELIGION SAINT-SIMONIENNE.

CEREMONIE

DU 27 NOVEMBRE.

Hier la famille Saint-Simonienne, entourée du public qui se presse à nos prédications, a assisté à une scène profondément empreinte du caractère religieux, et dans laquelle chacun de ses membres a senti décupler son amour et son respect pour NOTRE PÈRE SUPRÊME, parceque, dans un de ces mouvements sublimes que Dieu réserve à ceux qu'il a marqués au front de son sceau, il a apparu à tous cent fois plus MORAL et MEILLEUR, cent fois plus *grand* et plus *profond*, cent fois plus *puissant* et plus *beau*, cent fois plus PRÊTRE qu'il ne s'était encore révélé à eux. La famille, pendant un long moment, a vécu de la vie du PÈRE SUPRÊME et de celle de plusieurs de ses membres qui tour à tour, subitement inspirés par le drame qui se passait sous leurs yeux, ont exprimé avec effusion leurs sentiments. De ce jour la religion est devenue pour nous un fait *pratique* dont chacun de nous s'est senti pénétré comme par une tendre inspiration.

A midi NOTRE PÈRE SUPRÊME ENFANTIN, suivi du père *Olinde Rodrigues*, est venu s'asseoir. Un fauteuil vide était placé à côté du sien, symbole de l'appel que nous adressons à la femme. Le père *Olinde Rodrigues* s'est assis à sa droite. L'assemblée était fort nombreuse, tous les couloirs et l'escalier étaient encombrés.

NOTRE PÈRE ENFANTIN a dit à la famille et au public la voie nouvelle dans laquelle nous entrons.

« Jusqu'ici nous avons été des publicistes et des philosophes, a-t-il dit; nous avons sapé l'ordre politique ancien fondé sur la trans-

» mission par droit de naissance, et posé les fondements de l'ordre po-
» litique de l'avenir fondé sur l'association hiérarchique par ordre de
» capacité. Grâce à nos efforts pendant la phase qui s'est accom-
» plie, le monde est maintenant en possession d'un nouveau principe
» *social*; la semence est répandue sur le sol que nous avions de nos
» mains péniblement retourné; qu'elle germe!.... Nous allons faire
» pour la morale ce que nous avons fait pour la politique; les liens
» individuels de la vieille société sont devenus des chaînes pesantes.
» Liens du supérieur avec l'inférieur, liens de famille, lien de l'homme
» avec la femme, nous allons successivement tout délier et tout relier.

» Jusqu'ici le Saint-Simonisme a été une *doctrine*, et nous avons
» été des *docteurs*. Nous avons *enseigné*, nous allons *réaliser*; car le
» temps presse, et il faut plus que des *leçons* aux masses qui souffrent
» et à la bourgeoisie qui se trouble ou se raidit d'effroi. Nous allons
» *pratiquer* de toutes nos forces, par les voies exclusivement pacifi-
» ques, l'émancipation MORALE, *intellectuelle* et *physique* de l'*indus-
» trie*, c'est-à-dire des *industriels*; nous allons fonder le *culte*.

» Dans notre œuvre de régénération morale nous nous attendons
» à beaucoup d'attaques, de même que nous en avons eu de longues
» à soutenir lorsque nous avons dit que la constitution de la propriété
» était à refaire, et que nous la refaisions. Mais dans l'ordre moral
» les attaques qui nous attendent seront peut-être plus vives, plus ou-
» trageantes que dans l'ordre politique; car le fait MORAL est le fait
» principal dans l'homme, c'est sa VIE. Je sais d'avance que nous se-
» rons surtout en butte à la haine des hommes les plus immoraux, de
» ceux qui, supportant avec le plus d'impatience le joug de la loi chré-
» tienne, se constituent à l'état de révolte contre tout règlement de la
» MORALE. »

NOTRE PÈRE ENFANTIN a prononcé ces paroles d'un ton calme, dans une attitude imposante. Ses paroles coulaient lentement et pénétraient doucement l'auditoire. Il parlait d'inspiration, sans apprêt. Et cependant la majesté de son discours commandait un profond silence à la foule entassée et comprimée dans la salle. Nous regrettons qu'une méprise nous ait empêchés de recueillir complètement ses paroles ainsi que celles de ses fils. Voici la substance de ce qu'il a dit en terminant :

« Nous sommes donc maintenant apôtres.

» Une de nos faces s'est momentanément obscurcie, éclipsée, évanouie ; c'est celle de la *science*, du *dogme*.

» Une autre s'est élevée et va grandir brillante ; c'est celle de l'*industrie*, du *culte* : elle est représentée par *Olinde Rodrigues*, qui, laissant les affaires de l'ancien monde, arrive parmi nous suivi de la famille antique; par *Olinde Rodrigues*, l'héritier de Saint-Simon, qui nous a tous initiés à la foi nouvelle, et qui maintenant s'assied à ma droite.

» J'ai à vous signaler deux actes principaux de l'autorité nouvelle.

» Notre apostolat ne peut être encore exercé que par des hommes : la femme *libre* n'a pas encore parlé. J'ai dit en présence de la famille la parole qui doit donner à la femme la liberté. Cette parole sera successivement connue de tous ; je la ferai propager par l'enseignement oral et par le *Globe*. La femme, qui sous la loi antique a eu l'homme pour *maître*, qui sous la loi chrétienne l'a eu pour *protecteur*, et qui doit l'avoir pour *associé*, est encore *mineure*. La loi morale de l'avenir, c'est l'*égalité* de l'homme et de la femme ; le couple sera l'*association* la plus intime, la plus religieuse. Jusqu'à ce que la femme libre se soit révélée, aucune femme ne prendra part à notre œuvre. Toutes les femmes que nous avions provisoirement classées dans les rangs de la hiérarchie deviennent pour nous les égales les unes des autres, en attendant que chacune d'elles soit l'égale d'un homme.

» Vous, *Rodrigues*, dites votre premier acte à la famille et au public. »

Le Père *Olinde Rodrigues* s'est levé, et d'une voix forte il a lu ce qui suit :

APPEL.

« Saint-Simon, mon maître, m'a révélé l'avenir politique des travailleurs. Il m'a fait connaître la dignité de *l'industrie*, à moi, élève de la *science* moderne, qui dédaignais l'œuvre qu'accomplit le *bras* de l'homme, n'admirant que celle qu'enfante son *esprit*. Saint-Simon m'a révélé comment la puissance de l'argent, corruptrice encore, serait un jour une puissance morale. Il m'a révélé comment la science et l'industrie, la théorie et la pratique, dont le monde ignorait l'alliance profonde, se réuniraient un jour, pour le bonheur du monde, sous l'inspiration religieuse des *beaux-arts* renouvelés eux-mêmes dans leur source la plus élevée, l'amour de Dieu et de l'humanité.

» Hé bien ! le jour annoncé par Saint-Simon s'est levé ! J'arrive au milieu de vous, devant vous tous qui m'écoutez, puissant de toutes les forces de mon cœur, de mon esprit, de mon activité, pour consacrer désormais ma vie entière à réaliser la promesse de Saint-Simon.

» Sachez comment, dès ce jour, je veux accomplir la mission qui me fut donnée.

» Je viens au milieu de la vieille société qui se bat encore, qui s'en va chaque jour, comme l'ont dit tant d'illustres et faux prophètes, installer et faire reconnaître la société pacifique des travailleurs, qui n'aura plus désormais d'épées ni de fusils.

» Et d'abord voici mon acte de foi.

» Je naquis dans cette religion qui apprit aux hommes la puissance de l'unité morale et politique, dont le souverain pontife priait pour toutes les nations de la terre, dont le grand prophète annonça qu'un jour du fer des lances on forgerait le soc des charrues, et dont les membres dispersés et unis sur toute la terre, persécutés, commencèrent l'affranchissement des travailleurs, en créant la lettre de change. Je suis né juif, et cependant mon père voulut faire de moi un homme pour l'avenir et non pour le passé : jamais je ne pratiquai les rites du judaïsme.

» Saint-Simon m'a fait comprendre et sentir, dans les profondeurs de ma sympathie, cette religion sublime qui triompha de Rome païenne et des barbares en élevant l'abnégation humaine à la plus haute puissance, en consacrant, au moins dans l'ombre du foyer domestique, la dignité des femmes, en appelant toutes les classes de la société à une première communion, au moins spirituelle, présage infaillible d'une communion plus réelle et plus étendue, magnifique annonce de l'association universelle de tous les enfants d'un même père.

» Cependant je n'ai point embrassé le christianisme; mon esprit, developpé par l'étude des sciences positives, ne pouvait accepter ces dogmes vieillis, frappés depuis trois siècles par la hache du protestantisme et du philosophisme. Que suis-je donc? athée? Non!

» Je suis SAINT-SIMONIEN!

» Et le plus religieux des Saint-Simoniens, après celui que je salue, devant vous, comme l'homme le plus moral de mon temps, comme le digne et vrai successeur de Saint-Simon, dont je fus le *premier disciple*.

» Je suis de cette religion naissante, plus forte dans son unité que la loi de Moïse, plus large dans ses sympathies que celle du Christ; de cette religion qui comprend tous les aspects de la vie; qui vient proclamer l'affranchissement complet de la moitié du genre humain, celui de la femme et de l'industrie; je suis de cette religion qui développe tous les sentiments légitimes que le passé nous a légués, qui organise dans son sein et dès ce monde la rétribution suivant les œuvres, qui gémit du fardeau porté par le vieillard ou par la femme, aussi bien que de l'oisiveté des jeunes et de l'immoralité de la beauté vendue; je suis de cette religion qui appelle tous les membres de la famille humaine à une association pacifique, dans les arts, la science et l'industrie; qui, reconnaissante au passé du bien qu'il nous a fait, renonce à la guerre, à la fraude et à la violence; je suis de cette religion qui élève le mariage à sa plus haute moralité, en consacrant l'égalité religieuse de l'homme et de la femme.

» Je suis Saint-Simonien. A la droite du chef suprême de ma religion, je suis désormais le fondateur de son *culte*, le chef de *l'industrie* affranchie et associée.

» Du jour où Saint-Simon rencontra l'homme qui, amoureux de l'avenir, avait compris les sciences, senti les beaux-arts et pratiqué l'industrie, l'homme qui avait en lui par le sang la tradition de Moïse, par le désintéressement celle du Christ; du jour où cet homme, qui, savant et industriel, avait connu, près des industriels et des savants, le secret de leur force et de leur faiblesse morale; du jour où cet homme, brûlé jusque dans ses entrailles par la flamme vivante de Saint-Simon, sentit pénétrer en lui une vie nouvelle, et reconnut en Saint-Simon un nouveau père, de ce jour fut enfantée l'association de la famille universelle.

» Et maintenant à l'œuvre! écoutez-moi :

» Je vais dire les vraies conséquences de la révolution de juillet.

» Le peuple, qui n'avait pas donné sa démission, s'était levé pour frapper la fraude et la violence; baigné de ses sueurs quotidiennes, il avait donné son sang pour attester et revendiquer la foi jurée. Et le peuple attend encore la récompense de son œuvre des trois jours.

» Tous ont admiré la moralité de ce peuple de 1830; et tous, dans leur aveuglement, ont cru que cette étonnante moralité allait disparaître le quatrième jour, et ils se sont levés pour lui faire patiemment attendre sa récompense. Le peuple n'est oisif ou mendiant que par la misère, le peuple aime et honore le travail, le peuple travaille dès l'enfance, il travaille trop encore dans ses vieux jours. Il a demandé quelque soulagement pour la faiblesse de ses enfants, les fatigues de ses vieillards; le peuple attend encore sa récompense.

» Mais les Saint-Simoniens seuls ont marché dans la voie du progrès signalé par cette explosion de juillet qui faillit un moment volcaniser l'Europe; seuls aujourd'hui ils acceptent la moralité du peuple de 1830. Ils entreprennent de continuer par la seule voie de la persuasion et de la démonstration l'œuvre des trois jours.

» La conséquence légitime de juillet, c'est l'amélioration *directe* et *pacifique* du sort des travailleurs. Organiser successivement, lentement, mais en marchant toujours, l'association religieuse des travailleurs, voilà comment les Saint-Simoniens entendent réaliser le programme de l'Hôtel-de-Ville.

» Maintenant vous comprendrez la force qui m'anime; la loyauté qui va présider à tous mes actes, l'utilité profonde de l'entreprise dont j'assume la responsabilité.

» J'ai abandonné pour l'œuvre que j'entreprends toute carrière personnelle; j'arrive pour fonder la puissance morale de l'argent, en l'employant de la manière la plus *morale*, la plus utile à l'amélioration du sort de la classe la plus pauvre et la plus nombreuse.

» Au nom du Dieu vivant, dont le nom sera toujours le plus grand aux yeux des hommes, le plus respecté, le plus puissant; au nom de la classe la plus pauvre et la plus nombreuse qui tous nous nourrit par son labeur; au nom de ces fabricants, de ces ouvriers tombés victimes d'une organisation qui ne laisse aux uns et aux autres que l'alternative de la hideuse banqueroute ou de la faim dévorante; au nom du sang lyonnais versé dans cette affreuse catastrophe; au nom de la capacité, de la moralité que beaucoup d'entre vous déjà me reconnaissent; vous tous qui compatissez aux souffrances que je veux calmer, qui sympathisez avec l'avenir que nous attendons, vous tous, répondez à l'appel religieux que je vous fais en ce moment.

» Apportez à Saint-Simon, apportez à celui qui fonde la puissance morale de l'argent, une part quelconque de votre argent, à titre de don ou de prêt, selon votre force et votre amour. Je recevrai tout avec joie, et je rendrai compte de tout avec honneur.

» Que cet argent soit employé à développer, à accomplir l'œuvre de Saint-Simon, continuée déjà depuis juillet avec tant d'éclat et de devouement. Jugez de notre puissance et de notre économie dans l'avenir, par ce que nous avons fait avant d'avoir pu encore constituer notre crédit et notre économie. Depuis juillet 1830 *quatre cent mille francs* ont suffi à la propagation de de notre foi à Paris, dans les départements, en Belgique. Venez à nous, ne fût-ce que pour rendre hommage à nos intentions, à notre loyauté; et puis, si vous êtes contents de notre œuvre, vous verrez de vous-mêmes ce que vous pouvez faire encore pour l'humanité.

» Banquiers, capitalistes, propriétaires, vous tous qui tenez en vos mains les instruments du travail, intéressez-vous tous dans mon entreprise, car elle vous est utile : vous désirez la hausse de vos propriétés, de vos fonds publics, et vous savez bien quelle en est la condition. « La paix intérieure », dites-vous sans cesse : et vous avez raison. Vous tremblez à l'idée du pillage, l'émeute vous épouvante, une boutique fer-

faiblesse morale; du jour où cet homme, brûlé jusque dans ses entrailles par la flamme vivante de Saint-Simon, sentit pénétrer en lui une vie nouvelle, et reconnut en Saint-Simon un nouveau père, de ce jour fut enfantée l'association de la famille universelle.

» Et maintenant à l'œuvre! écoutez-moi :

» Je vais dire les vraies conséquences de la révolution de juillet.

» Le peuple, qui n'avait pas donné sa démission, s'était levé pour frapper la fraude et la violence; baigné de ses sueurs quotidiennes, il avait donné son sang pour attester et revendiquer la foi jurée. Et le peuple attend encore la récompense de son œuvre des trois jours.

» Tous ont admiré la moralité de ce peuple de 1830; et tous, dans leur aveuglement, ont cru que cette étonnante moralité allait disparaître le quatrième jour, et ils se sont levés pour lui faire patiemment attendre sa récompense. Le peuple n'est oisif ou mendiant que par la misère, le peuple aime et honore le travail, le peuple travaille dès l'enfance, il travaille trop encore dans ses vieux jours. Il a demandé quelque soulagement pour la faiblesse de ses enfants, les fatigues de ses vieillards; le peuple attend encore sa récompense.

» Mais les Saint-Simoniens seuls ont marché dans la voie du progrès signalé par cette explosion de juillet qui faillit un moment volcaniser l'Europe; seuls aujourd'hui ils acceptent la moralité du peuple de 1830. Ils entreprennent de continuer par la seule voie de la persuasion et de la démonstration l'œuvre des trois jours.

» La conséquence légitime de juillet, c'est l'amélioration *directe* et *pacifique* du sort des travailleurs. Organiser successivement, lentement, mais en marchant toujours, l'association religieuse des travailleurs, voilà comment les Saint-Simoniens entendent réaliser le programme de l'Hôtel-de-Ville.

» Maintenant vous comprendrez la force qui m'anime; la loyauté qui va présider à tous mes actes, l'utilité profonde de l'entreprise dont j'assume la responsabilité.

» J'ai abandonné pour l'œuvre que j'entreprends toute carrière personnelle; j'arrive pour fonder la puissance morale de

tribué par leur argent aux travaux de Saint-Simon et de ses disciples. Je me regarderai comme leur débiteur du jour où ils réclameront de moi le remboursement de leurs avances.

» Je vais vous faire connaître le plan de ma gestion financière.

» Mais j'appelle encore d'autres hommes que ceux qui possèdent l'argent. J'appelle les artistes qui aiment le peuple, et les femmes qui toujours ont voulu la paix entre les hommes, qui toujours ont contribué à adoucir la brutalité des hommes, à calmer les souffrances du vieillard, à consoler l'orphelin délaissé.

» Où est-il le poète qui aime vraiment le peuple, qui, glorieux d'avoir chanté Napoléon et le drapeau populaire, chantera désormais l'espoir du peuple qui travaille et ne veut plus faire la guerre? Quand entendrai-je le peuple chanter l'hymne de la paix, plus électrisant que la terrible *Marseillaise*, plus joyeux que la simple *Parisienne*? Où est-il le Béranger Saint-Simonien, Thyrtée de la paix, dont les accents arrêteront l'horrible bataille, et convertiront les maîtres et les ouvriers à la foi nouvelle.

» Qu'il paraisse aussi le musicien dont la musique enivrante et puissante, plus riche que celle de Rossini et de Beethoven, en accompagnant l'hymne d'avenir, s'emparera par toutes ses mélodies, par toutes ses variations, de la puissance d'émotion réservée à la musique.

» Peintres, ne salissez plus vos pinceaux en offrant à nos yeux une liberté débauchée et sanglante; dignes héritiers de Raphaël et de David, inspirez-vous des souffrances de la fille du peuple, faites-nous admirer la femme d'avenir, jetant sa vie, sa foi, au milieu des combattants, pour les rallier à l'amour de Dieu et de l'humanité.

» Statuaires, faites jaillir du marbre le Moïse pacifique.

» Architectes, où sont vos plans pour le temple de la paix?

» Ecrivains politiques, journalistes, qui remuez l'opinion publique, dites ce que vous pensez désormais des Saint-Simoniens et de moi? Parmi tous les faits qu'avec soin vous enregistrez en est-il un plus éclatant que le fait Saint-Simonien? Examinez enfin, avec toute la puissance qui est en vous, qui nous sommes, et quel est le but où nous marchons. Tous, vous voulez le progrès; mais vous ne pouvez vous entendre sur les moyens de l'obtenir. Tous vous accomplissez une œuvre importante, qui n'est pas celle des Saint-Simoniens; mais nous ne sommes pas ennemis. Voyez si entre vous et nous ne peut être signé le traité de la paix publique, de l'ordre légal et du progrès? Voyez et dites.

» Et les femmes aussi répondront à notre appel. Elles sauront contribuer à notre action sur les classes pauvres, par la douceur de leur sympathie. Leur influence politique sera désormais toute puissante et toute morale. Elles viendront, et parmi elles se révèlera bientôt la plus aimante, la plus aimée, la plus morale.

» Et les rois de l'Europe me laisseront traverser le chemin de la vie comme le vaisseau cherchant un nouveau monde; car ils veulent aussi le repos du monde, et n'attendent, pour consentir pleinement au progrès, qu'un gage éclatant de la loyauté des hommes qui l'annoncent : et ce gage, c'est l'œuvre des Saint-Simoniens. Mon ambition sera satisfaite le jour où ils l'auront reconnu.

ASSOCIATION FINANCIÈRE
DES SAINT-SIMONIENS.

Au domicile et en présence de Barthélemy-Prosper Enfantin, chef suprême de la religion Saint-Simonienne, sont comparus :

Tous les membres de la religion Saint-Simonienne, lesquels ont déclaré s'associer collectivement et solidairement dans le but et par les moyens qui vont être exposés :

ARTICLE PREMIER.

L'objet de l'association financière des Saint-Simoniens est :

1° De travailler par un ensemble de mesures exclusivement

pacifiques, et par les seules voies de la persuasion et de la démonstration, à l'amélioration morale, intellectuelle et physique de la classe la plus nombreuse et la plus pauvre;

2° D'organiser des maisons d'éducation élémentaire, où les enfants des Saint-Simoniens, prolétaires ou bourgeois seront élevés ensemble, quelle que soit la position de fortune où la naissance les ait placés.

3° De fonder des maisons d'associations industrielles, manufacturières et agricoles, entre tous les travailleurs qui, adoptant la foi Saint-Simonienne, consacreront leur vie à l'amélioration du sort de la classe la plus nombreuse, afin de la faire jouir successivement et de plus en plus des avantages moraux, intellectuels et économiques de l'association;

4° De subvenir transitoirement par des ressources temporaires aux premiers besoins de ces associations, besoins résultants du défaut ou de l'insuffisance du travail, et des charges de famille des travailleurs Saint-Simoniens les moins favorisés;

5° D'enseigner à toutes les classes de la société, par toutes les voies de publications, prédications et missions, que le seul moyen de mettre un terme aux émeutes, aux crises industrielles et à la guerre consiste :

A développer les sentiments d'association entre les hommes, entre les peuples;

A substituer progressivement et sans secousses à la concurrence anarchique qui pèse sur l'industrie l'association religieuse des travailleurs, et à toutes les opinions qui luttent aujourd'hui dans la société, l'opinion Saint-Simonienne sur l'avenir politique des travailleurs.

ART. 2.

La présente société est collective. Tous les Saint-Simoniens, signataires au présent acte, sont associés solidaires et responsables de tous engagements contractés envers les tiers, par suite du présent acte de société, et spécialement par suite de la procuration passée par devant Me Lehon, notaire à Paris, dont il sera parlé ci-après.

ART. 3.

Le gérant de la présente société est le chef de tous les travaux matériels et financiers de la religion Saint-Simonienne. Il engage par sa signature tous ceux qui signeront au présent acte ou qui y adhèreront; et, sous les inspirations du père suprême de la religion, il dispose du capital social comme il le juge le plus convenable pour l'accomplissement progressif des mesures indiquées à l'article premier.

ART. 4.

Le Père suprême de la religion Saint-Simonienne nomme pour seul associé gérant de la présente société Benjamin-Olinde Rodrigues. En cas de décès ou de maladie du gérant, il sera pourvu à son remplacement par le Père suprême de la religion.

ART. 5.

Tous les biens présents et à venir des Saint-Simoniens signataires au présent acte forment le fonds social de la présente société.

Tous les associés confirment ici de la manière la plus absolue la procuration notariée donnée par eux, le , à Benjamin-Olinde Rodrigues, ladite procuration universelle, irrévocable, et reconnaissent à B.-O. Rodrigues, pour faire et disposer, le droit aussi ample et aussi général qu'il est stipulé à l'art. 3 ci-dessus.

ART. 6.

Les *recettes* de la société se composent des capitaux et valeurs apportés par les Saint-Simoniens; des réalisations de leurs biens faites par le gérant, ainsi qu'il avisera; des emprunts, négociations et émissions de signatures faits par le gérant, conformément aux lois et usages, et enfin des apports volontaires qui seront faits à la société, par tous autres que les Saint-Simoniens, et dont il sera parlé ci-après.

Les *dépenses* de la société consistent en secours à la classe pauvre, fondation de maisons d'éducation et d'association, et établissement d'ateliers, publications, journaux, frais de missions, enseignements et prédications, frais d'administration, et entretien du clergé Saint-Simonien, sur le principe de rétribution selon les œuvres, fondement de la politique Saint-Simonienne.

ART. 7.

Les Saint-Simoniens associés solidaires de la présente Société font appel à tous ceux qui, ne pouvant se vouer comme eux à la propagation de leur religion, comprennent et sentent que cette religion est l'avenir de l'humanité, qu'elle seule peut amener le règne de la paix, installer l'association des travailleurs, pacifier et moraliser toutes les classes de la société.

Tous les dons et apports, de quelque nature que ce soit, seront reçus par la présente société sans qu'aucune responsabilité ou solidarité puisse en résulter contre les donateurs, la société n'entendant de son côté prendre vis-à-vis d'eux aucun engagement autre que celui de la reddition des comptes dont il va être parlé.

ART. 8.

Tout donateur recevra un récépissé signé du gérant, portant un numéro d'ordre, et contenant indication de la nature et de l'importance du don fait à la Société.

ART. 9.

Tous les six mois, à dater du 1er janvier prochain, le gérant rendra au Père suprême de la religion son compte de gestion.

Ce compte sera rendu public par la voie de l'impression.

Tout porteur des récépissés ci-dessus mentionnés aura droit de réclamer un exemplaire de ce compte.

ART. 10.

Les Saint-Simoniens rappellent ici expressément que leurs enseignements oraux ou écrits ne sont point pour eux une *spéculation*, mais une *œuvre d'apostolat*, et que la distribution de leurs écrits se fait *gratuitement* aux personnes choisies ou acceptées par eux.

RODRIGUES.

Paris, 27 *novembre* 1831.

Lorsque le Père *Rodrigues* a eu terminé, le Père suprême s'adressant à Barrault, lui a dit : « Barrault, vous avez à parler à l'assemblée. »

Barrault s'est levé et a dit une improvisation dont nous reproduisons l'extrait suivant :

PRÉDICATION

DU 27 NOVEMBRE,

PAR LE PÈRE BARRAULT.

Le premier j'ai prêché, et à la chaire nouvelle où m'ont suivi et égalé mes frères, où me suivent aujourd'hui mes fils, qui bientôt, je l'espère, me surpasseront, en se souvenant peut-être que je leur en frayai la route, j'affirme que ma foi n'a jamais été plus profonde dans l'avenir de la religion Saint-Simonienne! A Dieu ne plaise que je veuille laisser planer sur le passé l'ombre du blâme le plus léger! J'ai souvent glorifié hautement, selon toute la sincérité de mon cœur, la hiérarchie qui nous a dirigés; mais je déclare que jamais le pouvoir n'a revêtu à mes yeux un caractère plus conforme au progrès que nous annonçons, et ne m'a paru se concilier davantage avec le respect dû à la liberté de chacun. Et c'est pourquoi, déposant en ce jour la solennité hautaine et apprêtée de mes discours, je veux vous communiquer naïvement, par des paroles libres et soudaines, l'émotion intime et la pensée qui sont en moi, jaloux de vous apparaître déjà comme un symbole de la transformation de notre autorité.

Vous donc, hommes de désir et d'indépendance, artistes, poètes, écoutez-nous! Jusqu'à ce jour nous n'avons pas su vous attirer ou vous retenir. Effarouchés de l'ardeur avec laquelle nous nous efforcions de ramener à l'unité une société anarchisée, vous avez cru voir en nos mains, au lieu de la lyre nouvelle, un inflexible niveau sous lequel devaient se courber en s'alignant toutes les inspirations; vous avez reculé à l'apparence d'un cercle étroit dans lequel vous avez craint d'être emprisonnés; et, épouvantés de la rigidité de nos enseignements puissamment formulés, vous n'avez envisagé la muse Saint Simonienne qu'enveloppée d'une longue robe noire, coiffée du bonnet doctoral, et catéchisant une société soumise à une règle claustrale. Aussi, malgré notre glorification de la poésie antique et de la poésie du moyen âge, malgré l'annonce d'un art nouveau dans lequel devaient s'associer, par une éclatante transformation, les deux langues poétiques que l'humanité a tour à tour parlées, vous ne nous avez point écoutés. Car vous pressentez la grandeur de l'artiste, et, ne pouvant encore le faire régner, vous l'isolez dans une superbe liberté, allant même jusqu'à prétendre qu'il n'a qu'à laisser tomber sur la société ses mélodieux accents, soucieux seulement de sa propre fantaisie. Nous ne nous sommes donc pas entendus. La faute en est à nous, qui avons dû exagérer la face de l'autorité afin de nous séparer nettement d'un monde indiscipliné; la faute en est à vous, qui, séduits par vos désirs exagérés d'indépendance, n'avez pas compris ce qu'il y a de progressif dans l'unité nouvelle que nous impatronisons!

Or je vous le dis : Notre religion n'étouffe pas la liberté, n'absorbe point la sainte personnalité; elle tient chaque individu pour saint et sacré; et promettre, comme elle le fait, le classement selon la capacité, n'est-ce pas promettre à chacun de conserver et de développer en lui sa physionomie propre, son attitude particulière, sa physionomie native, sous un nom qui n'appartienne qu'à lui? Elle ne veut donc pas enchaîner le génie du poète dans une route de fer, comme un char qui, poussé par une force irrésistible sur une ornière d'avance tracée, arrive, par une ligne inflexible, en un temps mesuré, à un but déterminé; et lorsqu'elle proclame que l'artiste est l'organe du chef de la société, en vérité elle n'entend pas dire que tous les artistes, montés comme des horloges, n'aient qu'à répéter successivement le son dont l'horloge régulatrice aura frappé l'air. Non. Le chef de la société Saint-Simonienne n'en est le chef légitime que parcequ'il est poète lui-même, dans l'acception la plus profonde de ce mot, c'est-à-dire parcequ'il découvre, invente, crée; et c'est la révélation du progrès qu'acceptent de lui les artistes, libres de la manifester chacun suivant sa vocation, son goût, son penchant : il n'en est le chef que parcequ'il règne par les artistes, qui, grâce à une parole aimante, harmonieuse, et aux formes les plus attrayantes et les plus persuasives, imposent à l'humanité sa volonté suprême; et si, toujours curieux d'épier les besoins, les vœux, les désirs encore naissants de ses enfants, il s'attache à les sentir et à les étudier, c'est surtout dans les artistes qui l'entourent, et dans lesquels, à ses yeux, se reflète et s'épanouit la société tout entière; les artistes règnent donc par lui et en lui.

Venez donc à nous sans défiance; hors de nous, que pouvez-vous aujourd'hui? célébrer ou renier le passé, blasphémer ou chanter le présent, refaire Lamartine, Byron, Béranger. Quoi? lorsque le peuple souffre, s'agite, et se pousse à des destins nouveaux, ne sentez-vous pas qu'une tâche nouvelle vous appelle? Artistes, qui que vous soyez, vous êtes du peuple; car vous aimez votre liberté et vous sympathisez avec tous les désirs d'émancipation. Ah! lorsque, vous arrachant aux détails futiles et mesquins, aux frivolités superficielles de cette classe privilégiée dans laquelle expire, en se rapetissant, une civilisation décrépite, vous aurez tourné votre face vers la face du peuple, face auguste, immense, rude et fière, vous vous sentirez religieux, ainsi qu'il vous arrive quelquefois, échappés de l'enceinte étroite et fangeuse de nos cités où vos yeux ne rencontrent que de fragiles édifices marqués d'un étroit caractère, et placés en présence de montagnes colossales chargées d'antiques forêts et éblouissantes de neiges éternelles, ou du vaste Océan, dont les flots, animés d'une force secrète, viennent briser à vos pieds leurs vagues écumantes, de vous écrier : Dieu, Dieu *est là*! Mais avec le peuple, la femme est esclave. Artistes, tous vous sentez ce qu'il y a de sainte audace, de force d'espérance, de noble enthousiasme dans le génie de la femme. Venez, venez donc nous aider à provoquer leur commun affranchissement.......

Et maintenant, industriels de tous les rangs, de toutes les fortunes, travailleurs de tous les ordres, vous tous qui avez besoin de réalisation, et qui jusqu'à ce jour n'avez vu en nous que des théoriciens, des savants, des rêveurs, je vous appelle à fonder avec nous l'organisation industrielle, l'association religieuse des travailleurs. Et pour qui comprend la force merveilleuse de l'association, c'est plus que la découverte du Nouveau-Monde; c'est le monde industriel tout entier sortant du chaos et déployant un spectacle inouï de richesse, d'abondance, de fécondité. Et l'heure de cette œuvre immense est arrivée : tous les signes des temps nous la révèlent.

Souvent, je l'avoue, je me suis affligé à cette chaire de l'inaction dans laquelle la France demeurait plongée, malgré les provocations injurieuses des peuples rétrogrades de l'Europe, malgré les supplications les plus nobles et les plus touchantes de la part des nations éplorées, victimes de leur générosité. Souvent, pénétré d'indignation et de douleur, j'ai proféré dans cette enceinte des cris de guerre. Aujourd'hui, je le reconnais hautement, les hommes du pouvoir, auxquels je laisse la honte de leur diplomatie et de leur méticuleuse politique, en maintenant la paix ont accompli, aveuglément et à leur insu, une utile mission; oui, la paix était populaire en France, quoique les moyens de la conserver ne l'aient jamais été. Et d'où vient que ce peuple, si plein d'enthousiasme et si dévoué à l'honneur, rappelé par d'insolents défis et par des plaintes attendrissantes dans la lice des combats où semblaient le convier tant de souvenirs de gloire et d'héroïsme, s'est abstenu de porter la main à son épée? Ah! c'est qu'il était en travail d'un enfantement sublime: non, il ne pouvait, à la voix des amis de la liberté, recommencer une guerre de propagande; il ne pouvait, sur les pas des compagnons de fortune de Napoléon, s'élancer dans une sanglante arène: il n'est pas de peuple où l'on soit exposé à vieillir plus vite ou à rajeunir plus souvent, en vertu de cette ardeur incessante qui le pousse à de perpétuelles transformations. C'en est donc fait; la France a rompu avec ses traditions militaires; elle a livré, immobile, aux humiliations son drapeau tricolore, signe de vengeance et de guerre, et l'a laissé retomber jusque dans la poussière où gît aujourd'hui profondément enfoncé son vieux drapeau blanc; elle dégénère glorieusement de son passé qui fut guerrier, afin de ne pas apostasier son avenir qui sera pacifique!

Et quand la nécessité de l'association religieuse des travailleurs fut-elle plus urgente? Est-ce à vous que j'ai besoin de rappeler combien de fois nous avons signalé les ravages de la libre concurrence qui non seulement livre à l'acharnement le plus immoral, à la guerre la plus horrible les fabricants, mais fait encore retomber sur la classe ouvrière les désastres de ce perpétuel combat! et l'on nous a traités de rêveurs! Que de fois nous avons énuméré dans d'épouvantables litanies tous les maux de la classe la plus nombreuse et la plus pauvre, depuis les fatigues précoces de l'enfant jusqu'aux douleurs du vieillard expirant sous son collier de misère, étalant à vos yeux son cadavre flétri que l'indigence pousse du pied dans la fosse commune! Que de fois enfin pour tant de douleurs nous avons demandé grâce, miséricorde, compassion; nous avons crié du fond de nos entrailles *Merci!* nous avons répété *Pitié, pitié, pitié!* et l'on nous a traités de rêveurs!

Et voici qu'aujourd'hui, vérifiant la justesse de nos prévisions tant de fois exprimées, une population entière d'ouvriers s'insurge. Et quel drapeau a-t-elle arboré? Est-ce le drapeau tricolore? Est-ce aux cris de liberté, de Charte, de république, de Napoléon II, qu'elle s'est ralliée? non, elle arbore un drapeau noir, signe de son deuil et de son désespoir, et elle prend pour mot de ralliement cette devise: *Vivre en travaillant, ou mourir en combattant!*

Ecoutez, écoutez! et comprenez la révélation renfermée dans ce vœu: *Vivre en travaillant.* Oui, elle déclare qu'elle veut vivre, elle s'en reconnaît le droit. Comment? Ce n'est point de l'aumône et des dons d'une avilissante charité, mais de son travail: elle repousse la flétrissure de l'oisiveté; elle n'en veut pas pour elle, elle n'en veut pas chez les autres. *Ou mourir en combattant!* Oui, la mort horrible du champ de bataille, que dans ses habitudes de labeur pacifique elle n'avait jamais peut-être envisagée sans frémir, elle la préfère à cette mort qui la consume et la mine lentement, et la conduit, sous le poids d'une décrépitude prématurée, aux bords de la tombe! Elle enseigne enfin à tous ces hommes préoccupés des haines de parti ou des subtilités de la métaphysique constitutionnelle que la vraie politique est l'art de régler les rapports des travailleurs entre eux et d'alimenter la société de toutes les productions des arts, des sciences, de l'industrie!...

Venez donc à nous, vous dont cet événement a dû toucher le cœur et dessiller les yeux; venez nous aider à affranchir non seulement la classe la plus nombreuse et la plus pauvre du sort effroyable qui lui pèse, mais la classe privilégiée elle-même de ce danger qui la menace incessamment, de ce glaive qui demeure suspendu sur sa tête, et du hasard fatal de la banqueroute!.....

Barrault a été plusieurs fois interrompu par des démonstrations d'adhésion à ses paroles. Plusieurs salves d'applaudissements l'ont accueilli à diverses reprises. Plusieurs fois l'auditoire a été ému jusqu'aux larmes par sa voix puissante.

Barrault avait parlé; le père Enfantin et le père *Rodrigues* s'étaient levés pour sortir de l'assemblée, lorsque Reynaud se tenant debout a demandé à parler.

Lorsque notre père Enfantin a pris possession de l'autorité suprême, le père *Bazard*, qui jusque là avait partagé la suprématie avec lui, a *protesté*, et s'est retiré. Peu après, plusieurs membres de la hiérarchie Saint-Simonienne ont *protesté* de même, et se sont écartés du sein de la famille. Reynaud n'a pas tardé à se manifester aussi comme *protestant*. Toutefois il était resté parmi nous; et notre père ENFANTIN, qui avait pour lui une affection toute particulière, qui l'avait initié à notre foi, qui au commencement de 1831 l'avait appelé près de lui du fond de la Corse, où il exerçait les fonctions d'ingénieur des mines, lui avait dit avec bonté, dans la réunion de la famille qui eut lieu le samedi 19 novembre : « Je »t'exhorte à remplir, à l'égard de mes actes, soit dans nos réunions »de famille, soit en public, la mission de haut protestantisme que »j'avais réservée à Bazard. »

Reynaud s'est levé, et, avec une voix retentissante, dans l'attitude d'un homme extrêmement animé, gesticulant avec véhémence, il a déclaré protester contre l'acte du père *Olinde Rodrigues*. « Car, a-t-il dit, malgré l'assertion du père *Olinde Rodrigues*, l'ar»gent ne peut avoir encore de puissance MORALE, puisque vous, père »ENFANTIN, d'après les termes posés par vous, vous détruisez la »MORALE ancienne sans avoir la MORALE nouvelle. Vous n'avez pas de »MORALE, particulièrement en ce qui concerne les rapports de l'hom»me et de la femme. »

Cette protestation inattendue a profondément étonné l'assemblée.

Ici a commencé un drame qui a duré une heure et demie, auquel ont pris part, avec notre Père ENFANTIN et Reynaud, le Père *Rodrigues*, Laurent, E. Talabot et Baud, et dont il nous est impossible de reproduire l'effet éclatant. le Père *Rodrigues* a dit ce qu'était la *puissance morale* de l'argent dans un budget dont le premier chapître a pour titre *Secours à la classe la plus nombreuse*. Laurent, interrogeant Reynaud, qui a coopéré sous sa direction à la mission de Lyon, lui a demandé si alors qu'il était allé annoncer une ère nouvelle aux populations souffrantes, il n'y avait pas pour lui de *morale* Saint-Simonienne. Talabot a dit que la morale de l'apostolat était l'émancipation des êtres exploités. Reynaud a affirmé que, quoi qu'il eût dit, il n'avait jamais mis en doute la haute moralité des hommes au milieu desquels il avait pratiqué l'apostolat. Mais rien n'égale la puissance calme et bienveillante qu'a manifestée NOTRE PÈRE ENFANTIN, si ce n'est l'admiration respectueuse qu'il a bientôt inspirée au public qui, comme tous les publics de l'époque actuelle, a naturellement une prédilection marquée pour les *protestants*; puisque toute l'œuvre politique du siècle se réduit encore à *protester* contre le passé.

Tour à tour moralisant Reynaud et le relevant avec tendresse, dominant la foule, qui depuis plusieurs heures comprimée dans l'étroite enceinte de la salle, s'agitait impuissante, et commandant ses applaudissements, il révélait à tous le Pontife de l'avenir répandant à flots autour de sa personne sacrée la confiance et la vénération. Tous les yeux étaient fixés sur sa face qui rayonnait d'un calme majestueux. Ses paroles étaient avidement accueillies; et lorsqu'il disait comment la MORALE de l'avenir, en ce qui concerne les rapports de l'homme et de la femme, c'était le principe d'*egalité*, d'*association*; et lorsqu'il annonçait à ceux qui venaient à nos prédications sans y apporter les sentiments que méritent les hommes qui ont renoncé à leur repos, à leur fortune, à une existence honorée, pour se vouer, à travers mille entraves, à l'amélioration du sort de leurs semblables, qu'il les dispensait de leur inutile curiosité. Reynaud se calmait à sa voix Tous ses fils attendaient le moment de se jeter dans ses bras, lorsqu'il a dit à Baud, qui lui avait demandé la permission de parler, qu'il la lui accordait.

Voici l'improvisation de Baud; elle a électrisé toute l'assemblée :

« Père ENFANTIN, père suprême de la religion nouvelle, vous êtes mon chef, je vous salue. *Olinde Rodrigues*, vous serez mon frère par le sang, je m'en fais gloire; vous êtes mon père en Saint-Simon, je m'en réjouis. Enfantin, *Olinde Rodrigues*, vous êtes nos pères : gloire à vous !

» Je viens tout ému du cri qui a retenti dans cette enceinte, non pas pour poser en face de la protestation ma parole et mon témoignage; l'hymne d'amour que vous chantera l'humanité se prépare, et elle couvrira par son éclat des protestations isolées; mais je viens vous dire, à vous mes Pères et à toute cette famille qui vous entoure, ce que je fus, ce que je suis, et ce que je veux devenir. Ecoutez-moi; je ne vous apporte point une parole préparée; jamais je n'ai pu livrer au papier toute ma vie; mais quand je la sentais bouillonner dans mon sein, je la laissais déborder à flots sur vous, et plus d'une fois vos tressaillements m'ont appris qu'elle avait coulé jusqu'à vos cœurs. Ecoutez-moi, Enfants de Saint-Simon, vous savez mon nom. Il faut que je l'apprenne à ce public qui l'ignore.

» Je me nomme Henri Baud; mon père est un prolétaire qui a triomphé du hasard de la naissance et a amassé des richesses par la force de ses bras. Quand la parole de Saint-Simon se fit entendre à moi j'entrevis le moyen d'employer un jour d'une manière morale cette puissance de l'argent que le monde me disait d'espérer, et que je redoutais, parceque entre les mains des privilégiés de la naissance je l'avais toujours vue corruptrice. Je sentis que pour ennoblir mon privilége je devrais l'employer à l'abolition de tous les priviléges : je suis devenu prolétaire. C'est ainsi que la famille du sang me punit de vouloir pratiquer ma foi religieuse, et de vouloir m'unir à une femme qui ne tenait de la naissance ni la fortune ni la religion de ma mère. Eh bien! toutes les rigueurs de la famille du sang ne triompheront pas de mon amour pour elle, et je la forcerai par mes œuvres à me rendre sa tendresse : voilà mon avenir comme fils. J'admettrai ma femme à la sainte union de l'égalité, voilà mon avenir comme époux.

» Reynaud, toi qui fus mon frère et qui étais devenu mon père, tu as dit devant moi dans ces derniers temps : « Que ceux qui ne » se sentent pas la force de porter l'habit d'apôtre se retirent. » regarde-moi, je le porte. Tu nies aujourd'hui la puissance morale de l'argent entre les mains de nos pères, souviens-toi que j'étais devenu prolétaire et qu'ils m'ont adopté ; que j'avais faim de pain et de parole et qu'ils m'ont nourri ; que j'aurais été nu et que cet habit ce sont eux qui me l'ont donné: voilà la puissance morale de l'argent; car grâce à eux je viens professer Dieu en ce moment à la face des hommes; et moi, je brûle maintenant de voir le peuple revêtu comme moi des insignes de l'apostolat. Ecoute, écoute! J'ai entendu souvent sortir de ta bouche ces mots puissants: « La voix du peuple est la voix de Dieu »; et quand tu le disais je sentais que tu étais la voix du peuple. Que demandent donc ces hommes qui peuplent la plus industrieuse de nos cités? Quel cri se fait entendre sous cet étendard de mort, au milieu de la mitraille qu'ils reçoivent ou qu'ils vomissent sur des poitrines d'hommes? Reynaud, Reynaud! ils demandent du pain, et c'est avec de l'argent qu'aujourd'hui l'on a du pain; et si le peuple veut du pain, l'argent qui le donne est une puissance morale.

» Oui, Reynaud, je me sens la force de porter l'habit d'apôtre; mais le doute où je te vois, c'est le néant, et la seule idée du néant m'écrase. Prolétaires qui m'écoutez, ma main a souvent touché vos mains calleuses, endurcies par le travail, et elle a senti que vous répondiez à ses étreintes. Ma voix douloureuse a plus d'une fois remué vos entrailles. Rassurez-vous donc! ne croyez pas celui qui vous dit qu'il y a encore au monde un génie du mal, et qu'il veut le trouver ici. Non, Dieu n'a pas permis qu'un homme pût se placer en présence des hommes avec cette face calme et sereine, avec cette grandeur et cette beauté, pour qu'il s'en servît afin de les séduire et de les perdre. Il y a dans l'humanité des hommes forts et des hommes faibles; mais le plus fort aujourd'hui c'est notre père ENFANTIN; il est le génie du progrès, le génie de la paix qui vient affranchir le travailleur et la femme.

» Amis, je suis prolétaire et il m'a adopté, et je jouis de ma liberté devant lui, parceque je le suis avec amour. Saluez-moi, saluez votre frère émancipé! donnez-moi les joies de la famille, je n'ai jamais eu de frère!

» Et vous, femmes, celle qui m'a porté dans ses entrailles n'est pas là pour m'entendre; faites place pour moi dans votre cœur à un amour de mère, afin que si vous voyez celle dont Dieu m'a fait naître, vous apaisiez les tourments de cette stérilité qu'elle s'est faite. Dites-lui, pour la toucher, les douleurs que doit souffrir un fils comme moi privé de ses embrassements, de sa parole, de sa vue; un fils réduit à vivre comme s'il n'avait pas de mère, quand, Dieu soit béni, sa mère, sa mère chérie est vivante. »

Lorsque Baud a eu dit, notre Père ENFANTIN s'est levé, et bientôt tous ses fils étaient dans ses bras. Reynaud lui-même, après un instant d'hésitation, s'est jeté à son cou avec transport.

Au sortir de la cérémonie plusieurs des membres de la hiérarchie qui étaient à l'état de *protestantisme*, sont venus demander au PÈRE SUPRÊME le baiser paternel, et reconnaître son autorité.

Nous donnerons de nouveaux détails sur cette cérémonie mémorable.

Imprimerie de GUIRAUDET, rue St-Honoré, n. 315.

Henri et Cécile Fournel.

LETTRE

AUX

SAINT-SIMONIENS.

AUX SAINT-SIMONIENS.

LETTRE

SUR

LA DIVISION

SURVENUE

Dans l'Association Saint-Simonienne,

PAR JULES LECHEVALIER.

Travail, espérance, véracité.

PARIS.

IMPRIMERIE D'ÉVERAT,

RUE DU CADRAN, N° 16.

1831.

Je n'avais pas l'intention de publier la lettre qu'on va lire ; elle a été envoyée, il y a peu de jours, à l'un d'entre nous, éloigné du centre parisien, qui, au milieu de la crise actuelle, s'est adressé à moi pour être éclairé. Je l'avais appelé à prendre part à nos travaux, je lui devais plus qu'à personne ce que je donnerai à tous, la *vérité sans fard*.

Annoncer au monde l'ère nouvelle dont *Henri Saint-Simon* a posé les bases, telle a été l'oeuvre que j'ai accomplie avec le plus de foi et d'ardeur, sous la direction de Bazard et d'Enfantin, les chefs de notre premier essai de hiérarchie. J'ai donc pendant le cours de cette année visité plusieurs provinces de France, l'Alsace, la Lorraine, une partie de la Normandie et de la Bourgogne ; partout j'ai formé des liens que je ne veux pas dénouer et assumé une responsabilité que je ne déclinerai jamais. Lorsque, par suite de nos dissidences sur des points fondamentaux de doctrine et de politique, je me suis vu contraint à prendre entre nos deux chefs divisés une position isolée, et de retourner pour quelque temps à l'action individuelle, j'ai fait connaître ma résolution par une *déclaration* publique où j'essayais d'exprimer nettement les liens que je conserve et ceux que j'ai rompus. Dans cette déclaration, je me suis tracé une ligne de travaux qui sera fidèlement suivie.

Mais, aux momens de trouble et d'incertitude, l'impatience est grande; et de toutes parts elle se témoigne à moi par des lettres pleines d'intérêt pour notre œuvre, et d'inquiétude sur notre situation actuelle, qui de prime abord n'est pas facile à comprendre. Je voudrais, en un jour, pouvoir répondre à tous *individuellement*, tant je suis touché et de leur confiance en ma bonne foi, et de leur zèle pour nos croyances ! Mais cette tâche excède mes forces ; je suis seul et ne puis suffire à tous les devoirs que j'aurais à remplir : j'ai dû commencer par l'œuvre générale. Je trouverai, j'espère, le temps de venir à tous ceux qui m'appellent : que je vienne tôtou tard, je les prie de me recevoir toujours comme si je me trouvais à temps.

Cependant je crains qu'il n'arrive à quelques-uns de prendre mon isolement pour une fuite ou un abandon, et mon silence momentané pour de l'inaction. Voici donc quelques explications où je désire qu'on trouve espérance et courage ; l'effet qu'elles ont produit sur celui de nos Saint-Simoniens auquel je les ai particulièrement adressées m'enhardit à les communiquer, faute de mieux, à tous ceux qui, comme lui, ont besoin de lumière et d'éclaircissemens.

En repassant sous ma main avant d'être livrées à l'impression, les idées ont subi quelques modifications, quelques développemens ; mais le fond de la pensée et de l'intention est demeuré le même. Dans l'intimité fraternelle, je me suis donné tout entier tel que je me sentais vivre et croire. Ainsi la principale valeur de ce travail est de n'avoir pas été écrit pour paraître au grand jour, c'est ma conscience prise sur le fait. C'est toute ma conscience de Saint-Simonien, moins quelques expressions d'affection personnelle que j'ai effacées, et le titre de *père*, naguère sacré pour moi, que j'ai séparé du nom des chefs de l'ancienne hiérarchie.

Ce titre allait mal à la situation que j'exprime; et je n'ai pas voulu compromettre, par une expression dont la valeur est aujourd'hui mise en question pour moi, les sentimens de respect et de reconnaissance qui me lient à tous les deux; sentimens que je ne perdrai jamais qu'au détriment de mon repos et de l'estime que j'aime à conserver de moi-même.

Et il faut que le devoir me presse, pour que j'élève la voix contre un homme vis-à-vis duquel la calomnie semble avoir acquis une audace et une impudeur inconnues. Mais celui qui vient aujourd'hui condamner, saura aussi se faire entendre, lorsqu'il sera temps de défendre et de justifier: puisse alors sa parole obtenir quelque confiance, en raison même du devoir qu'il accomplit en ce moment!

Non, il ne s'agit ni de débauche ni d'impureté chez l'homme qui ose aujourd'hui sonder toutes les plaies morales de la société actuelle, et qui a eu le malheur de travailler à cette œuvre avec de si mauvais moyens et d'une main si mal assurée. Cet homme peut bien avoir, au contact d'une société sans mœurs et sans lois, et dans la liberté d'une vie voyageuse, émoussé en lui le sentiment de ce qu'il y a d'intime et de délicat dans la vie du cœur; mais, sous ce rapport, qui donc entre nous peut dévoiler à tous une ame pure de désirs, de paroles ou d'actions? Ne cherchons donc pas le *vice* là où il n'y a qu'une *grande erreur* et la plus fatale obstination; et, si vous voulez absolument parler de *vice* et accuser, blâmez une ambition peu scrupuleuse, blâmez l'*orgueil*, maladie de toutes les ames à passions sociales. Mais encore, pour condamner cet orgueil, sachons bien modérer nos discours, car tous, par nos hommages précoces et trop faciles, nous avons contribué à le faire naître.

Que ceux-là donc qui aiment le scandale ne viennent point en chercher ici; et si, à propos de mes paroles, ils trouvent encore occasion d'en faire, que le scandale retombe sur eux-mêmes.

Hommes et femmes qui partagez nos travaux et qui avez accepté de nous beaucoup de vérités et malheureusement quelques erreurs, Saint-Simoniens, c'est à vous que je m'adresse ; vous seuls êtes juges dans cette cause, vous, et toutes les ames nobles, qui, sans être unies à nous par la communion du nom et de la doctrine, sont les dignes représentans de l'humanité devant les prétentions des novateurs, parce qu'elles aiment le bien et travaillent à le faire. Je vous parle comme aux *miens*, écoutez-moi comme l'un des *vôtres*.

Quant à ceux qui en toutes choses sont pressés d'arriver aux intentions, et qui, s'offusquant avec affectation de l'ombre même du désordre, commencent par accuser autrui avant de songer à eux-mêmes, je les tiens pour tout-à-fait désintéressés dans ce qui nous concerne ; envers eux je n'éprouve que cette *piété sociale* qui me donne la ferme volonté de les améliorer : car leur pruderie n'est souvent que la honte d'un vice endurci, et leur zèle à poursuivre l'erreur, la crainte de trouver une vérité qui les fasse rougir de leur égoïsme.

Paris, 24 décembre 1831.

AUX SAINT-SIMONIENS.

LETTRE

SUR

LA DIVISION

SURVENUE

DANS L'ASSOCIATION SAINT-SIMONIENNE.

à Curie,

Apôtre Saint-Simonien, à Mulhouse.

Mon bon ami, j'allais vous écrire au moment où j'ai reçu votre lettre, datée du 28 novembre. Avant de vous parler de nos affaires majeures, j'ai besoin de vous dire que si je n'ai pas répondu à votre dernière, reçue à Metz, vous ne devez vous en prendre qu'aux nombreux travaux de la mission, et à la préoccupation où je me trouvais relativement à nos divisions de famille. En tout cas, croyez que je me suis senti bien fier et bien heureux de vos efforts, de vos progrès. Votre réponse au pasteur G... n'en est pas la moindre preuve.

Venons à ce qui vous alarme et vous effraie. Sans doute, mon ami, nous sommes arrivés au temps de notre épreuve la plus rude; mais, je le pense bien sincèrement, au temps de notre plus grand progrès. Écoutez-moi bien. Vous n'avez été instruit de ce qui s'est passé que par la circulaire de Michel Chevalier, directeur du *Globe :* si je ne respectais pas les intentions d'hommes que je crois momentanément égarés, je vous dirais de regarder cette pièce comme une mystification, tant elle présente mal les faits! Vous aurez dû voir la protestation de Bazard et de ceux qui l'ont suivi; celle plus grave de Jean Reynaud; vous avez maintenant ma déclaration : ne perdez pas la tête au milieu de ce désordre. Voici la vérité.

Vous devez savoir, et je vous l'ai dit moi-même, que la mission laissée par Saint-Simon à ses disciples, c'est l'élaboration, le perfectionnement, la réalisation de sa conception primitive qui doit embrasser l'ensemble des relations humaines. Dans tout ce que je vous ai enseigné en politique, en religion, en morale, il restait encore à dire beaucoup plus que déjà nous n'avions donné. Une fois la marche de propagation bien engagée, nous nous sommes occupés, dans le collége, de continuer les travaux de perfectionnement. Un point surtout était resté bien obscur, et dans nos écrits, et dans ceux de Saint-Simon, je veux dire les relations individuelles d'homme à femme et de supérieur à inférieur; par conséquent nous n'avions pas encore touché aux sentimens les plus profonds et les plus intimes de l'humanité : le mariage, la famille du sang, la famille sociale, la hiérarchie, la vie future. Depuis long-temps, Enfantin avait sur tous ces points une théorie assez complète. La discussion s'est engagée entre lui et Bazard, qui ne partageait pas du tout ses idées. Olinde Rodrigues et Claire Bazard, je crois, furent seuls admis à ces débats qui nous demeurèrent secrets. Nos chefs espéraient se mettre d'accord par leur propre travail. Dans le courant de cet été, de guerre lasse, les questions furent portées dans le collége. C'est là que depuis plus de trois mois elles se sont agitées avec toute la dignité, toute la franchise de l'apostolat ; mais avec une énergie et une tenacité vraiment terribles. Comparés aux nôtres, les débats des assemblées législatives sont bien étroits et bien fades ; car, parmi nous, c'était les individus mêmes (hommes et femmes) qui apparaissaient, venant témoigner, chacun selon sa vie passée, de la nécessité d'une morale nouvelle. Vous saurez bien au long tout ce qui s'est passé ; nous entrons dans une phase vraiment religieuse où il faudra que notre vie soit transparente.

Dès le principe, le collége a été divisé en deux fractions, les uns liés au P. Bazard, les autres liés au P. Enfantin ; mais un fait important à vous signaler, c'est que presque toutes les personnes attachées à Enfantin par le sentiment de sa valeur, et aussi par affection personnelle, repoussaient les théories nouvelles qu'il apportait. Pour moi, ainsi que ma déclaration l'explique assez nettement, je n'ai pas voulu, tant que la discussion a duré, y prendre part, sinon pour essayer de maintenir l'accord, ou tout au moins l'équilibre. J'aurais désiré qu'on sentît, comme moi, combien ces questions étaient prématurées ; et que les pères, occupés du mouvement de propagation si bien engagé, cherchassent, par les formes de la doctrine, plutôt à rapprocher de nous les hommes avancés qu'à les éloigner, ce qu'ils ne pouvaient manquer de faire en creusant trop avant dans l'avenir, et en reproduisant la tradition vieillie et antipathique de la hiérarchie *papale*. Mes efforts ont toujours été vains ; et, sur plusieurs autres points comme sur celui-ci, j'étais obligé de passer condamnation. Aussi long-temps que dans cette position j'ai pu conserver quelque valeur et quelque dignité, j'ai toujours marché ; car je sentais que nous avions beaucoup à donner au monde, et qu'il était mûr pour nos grands désirs de réorganisation et pour les moyens très-imparfaits que nous avions à lui présenter.

Voilà pourquoi, mon ami, vous m'avez vu toute cette année courir comme un homme possédé de l'esprit divin, et semer par toute la France avec abondance et sérénité la parole saint-simonienne. Je nourrissais toujours l'espoir d'une réconciliation, et je n'avais pas senti les choses dans tout ce qu'elles avaient de profond et de radical. Lorsque vous m'avez vu à Mulhouse, en août dernier, les grands débats ne faisaient que de commencer. Vous aurez dû remarquer à mon allure franche, simple et toute de conciliation; à mes manières beaucoup plus *fraternelles* que pontificales, que je ne marchais pas suivant la tradition extra-poétique de nos prédicateurs. Sur tous les points, c'est là mon *individualité* saint-simonienne; je blâmais nos illusions, notre facilité à faire les choses *a priori*, notre glorification perpétuelle. Mais je ne pouvais pas sans doute vous faire la critique de la doctrine que je vous enseignais, et de la manière toute prématurée dont on la *hiérarchisait;* c'eût été peu utile pour vous, et pour moi bien embarrassant. Je me contentais de vous montrer par mes actions, par ma personne, une face qui me paraissait plus humaine, plus française, plus libérale, surtout plus réelle et plus vraie. J'en étais là, et j'ai continué de cette manière à Strasbourg. Dans cette ville j'appris la maladie de Bazard, maladie causée peut-être par ses tourmens de doctrine et par les orages de la discussion; j'appris, en même temps, la suspension du *Globe* ou du moins la probabilité de cette suspension. Je me décidai à partir subitement; mais avant de quitter Strasbourg, je reçus une lettre de Duveyrier, m'annonçant que nos deux chefs s'étaient enfin mis d'accord, qu'en présence de tout le collége ils s'étaient embrassés, et que les fils avaient suivi l'exemple des pères. Je fus transporté de joie; mon utopie était réalisée; la réconciliation était opérée; c'était pour moi un fait miraculeux; et, par ce grand acte, la réalisation de la doctrine me paraissait devenue bien plus prochaine. J'écrivis aux pères une lettre d'enthousiasme, et j'accourus à Paris pour me jeter dans leurs bras.

Grand fut mon désappointement. L'accord rétabli n'était encore qu'un provisoire; les discussions recommencèrent; et moi, ennuyé de ce que j'appelais la *résurrection du bas-empire*, je recommençai mes courses apostoliques, persuadé que j'en savais assez pour faire beaucoup de bien à mes semblables. Pendant que j'étais à Metz, nous reçûmes une circulaire manuscrite, laquelle nous faisait savoir qu'Enfantin, aux acclamations du collége, était devenu chef suprême de la religion; que Bazard et Olinde Rodrigues s'étaient assis à ses côtés, l'un comme chef du dogme, l'autre comme chef du culte. Si pareil arrangement eût été possible, je m'y serais rallié de bon cœur, et même j'aurais regardé notre hiérarchie comme plus nettement posée et déterminée. Mais tout cet agencement ne me parut encore que du replâtrage; nulle part Bazard ne voudra être le second, et certes il ne pouvait ni ne *devait*, dans cette circonstance, obéir à Enfantin; d'ailleurs le dogme n'est guère sa vocation ou son aptitude exclusive. En fait, jamais Bazard n'a donné son assentiment complet à cette forme hiérarchique. Soit faiblesse, soit condescendance (et moi je dis faiblesse!), il a pourtant laissé faire; et Enfantin qui n'a pas pour défaut d'aller trop lentement, surtout lorsqu'il s'agit de prendre du pouvoir, eut bientôt, par les siens, mis toute la famille en mouvement. Bazard fut salué et embrassé comme chef du dogme. Le lendemain il avait protesté contre ce rôle, et s'était résolu à une retraite provisoire pour laisser, disait-il, « la situation se dessiner. » C'est là, à mon avis, son plus grand tort, et de plus un signe d'infériorité; il abandonnait la place. Cependant il engagea les membres du collége qui voulaient le suivre à reconnaître l'autorité d'Enfantin provisoirement et en attendant son retour. C'était, comme vous voyez, une bien fausse position en face des degrés inférieurs de la hiérarchie, où le nouveau chef venait justifier son avénement et annoncer ses projets pour l'avenir.

En ce moment, j'arrivai de Metz bien peu surpris de trouver encore une fois dérangé ce qu'on m'avait annoncé comme définitivement arrangé. Je me ralliai provisoirement à celui qui était au *centre* parisien, au pouvoir *actuel*, et je me préparai à prendre un rôle. Le 19 novembre eut lieu la séance générale dans laquelle Enfantin commença l'exposition de sa doctrine. Ici les protestations se firent pour la première fois avec éclat : Leroux, Carnot, Dugied, Cécile Fournel, Henri Fournel, Cazeaux, membres du collége, déclarèrent se retirer avec le P. Bazard. Reynaud déclara demeurer pour protester chaque fois qu'il le jugerait à propos. Enfantin accepta Reynaud dans cette position, et ne pouvant mieux faire, il lui laissa prendre, et même eut l'air de lui donner ce qu'il appelait une mission de *haut protestantisme*. Moi je me levai, annonçant la résolution que vous aurez connue par ma *déclaration*. Je n'étais pas alors aussi calme qu'en ce moment; mes pensées se pressèrent en foule et en désordre.

Vous lirez peut-être un jour ce que j'ai dit devant la famille assemblée, et j'espère que vous me comprendrez mieux que la plupart de ceux qui m'ont entendu. Songez un peu à tout ce qui devait se passer en moi. Pour la première fois, je venais d'apprécier la situation dans tout ce qu'elle avait d'imprévu et en même temps d'effrayant; je me plaçais dans une position unique, *seul* dans ma résolution au milieu de tous mes frères du collége; je me séparais de deux hommes qui jusque là avaient guidé ma vie, et auxquels je m'étais abandonné, sinon avec une foi complète, du moins avec une espérauce bien sincère, de deux hommes que j'avais unis dans mon amour lorsqu'entre eux la division existait déjà ; l'illusion dont je m'étais bercé sur une réalisation toute de paix et d'harmonie se brisait tout d'un coup ; ma vue fut troublée ; avant d'apercevoir l'occasion d'un progrès nouveau, je n'aperçus que le désordre, avant de reconnaître les moyens de réparation pour l'avenir, je ne reconnus que les torts du passé. Je *m'accusai*, j'accusai les chefs de l'ancienne hiérarchie ; et un instant, je *doutai* de tout, mais en homme qui ne désespérait pas et qui ne voulait point retirer à l'humanité la vie qu'il lui a dévouée. Ce doute que j'aurais pu dissimuler, je l'exposai avec sincérité, afin de donner à tous un enseignement dont tous avaient besoin ; mais ceux-là qui malheureusement ne doutent jamais de rien, surtout de leur propre gloire et de leur propre puissance, demeurèrent dans leur *calme*, et je ne trouvai sur leurs lèvres que rire ou pitié pour ma faiblesse. Ah! je ne viendrai jamais leur demander compte ni de leur ironie ni de leur pitié, mais je ne cesserai de les exhorter à échanger cette fatuité peu apostolique contre un peu de sens et de prudence, afin que d'autres ne viennent pas un jour leur demander un compte plus sévère.

Oui, mon ami, il a douté un jour de tout celui que vous avez vu plein de foi et d'audace, qui vous a inondé de sa parole et fortifié de son courage ; il a douté de tout parce que tout était changé autour de lui. Mais, grâces en soient rendues à Dieu, il n'a douté que pour retrouver une force nouvelle, et ce *renouvellement*, comme tout ce qui est profond et décisif, n'a eu lieu qu'après une *crise*, et ne s'affermira qu'après de longues *oscillations*. C'est ainsi que je sens la vie, moi qui ne crois pas que le *calme divin* puisse et doive jamais entrer en un cœur d'*homme*.

J'ai douté! Serait-ce là une fin de *non-recevoir* pour tout ce que j'ai à dire, un signe d'impuissance et de faiblesse? Et qui donc, au berceau de la foi comme dans sa pleine maturité, n'a jamais douté? S'il en est un parmi les saint-simoniens, que celui-là se lève et me jette la première pierre, en me montrant les grandes choses qu'il aura faites. Ceux qui ne doutent jamais sont les *pauvres d'esprit;* et Saint-Simon aussi bien que Descartes est venu pour rayer de l'Évangile nouveau cette *béatitude* d'aveuglement et d'ignorance.

Toutefois, au milieu des paroles décousues que j'ai prononcées, le *fait* éclatant c'était que je regardais Bazard comme s'étant laissé déposer par Enfantin, et celui-ci comme engagé dans une voie dangereuse. Je me séparais par conséquent de l'un pour cause de faiblesse et d'impuissance pour l'avenir; de l'autre par méfiance et par une répulsion bien légitime pour sa manière d'entendre le gouvernement et la morale.

Avec Enfantin, sont restés : d'Eichthal, qui partage ses idées; Duveyrier, qui se dévoue à lui, sans trop dire à quelles conditions; Olinde Rodrigues, Bouffard, Talabot, Laurent, Michel Chevalier, Lambert, Aglaé Saint-Hilaire, et Hoart, qui, avec des nuances différentes, repoussent la conception morale proposée, mais se rangent sous l'autorité de celui qu'ils regardent comme accomplissant l'œuvre la plus importante pour le progrès de la doctrine.

Tel fut le résultat de cette séance du 19 novembre, qui a donné lieu à la circulaire imprimée que vous avez reçue. Jugez si l'on vous a présenté nettement les choses, et surtout si les hommes qui envisagent notre situation actuelle avec une confiance aussi naïve marchent dans une voie bien droite. Les protestations contre le récit fabuleux de la séance du dimanche 27 novembre, ma déclaration, la lettre de Jean Reynaud, tout cela confirme ce que je vous dis.

Arrivons maintenant au fond des choses. Jusqu'ici je ne vous fais qu'un récit. Je veux vous dire deux mots touchant les causes de tous ces événemens, savoir, les vues d'Enfantin sur la morale individuelle et sur l'avenir des femmes : je vous ferai voir ensuite comment j'envisage la position de la doctrine, et je vous indiquerai le parti que vous avez à prendre.

La manière dont Enfantin présente le mouvement nouveau est assez adroite. Il dit : La loi morale est encore à faire ; le fait fondamental de la *morale individuelle*, c'est, d'une part, les relations d'hommes à femmes ; d'autre part, les relations de supérieur à inférieur. Nous annonçons que la femme est libre, qu'elle est désormais l'égale de l'homme ; donc nous ne pouvons faire la loi morale sans entendre la voix de la femme ; donc nous ne pouvons pas lui imposer notre volonté, sans qu'elle la justifie ou même la corrige. Notre premier acte pour fonder la morale nouvelle doit être l'*appel de la femme;* c'est elle qui, comme épouse et comme prêtresse, nous donnera la révélation complète de l'avenir.

A cela je réponds : Si vous attendez la femme pour la loi morale, il faut l'attendre aussi bien pour la politique et pour la religion; car elle est l'égale de l'homme dans le temple, dans l'état et dans la famille. Ainsi, nous ne pouvons pas réaliser des associations, fonder des maisons d'éducation, et nous ne devons appeler à nous que des *apôtres*. Nous sommes à l'état d'*élaboration*, à l'état apostolique ; nous ne pouvons avoir la prétention de fonder un royaume, d'avoir des *enfans-*

sujets, car nous n'en ferions tout simplement que les instrumens de nos expériences. Avant de faire des *mariages*, d'appeler des enfans et des ouvriers, posons donc d'une manière nette et ferme toutes les bases de la société nouvelle.

Raisonnant dans cette hypothèse, je concluais que nous devions, 1° reconnaître comme une erreur la réalisation précoce que nous avions commencée ; 2° arrêter tout mouvement de réalisation intérieure, jusqu'à la production de la *loi* nouvelle ; 3° séparer de nous, sans douleur et sans froissement, tout homme et toute femme non susceptibles, par leur capacité, par leur position sociale, par leur âge, du dévouement apostolique, c'est-à-dire *total;* 4° continuer pendant ce temps, par la presse et la parole, la propagation de ce que nous avions de formulé pour l'avenir.

J'allais plus loin, comme vous voyez, que ceux qui ont protesté seulement à cause du défaut de *morale;* et j'affirmais que défaut de morale voulait dire aussi : religion et politique, non-seulement imparfaites, mais *trop peu faites* pour une réalisation.

En supposant cet avis adopté, il eût été possible de s'engager dans le mouvement nouveau pour élaborer les théories et préparer l'avenir. La position du moins ne m'aurait point semblé tout-à-fait anormale. Toutefois, d'après le dogme saint-simonien déjà posé, et en cela incontestable, on ne peut bien expérimenter qu'à condition d'une *bonne conception.* Or celle d'Enfantin me paraît fausse, repoussante, destructive de toute liberté ; il n'y avait donc pas lieu, selon moi, à le laisser continuer, même s'il eût accepté la condition proposée, et consenti à abandonner le *sacerdoce* pour l'apostolat. Enfantin n'a pas accepté cette condition ; il n'a pas pu renoncer de bonne foi à ses idées primitivement émises. Je n'ai point voulu marcher avec lui.

Je ne vous exposerai point aujourd'hui cette prétendue théorie morale, parce que la tâche serait trop longue, ou mal remplie si je ne faisais qu'effleurer le sujet. Dans ma déclaration j'annonce que j'examinerai la question en détail; mon travail sera imprimé et publié. D'ailleurs Bazard va faire paraître incessamment un récit très-circonstancié de toute sa discussion avec Enfantin. L'essentiel aujourd'hui, c'est que vous connaissiez bien le terrain sur lequel nous nous trouvons placés.

La question relative à la condition sociale des femmes est la plus vivante et la plus actuelle de toutes les questions nouvelles qui ont été soulevées, voilà pourquoi je vous en parle, et pourquoi l'on en parle aussi beaucoup dans la famille saint-simonienne; mais, comme l'a dit Reynaud, les vues sur l'avenir de la femme et sur le mariage ne sont qu'un détail. Le point fondamental, c'est la *hiérarchie*, la *loi vivante*, et une fois arrivé là, il faut, pour être conséquent, remonter jusqu'au *dogme* lui-même. Aussi m'avez-vous entendu dire qu'entre Enfantin et moi il y avait maintenant toute la morale, toute la religion, toute la politique; il s'agit en effet d'un remaniement complet de nos vues antérieures.

Malheureusement le système présenté par Enfantin, et dont les dernières conséquences nous repoussent comme despotiques et licencieuses, est lié et parfaitement enchaîné aux bases dont nous sommes partis.

De là, pour moi, deux conséquences :

La première, c'est que Bazard, qui aujourd'hui *proteste* et recule effrayé, avait depuis long-temps perdu dans notre gouvernement l'*initiative* ou même le *veto*, et qu'il ne pourra entrer dans une voie opposée à celle où marche Enfantin sans *nier* ce qu'il nous a enseigné naguère. N'est-ce pas lui en effet qui a formulé le dogme, la hiérarchie, la *loi vivante?* N'est-ce pas sous son autorité, et en son nom, que les maisons d'association ont été fondées, que l'adoption des enfans a été consacrée, et que plusieurs mariages, entre autres celui de *Claire* sa fille consanguine, ont été bénis et sanctionnés?

La seconde conséquence, c'est que la théorie d'Enfantin étant complète et bien systématisée, un homme de cette portée et de cette force ne peut la mettre de côté sans se nier lui-même, sans s'anéantir, et surtout sans renverser la conception de Dieu qu'il a donnée dans la *communion générale* de la famille saint-simonienne.

Enfantin lui-même, quand on le serre de près, avoue que sa pensée intime est telle; mais pour ne point effrayer les faibles et les timides, il affirme aujourd'hui qu'il abandonne toutes les idées qu'il a émises; qu'elles n'ont de valeur que pour délier la langue de la femme; que c'est de la femme seule qu'il attend la *révélation*. Devant elle, dit-il, l'homme doit aujourd'hui écouter, demeurer passif, se clore la bouche et fermer les yeux. Position vraiment singulière!

Évidemment ce n'est là qu'un vain subterfuge, un moyen transitoire, un *accommodement*, j'allais dire une escobarderie: d'abord parce que l'homme, qui fait l'appel, qui est l'*initiateur*, doit donner provisoirement au moins une partie de la morale nouvelle; ensuite parce qu'on ne peut poser et déposer, à volonté, tout un système d'idées. Enfantin a donc foi que la femme viendra justifier sa théorie. Il ne peut reconnaître comme la femme *attendue* que celle qu'il aimera; et pour aimer, il se rapportera au type de prêtresse qu'il a rêvé. Ceci est trop clair.

Quelques-uns pourtant se bercent d'une étrange illusion. Ils espèrent que *l'amour d'une femme* viendra changer le cœur de l'homme salué d'*avance* comme révélateur et comme pontife, et lui inspirer sur l'humanité, sur la paternité, sur la vie conjugale, des sentimens tout différens de ceux qu'il a déjà manifestés. En vérité, j'ai peine à croire à cette métamorphose; et d'ailleurs je ne me sentirais nullement disposé à reconnaître comme *père de l'humanité* celui dont toute la vie pourrait être changée subitement par une passion nouvelle. Cet homme aurait perdu son *calme divin*. Non! la vie de celui qui ose se dire le *père de l'humanité* ne saurait être quelque chose de vague et d'indéterminé. Cette vie doit porter en germe un monde tout entier; et celui qui attend encore la révélation du sentiment le plus profond de notre cœur, du sentiment générateur de tous les autres, cet homme là n'est, en réalité, le père de personne. Il cherche; il cherche bien ou mal, suivant qu'il a une bonne ou une mauvaise volonté, une volonté d'égoïsme ou une volonté de dévouement, mais il cherche, il doute, il tâtonne, il expérimente. Or, même dans la doctrine du *progrès*, on ne vient pas au pouvoir pour chercher, celui qui gouverne *exécute* aux acclamations de l'humanité, ce qu'il a déjà trouvé: l'homme du progrès nouveau se développe à ses côtés et sous *sa loi*. C'est ainsi qu'il faut entendre la vie sociale, sous peine de n'avoir au lieu du progrès qu'une mobilité capricieuse et sans but.

Aussi, de quelque côté que j'envisage les choses, je ne puis concevoir le rôle des membres du collége qui pensent qu'Enfantin a de bonne foi et sérieusement renoncé à son système; ou bien qui se rallient au pouvoir nouveau tout en déclarant repousser le système pour lequel il a été intronisé.

Car enfin la théorie dont il s'agit est, avant tout, une théorie de *pouvoir*. Si vous n'adoptez point le pouvoir tel qu'il se donne et se pose, vous devez être en lutte avec lui; et alors il n'y a plus ni association, ni religion, ni autorité, ni liberté. Si vous suivez sans résister, vous reproduirez l'*obéissance pas-*

sive que vous vouliez faire disparaître et contre laquelle toute votre vie a été une longue protestation. Et qu'on ne vienne pas ici me parler d'obéissance par *dévouement* et en vue de l'œuvre la plus importante à accomplir, personne mieux que moi n'a connu et pratiqué ce genre d'obéissance; mais il y a une limite à cette résignation, et cette limite infranchissable c'est la dissidence sur la question même de l'*autorité*. Dès que sur ce point l'accord a cessé, le véritable dévouement consiste à résister, et, lorsque la résistance est sans résultat, à se retirer pour marcher dans une voie meilleure.

On peut bien dédaigner la *logique* quand on se laisse tomber dans d'aussi puériles contradictions; mais on devrait au moins *sentir*, lorsqu'on parle si haut de sentiment et de sympathie, qu'obéir à un homme qui demande une foi entière en sa personne, et obéir, tout en rejetant la plus haute prétention de cet homme, c'est faire bien bon marché de sa liberté, et bien peu de cas de celui qu'on nomme son *père* et son *maître*; c'est manquer à l'humanité et à soi-même. Au reste, dans cette anarchie de croyances et d'idées, on ne sait qui admirer le plus de ceux qui obéissent ou de celui qui croit commander.

Pour moi, qui n'admets point les idées d'Enfantin, ni même l'appel de la femme à la manière dont il l'entend, je dis qu'on ne doit point le suivre; que tous ceux qui ne l'approuvent pas doivent le combattre; et que ceux qui demeurent avec lui sont faibles, coupables, et surtout incapables d'arrêter le mouvement quand ils commenceront à voir le danger.

Quoi qu'il en soit de cette opinion, le fait certain c'est qu'Enfantin rallie encore autour de lui la majeure partie numérique des membres de la doctrine, particulièrement dans les degrés inférieurs. Ceci s'explique assez naturellement. Enfantin est maître du centre, il occupe le siége, il est aimé de tous et doué d'une grande faculté d'attraction personnelle; et d'ailleurs, là où le collége a trouvé moyen de perdre ou d'employer trois longs mois de discussion, il faudra bien quelques jours aux membres des autres degrés. L'affaire n'en est qu'à son commencement; la question est portée maintenant devant l'humanité; elle est sortie de la maison close, du secret; c'est de ce grand débat que va jaillir la lumière.

A ce mot de *débat*, il en est qui se récrient, et qui croient la doctrine perdue si l'on discute et si l'on raisonne. Heureusement rien n'est perdu, sinon une des nombreuses illusions que nous nous étions faites à nous-mêmes dans la première ivresse de l'enthousiasme, et, j'oserais dire, avec toute l'*ingénuité* et toute l'inexpérience de l'apostolat. Croire à la possibilité d'établir la religion vraiment *universelle*, d'un premier jet, sans fractionnement et sans discussion! mais, en vérité, c'est demander plus qu'un miracle; c'est avoir oublié et l'humanité et l'histoire, et surtout le caractère nouveau de notre civilisation, qui, à un certain point de vue, peut être considérée comme l'esprit d'examen *généralisé*. Espérons que ce débat va présenter une tenue, une loyauté, une discipline jusqu'ici inconnues; qu'il sera moins long, moins subtil, plus vivant et plus positif que celui qui conduisit le monde à l'unité catholique; affirmons même que l'humanité obtiendra dans l'*ère nouvelle* ce que le catholicisme a manqué, et que nous marchons à une immense association pleine d'harmonie et de liberté. Ici nous rentrons dans la sphère du possible, et tous les hommes forts nous y suivront; mais, de grâce, quittons le fantastique, arrivons à la vie réelle, profitons de notre propre expérience, et ne nous débattons plus pour savoir si dans le sein du saint-simonisme il y aura des *débats*; car il semble que ce qui se passe aujourd'hui, de part et d'autre, mérite bien ce nom. Or, je vous le disais tout-à-l'heure, l'affaire n'en est encore qu'à son commencement.

Beaucoup de ceux qui restent ne sont donc pas encore suffisamment éclairés; ils ne pourront l'être que lorsque la voix de tous ceux qui ont quelque chose à dire se sera fait entendre. Je suis, par conséquent, bien loin de vouloir détourner *brusquement* ceux qui provisoirement marchent dans la voie d'Enfantin. Ce serait faire une *déroute* de ce qui ne doit être qu'une habile manœuvre. Je pense même que la scission qui a eu lieu pourrait bien n'avoir pour but que de dessiner et de poser toutes les *individualités* de la grande famille, c'est-à-dire les hommes capables d'élaborer et de perfectionner.

Ceci aura lieu si enfin les aveugles ouvrent les yeux, et s'ils ne sont pas décidément saisis de l'esprit de *vertige et d'erreur*. Pourquoi désespérerions-nous d'arriver à une amiable composition, qui commencerait par un *meâ culpâ* sublime et qui s'affermirait par une *réorganisation* moins ambitieuse, moins pressée d'avenir, plus favorable à la production des grands perfectionnemens dont nous avons besoin? C'est là du moins, parmi les mille incidens que nous ne pouvons déterminer d'avance, une issue probable de la crise actuelle. La chose, il est vrai, serait toute neuve dans l'histoire du monde, mais, jusqu'à lassitude, nous devons agir dans cette direction. J'ai pris pour devise *travail* et *espérance*, travaillons donc et espérons; quel que soit le résultat de nos efforts, l'humanité ne peut rien y perdre, car c'est Dieu qui nous conduit, et malgré notre orgueil de *Titans* nous n'avons pas encore sondé tous ses desseins.

En attendant, il est bon que vous vous teniez sur vos gardes et que vous n'acceptiez point passivement tout ce qui vous viendra du centre, de l'Église métropolitaine. Voici deux raisons qu'on ne manquera pas de vous présenter : Les hommes qui se retirent, vous dira-t-on, sont les hommes du *dogme*; or il est nécessaire que cette face s'*éclipse* pour le moment, car nous avons surtout besoin d'action; nos ouvriers demandent du travail et du pain; il s'agit de réaliser.

D'abord, je n'admets pas qu'en aucun temps le dogme puisse s'éclipser; mais aujourd'hui surtout, il devrait rester, car jamais on n'eut autant besoin de *science* et de *sagesse*. Sachez de plus que ceux qui se retirent avec Bazard ne sont rien moins que des hommes exclusivement savans : ce sont tous les anciens conspirateurs, tous les républicains. En second lieu, ils ne se retirent point pour méditer, mais pour agir; seulement leur action consistera à perfectionner et à élaborer ce qui n'est encore qu'en germe. Ils feront ce que Saint-Simon a toujours fait; avant de poser une conception nouvelle, il a amassé d'immenses matériaux, et a produit plusieurs ouvrages. Au reste, entendons-nous bien sur ce mot *action*. Quel est le meilleur moyen de réaliser promptement la doctrine? C'est sans doute d'attirer les hommes les plus avancés et les plus influens, de s'emparer de l'opinion publique. Or employer des formes pontificales; aller toucher, toucher en tâtonnant et d'une main peu délicate, au foyer des affections les plus intimes; s'éloigner de plus en plus de ce que les hommes de notre temps appellent la réalité, est-ce là vraiment préparer l'avenir? Ce qui a repoussé Bazard et tous les membres importans qui se retirent est-il de nature à nous convertir beaucoup d'hommes forts, puissans et riches? Nos prétendus hommes d'action ne font, à mon avis, que retarder la véritable action de la doctrine; je veux dire son action politique, son avénement comme *reine de l'opinion*.

Sans doute le peuple a faim, et nous devons soigner nos enfans déjà adoptés; mais aussi pourquoi plusieurs d'entre nous ont-ils voulu arrêter la réalisation si mal à propos commencée? Précisément parce que nous ne croyons pas que, dans la direction suivie par Enfantin, nous puissions trouver beaucoup de personnes qui *donneront* ou *prêteront* de l'argent. Lorsque la question sera portée devant le public, il se développera contre les Saint-Simoniens un mouvement de réaction plus fort que tous ceux qui déjà se sont développés; on nous fuira aux cris de *débauche* et d'*immoralité*.

N'était le rêve malencontreux de l'*amoureuse Androgyne*, rêve que j'ai fait moi-même, mais que du moins je n'ai jamais voulu réaliser *immédiatement*, j'aurais été le premier à donner mon acclamation au projet financier d'Olinde Rodrigues; c'était là le véritable progrès que nous avions à faire, si la séparation n'était point arrivée. Au reste, c'est un bonheur; car si nous avions réussi, nous n'aurions pas été en mesure de bien employer les capitaux prêtés, en notre nom, au travail et à la capacité. Je voudrais me tromper dans mes prévisions, et je retournerais de bien bon cœur à la foi que j'ai perdue, mais je crois que l'effort tenté par Rodrigues manquera entièrement. Enfantin et lui semblent avoir perdu conscience de ce milieu social qu'ils ont à convertir. Ils se font une double illusion et sur leur force personnelle et sur l'état des esprits par rapport à la doctrine saint-simonienne. Qui pourrait croire que pour obtenir du monde la plus grande preuve de *confiance* qui ait jamais été demandée, ces hommes, qui veulent se passer de science et de sagesse, aient choisi précisément une époque où, par le spectacle même de nos divisions, nous devons exciter des soupçons bien mieux fondés sans doute que tous ceux dont nous sommes l'objet?

En résumé, je regarde Enfantin comme engagé dans une voie où, pour le salut de la doctrine, il doit éprouver un échec, 1° parce qu'il veut trôner avant le temps, et qu'il marche vers le *pontificat,* avant même que cette question du pontificat soit éclairée parmi nous ; 2° parce que nous ne sommes pas encore en mesure, soit en hommes, soit en doctrine, soit en capitaux, de réaliser sur une grande échelle ; 3° parce que les théories sur la femme et le pouvoir nous indiquent, par les dernières conséquences du dogme posé, que tout doit être de nouveau élaboré et modifié ; 4° parce que l'appel de la femme n'est point fait d'une manière convenable et avec une *conception morale* acceptable ; 5° enfin parce que la liberté humaine et la dignité personnelle seraient complétement anéanties si pareilles idées étaient jamais adoptées.

Si déjà vous avez reçu quelques détails du centre dirigé par Enfantin, vous devez être étonné de ce que vous m'entendez dire ici, car dans tout ce qu'on vous a écrit vous n'aurez rien vu, sans doute, qui paraisse justifier la condamnation du pouvoir nouveau. Je vous avoue moi-même que dans les enseignemens qui ont été faits depuis la séparation et que j'ai pu lire ou entendre (sauf quelques changemens, malheureusement trop évidens, dans l'allure et la politique du *Globe*, et malgré une exclamation d'*adoration personnelle* très-imprudemment échappée au prédicateur Barrault, et très-prudemment effacée à l'impression), je n'ai rien trouvé dont on ne puisse se tirer par une souple interprétation ; surtout vis-à-vis de ceux qui demeurent encore dans l'*orthodoxie* par rapport aux principes enseignés primitivement. Mais ceci tient à une *méthode* aussi contraire à la bonne morale qu'à la bonne logique, et dont je dois commencer par vous signaler les vices. D'autres vous diront peut-être que les faits qu'on vous présente sont altérés et faussés à dessein, qu'on veut vous conduire pas à pas, par la *ruse* et le *mensonge,* dans un abîme de despotisme et de grossière volupté, que sous des principes acceptables d'abord sans répugnance, se trouvent cachées les plus hideuses conséquences. Tout cela, malgré une exagération vraiment exorbitante, n'est pas dénué de quelque fondement; mais je ne veux ni personnalités ni récriminations, surtout en matière de *bonne foi.* Ce sont là les procédés de la colère et de l'irréligion, et, je le dis du fond de mon ame, bien audacieux celui qui va scruter la conscience jusqu'à la *bonne foi;* car l'homme ne peut porter si loin qu'un œil bien mal assuré: c'est un point où, entre l'homme et l'homme, il y a Dieu, Dieu seul! J'aime donc beaucoup mieux parler d'*erreur* que de *mauvaise intention*, puisque d'un côté nous arrivons à la certitude, tandis que de l'autre nous ne pouvons rencontrer que le soupçon. Le soupçon! scepticisme du cœur plus mortel mille fois que le doute de l'esprit.

Je vous déclare d'ailleurs, après une assez longue pratique des hommes et de la discussion, n'avoir jamais eu besoin d'inculper l'intention pour saisir et faire voir le vice d'un sentiment, d'un raisonnement ou d'un acte. J'irai même plus loin pour le cas particulier que je traite en ce moment; et je ne vous dirai pas que la méthode que je blâme soit plutôt celle d'Enfantin que celle de Bazard; je tiens beaucoup, au contraire, dans toutes les questions qui nous divisent, à effacer la nuance personnelle, et à montrer la cause de notre mal présent dans les principes que nos deux anciens chefs ont posés d'accord et ensemble, principes que nous avons tous professés. Or, malheureusement la méthode tant critiquée aujourd'hui, et qu'Enfantin, il est vrai, emploie plus souvent que personne, est ce que nous avons nommé la *méthode saint-simonienne*, aussi bien pour ce qui concerne le gouvernement que l'enseignement.

Voyons comment cette méthode est appliquée aux questions dont il s'agit.

Nous avons essayé de poser les bases de la *morale indivi-*

duelle. Enfantin a présenté à cet égard une théorie unanimement repoussée. Aujourd'hui il la désavoue ; il nous en fait bon marché, et même après l'avoir tronquée, amendée, il ne nous la donne que comme un *appât*, comme une conception provisoire, qui devra être, par la *femme-révélatrice*, revue, corrigée, *limitée;* c'est l'expression propre. Chaque jour Enfantin modifie et cette conception et la manière de la présenter, et ces modifications sont souvent contradictoires... Gloire à Dieu ! n'avons-nous pas la *doctrine du progrès?* Le chef de la société n'est-il pas l'*homme du progrès ?* Notre religion n'est-elle pas *définitive*, parce qu'il n'y a de définitif pour l'homme que le progrès? — Nous marchons, nous vivons, nous réalisons. Nous sommes des hommes d'action. Tout cela est bien et providentiel.

Et là-dessus on vient enseigner, en décembre, après la séparation, des principes opposés, ou tout au moins *indifférens* aux points sur lesquels la discussion a roulé.

Mais, malgré toutes les additions et toutes les corrections, la morale nouvelle, par cela seul qu'elle est *nouvelle*, le pouvoir nouveau, par cela seul qu'il vient s'établir après une longue époque d'anarchie, ne peuvent manquer d'exciter des antipathies, d'agiter et de troubler les consciences ; il faut agir avec toute la prudence de l'*initiateur*. C'est pourquoi nous ne dirons pas tout à *tous*, et à *chacun* nous présenterons la face qu'il pourra le plus facilement aimer et comprendre, ou plutôt le *sentiment* qui, par douleur ou plaisir, l'amènera plus sûrement à nous.... Tout cela est encore bien et providentiel. N'avons-nous pas dit : *à chacun suivant sa capacité?* c'est-à-dire à chacun suivant sa volonté, son intelligence et sa force?

Et là-dessus encore, on cache aux provinces ce qui arrive à Paris; et comme on n'a rien *écrit* et que tout s'est passé en conversation, on ne peut donner au second degré qu'une sorte de contre-façon de ce qui a eu lieu dans le collége ; et l'on vous écrit, à vous, dans une langue différente de celle que l'on parle à un autre ; et l'on vous laisse ignorer ce qui se passe à Toulouse, dont l'Église est maintenan tdissoute, tandis qu'on publie à haute voix et sur-le-champ l'*adhésion* de Montpellier ; et en même temps que l'on insère dans le *Globe* la protestation de Jean Reynaud, on refuse à plusieurs reprises de faire connaître à douze villes de province où j'ai porté la parole, et devant lesquelles je veux demeurer responsable de mes actes, que je me suis séparé de toute hiérarchie !...

En passant je dois dire, pour ce qui m'est personnel, que si l'on garde sur ma déclaration un silence aussi obstiné, c'est par un *bon motif* que je ne voudrais pas nommer un prétexte maladroit. On espère qu'incessamment je vais reconnaître mon erreur et faire amende honorable. Il semble pourtant qu'une fois ma faute publiée, l'amende honorable serait beaucoup plus éclatante ; et l'on doit savoir, par expérience, que je ne crains pas d'avouer hautement mes fautes et de reconnaître publiquement mes erreurs. Pendant ce temps, au milieu de tous ces scrupules d'*amour* et de tendresse, ceux qui ont eu quelque confiance en moi demeurent dans l'incertitude et cherchent vainement ma place. Comment, dans la feuille qui annonce emphatiquement le moindre mouvement de chaque membre de la hiérarchie, n'avoir pas rendu un compte quelconque du plus grand événement qui soit encore arrivé dans notre sein ! Comment cette circulaire prétendue officielle qui exprime si mal la position des membres du collége a-t-elle omis tous les noms, et absorbé dans le même incognito des hommes qui par leurs actes et leur conduite pouvaient rendre un témoignage personnel de quelque valeur !

Voilà, mon ami, tout le secret de l'embarras que vous éprouverez à concilier mes paroles avec les récits que vous recevrez de la rue Monsigny. Beaucoup d'idées ont été élaborées, discutées dans le collége; elles sont aujourd'hui abandonnées. De graves dissidences ont éclaté. Vous demeurez loin de nous, vous n'avez pas besoin d'en être instruit. Le passé est *fatal;* le présent nous suffit, car « nous sommes la doctrine du *progrès* » et « le prêtre est celui qui est, » lors même que celui qui est ne serait pas prêtre.

Cependant il faut vous apprendre quelque chose et de la doctrine et de nos événemens de famille. Eh bien ! on vous en donnera ce qui sera jugé bon pour vous et pour l'œuvre sociale. *A chacun suivant sa capacité.*

C'est là ce qu'on ose appeler la *morale* de l'avenir !

Dans ces deux principes si grands et si féconds, mais dont jusqu'ici nous n'avons fait qu'abuser, précisément parce que nous n'en avons pas encore *réglé* l'usage, vous trouverez la cause profonde de tous nos maux et de toutes nos erreurs.

Oui sans doute, le *progrès* et *l'attribution selon la vocation* sont deux principes vraiment divins ; mais pour oser les transporter, sans *conditions* et sans *détermination*, de Dieu à l'homme, voyez vous-même dans quel abîme nous tomberions.

Le développement et le progrès des êtres finis, telle est la *volonté* de Dieu, telle est la *loi divine*.

A chacun suivant sa capacité, c'est-à-dire suivant sa nature, suivant sa vocation, telle est l'expression de l'amour et de la justice de Dieu.

Dieu est à lui-même sa propre *condition d'existence* et la condition d'existence de tous les êtres qui *vivent* dans son sein. Dieu est la *loi vivante;* et il rend à *chacun* amour et justice.

En acquérant la *conscience* de sa destinée, de sa loi de développement et de progrès ; en produisant, par l'action de ses propres facultés, l'expression même de la justice et de l'amour de Dieu, l'humanité a touché au degré le plus élevé de la vie, dans l'ordre fini.

Depuis lors aussi le problème social a été posé dans ses véritables termes, et la solution est aujourd'hui plus prochaine que jamais.

On a dit : la société doit être organisée pour le *progrès* de *tous*, et de telle sorte qu'il soit permis à *chacun* de développer *librement* toutes ses forces. *Association universelle* de tous les hommes sous tous les aspects de la vie ; *à chacun suivant sa capacité*, suivant sa vocation, suivant sa nature. Harmonie de la *liberté* et de l'*autorité*, de l'amour *social* et de l'amour *individuel*. PRÉVOYANCE UNIVERSELLE.

La plus grande gloire de Saint-Simon est de nous avoir conduits à ce point.

Ses disciples ont essayé d'aller plus loin, ils ont dit : afin que l'humanité marche toujours et sans secousse vers sa destinée qu'elle ne connaît que *graduellement*, et pour que dans le mouvement d'ensemble toutes les différences, toutes les *individualités* soient *libres*, constatées, reconnues, développées, il faut que le *pouvoir social* soit la *loi vivante*. —(Peu importe ici que cette loi vivante soit l'homme seul ou bien l'union de l'homme et de la femme, l'essentiel est de ne point oublier qu'en tout cas elle ne peut être qu'*humaine*.)

Les disciples ont pris pour des *lois déterminées* les *promesses* de la prophétie ; ils ont proclamé la loi vivante et ils ont crié : ECCE HOMO, croyant avoir trouvé la solution, lorsqu'ils n'avaient fait encore que mettre le problème en équation ; c'est là l'erreur et l'illusion.

Car, de la loi vivante donnée comme formule du pouvoir nouveau à la constitution de ce pouvoir, il y a toute la distance qui sépare le but du moyen, le désir confus de la volonté réfléchie, le tâtonnement de l'acte déterminé.

Si Dieu, qui *est* le mouvement et la vie, est à lui-même sa seule condition, l'homme qui *reçoit* le mouvement et la vie, quel qu'il soit, premier ou dernier, est soumis à des *conditions déterminées;* et le pouvoir social, pour être légitime, doit avoir posé et déterminé ces conditions.

La loi vivante, indéterminée, sans condition, infinie, le mouvement absolu enfin, c'est Dieu.

Dans l'ordre fini, la loi vivante n'est qu'une fiction ou plutôt une négation de toute loi, si elle n'est pas déterminée, conditionnelle, et si la sphère du progrès n'est point conçue et en quelque sorte *réglée* d'avance. Autrement l'homme serait Dieu.

Aussi vous disais-je plus haut qu'arrivé à ce désir d'une loi vivante, l'homme avait touché au dernier point de l'*humanité*. Ici se trouve le plus grand écueil du saint-simonisme, et en même temps son caractère le plus élevé. C'est là pour nous la question de *vie* et de *mort*, *To be or not to be* : car nous ne pouvons plus quitter ce terrain qu'en donnant une solution qui harmonise la liberté et l'autorité; ou bien en déclarant la solution impossible, et *par conséquent* le problème mal posé, même avec la formule saint-simonienne.

Enfantin a touché contre l'écueil; il se brisera s'il ne s'arrête. Dans sa prétention à être la loi vivante sans conditions, et l'homme du progrès, sans autre règle que sa volonté personnelle, de quelque façon qu'elle soit *inspirée*, il ne tend à rien moins qu'à la divinisation de l'homme, à une sorte d'*antropothéisme* plus antipathique encore et plus irrationnel que l'*anthropomorphisme* de Dieu.

Partout autour de nous nous entrevoyons, même dans ceux qui nous ignorent, un sentiment confus du danger de cette position, qui n'est autre chose que le *danger* du saint-simonisme lui-même. Voici un mot qui, à cause de sa source, mérite d'être cité : « Puisque Dieu ne s'est pas fait homme » pour nous sauver, qu'un homme ne se fasse pas Dieu pour » nous perdre, » a dit un journal (*le Corsaire!*). Ce conseil, pour être tourné en forme de madrigal, n'en est pas moins plein de finesse, de profondeur et d'à-propos; il va droit à la loi vivante, telle qu'elle prétend aujourd'hui se *poser*.

Et en effet, cette prétention du révélateur nouveau n'est pas autre chose que l'antipode grossier et informe de la révélation *chrétienne*. C'est l'*incarnation*, l'identification, non plus de Dieu en l'homme, mais de l'homme en Dieu. Seulement l'incarnation chrétienne était un mystère d'humilité et de sacrifice, et la déification saint-simonienne ne serait qu'un abîme d'orgueil et d'égoïsme.

Je ne crois pas que personne au monde veuille sérieusement une pareille extravagance; mais, tout en détournant la tête, Enfantin y marche à grands pas et la pente est facile.

Ainsi donc avoir donné pour une organisation *définitive* l'organisation pour le *progrès*, c'est n'avoir rien dit du tout; car il n'est rien de moins définitif que ce qui n'est ni défini ni déterminé, et le progrès en lui-même est ce qu'il y a de plus vague, de plus arbitraire, de plus vaporeux. Ce dont il s'agit aujourd'hui pour nous, avant de rien constituer, c'est de déterminer avec précision la sphère *générale* et *spéciale* du progrès, et de mettre un peu de corps et de vie là où nous n'avons encore qu'un *squelette;* et de plus, pour quiconque se posera comme devant faire accomplir à l'humanité une phase spéciale de sa destinée, pour quiconque se proclamera le PÈRE de l'humanité dans une des *générations* de sa vie progressive, ce sera toujours un devoir de déterminer nettement, dans l'ensemble et dans le détail, sa *volonté*, sa *vie;* de la rendre toujours présente à tous par l'*écriture;* de fixer la place de son *progrès* dans la sphère générale tracée pour l'humanité; et de donner sa *loi de variation* dans la sphère spéciale qu'il veut parcourir.

Hors de là, tout est caprice, arbitraire, *contradiction*. Ce n'est plus le progrès, mais la mobilité ; ce n'est plus la marche ferme et assurée de l'homme résolu ni la touche hardie et précise d'une main habile ; c'est le circuit ambigu de l'aveugle, la titubation de l'ivresse, le tâtonnement de l'expérimentation.

Les pouvoirs despotiques les plus rétrogrades n'ont aussi de loi que leur caprice ; mais ce despotisme, dans son arbitraire même, est quelque-chose de plus déterminé encore que l'*amour* et le *désir* de l'*homme du progrès* : car la volonté du despote oriental s'appuie sur une *tradition d'immobilité*, tandis que le *désir* de l'homme du progrès, glissant à peine sur une *tradition flexible*, ne serait en réalité qu'un *double caprice*, ayant pour loi de variation sa mobilité même !

Il en est de même de la *loi vivante*.

L'établissement de la loi vivante dans l'humanité, sans condition et sans règle fixe, ne serait qu'un chaos d'anarchie, ou la consécration de l'hypocrisie et de l'esclavage. Heureusement ce n'est qu'un rêve, un éblouissement causé par l'orgueil ou par un trop grand désir de hâter la réalisation de notre doctrine.

La condition d'existence et de possibilité d'une loi vivante comme de toute loi, c'est la conception précise, et, sinon *absolue*, du moins solidement et pour long-temps fixée, de ce qui est BIEN et de ce qui est MAL, pour l'humanité en général et pour chaque homme en particulier. Sans la détermination de la vie normale de l'humanité présentant en même temps la *règle des exceptions individuelles*, en un mot, sans une tradition *obligatoire*, pas de liberté, pas de pouvoir légitime, pas de *morale*.

Avant de donner à chacun suivant sa capacité, il faut avoir

tracé pour tous une loi *commune* et *universelle* ; et rappelons-nous bien qu'une loi ne veut pas dire seulement une *promesse* vague ou une recherche pleine de bonne volonté ; car la *loi*, c'est ce qui *lie*, ce qui fixe l'*ensemble* et le *détail*, d'une manière plus ou moins complète et plus ou moins durable, suivant la puissance du législateur et suivant l'*âge* de l'espèce humaine.

Autrement la loi vivante est un Protée à mille faces, gouvernant par souplesse et par ruse, obéi par séduction ou par bassesse. Ce n'est plus la morale de *vérité* et d'*amour* : c'est l'*accommodement* avec tous les goûts et tous les penchans, suivant les goûts et les penchans de celui qui commande ; c'est le *jésuitisme universalisé*.

Que si l'on vient dire qu'à de pareilles conditions la loi vivante n'est plus possible, et que l'organisation définitive est manquée, je n'hésite pas à répondre qu'il faut changer les termes du problème, et que si, après tout, nous ne pouvions arriver à meilleure solution (chose dont je suis bien loin de désespérer), nous devrions nous résigner à *calquer* en quelque sorte, mais sur une échelle plus vaste, les *organisations* du passé ; c'est-à-dire qu'au lieu d'une *loi définitive*, nous n'aurions encore qu'une *loi provisoire*, sous l'influence de laquelle l'humanité accomplirait un progrès *analogue* à celui qu'elle accomplit dans chacune des grandes phases de son histoire ; avec cette *différence* pourtant que les résultats seraient plus importans en étendue et en intensité, plus facilement obtenus, plus durables. Je dis qu'il faudrait nous résigner ! car l'humanité consentira plutôt à ce mouvement *alternatif* plein de vie et d'intérêt, où le doute succède à la foi et la foi au doute, qu'à cette vie affadie, énervée, langoureuse, uniforme, qu'on nous donne pour le bonheur et la liberté, et qui ne serait qu'une agonie de servilisme, pleine d'ennui et de dégoût.

Mais je m'aperçois que j'ai touché ici à deux points *essentiels :* pour les éclaircir suffisamment, vous aurez besoin de développemens qui n'auront leur place que dans le travail dogmatique que je prépare; travail où j'essaierai de souder, dans toute sa profondeur, la véritable notion du progrès ; et de montrer dans toute sa *vanité*, l'étrange signification que jusqu'ici nous avons donnée à ce mot. J'affirme que c'est là le point *central* de toutes nos discussions. Au demeurant, je suis bien aise de vous avoir donné, en passant, quelques soupçons sur la valeur de ce que nous avons déjà professé, afin que vous sentiez bien tout ce que nous avons encore à dire.

Revenons à nos *faits*.

Je ne vous ai encore rien dit des projets de Bazard et de ceux qui le suivent. Leur but, en ce moment, est de fonder une hiérarchie sur des bases plus libérales ; Bazard se croit le véritable successeur de Saint-Simon; il appelle à lui. Je ne me suis point rallié de ce côté, parce que je n'y vois pas encore des idées vraiment neuves, ni même la virtualité de les produire. Toutefois Bazard a un beau rôle à jouer, ne fût-ce que pour combattre, avec une vigueur à laquelle aucun de nous ne pourrait atteindre, le système qu'il a eu le malheur de laisser croître et grandir à ses côtés ; il réunira autour de lui les hommes à sympathies plutôt politiques que religieuses. Bazard a beaucoup souffert de cette discussion ; il a mérité notre amour et notre respect, sa parole doit être du plus grand poids pour vous, et je vous engage à bien méditer ce qu'il fera paraître.

Quant à ma position *personnelle*, je serais bien bref, si, en raison même de son irrégularité apparente et du jugement qu'on en a porté à Paris, je ne sentais le besoin de vous prémunir contre les interprétations de ce qu'on appelle encore l'*unité saint-simonienne*. On dit à la rue Monsigny que je me suis posé comme *pape* ou comme *révélateur*; c'est un enfantillage. Je ne veux de papauté ni pour moi ni pour personne, encore moins de révélation. Je veux pour tous un peu moins de jactance et un peu plus de *sens commun*. C'est quelque chose de bien déplorable que cette méthode *ultra-catholique*, employée pour pétrifier les hommes dans une prétendue orthodoxie *sans doctrine*, et pour étouffer, sous le *monologue sacerdotal*, les mille voix de l'humanité. Au moment où l'anarchie éclate, au moment où l'homme qui se pose au pouvoir déclare qu'il *cherche* la *loi* et qu'il *attend* la femme, quiconque ne veut être ni écho ni instrument est proclamé hérétique; sinon il faut choisir entre la *papauté* et le *suicide* : ainsi parle la loi vivante.

Cette prétention, vraiment exorbitante en tous temps, n'est aujourd'hui qu'une illusion puérile ou un leurre dangereux pour les faibles; dangereux même pour ceux qui se proclament *forts*, car beaucoup d'entre eux y sont pris. Voyons donc comment le révélateur-protée glisse et s'échappe sous la main de la logique.

On avait besoin de l'*incarnation* et de la *présence réelle*, on a oublié pour un moment le *panthéisme* pour le *catholicisme*; mais, dans cette parodie de l'église du Christ, on a omis avec soin le *Saint-Esprit* descendu sur les *douze* apôtres, toujours parce qu'on n'avait besoin que de Jésus et de saint Pierre. On a donc retrouvé *Jésus* et *Pierre*. Jésus c'est *Henri Saint-Simon* et Pierre c'est *Olinde Rodrigues*. *Tu es Petrus, et super hanc petram ædificabo Ecclesiam meam*. Ainsi il est convenu que Saint-Simon doit être *tout entier* en quelqu'un; or où habite-t-il, si ce n'est en son disciple *unique*, qui a reçu le don de la transmission divine? *Et verbum caro factum est, et habitavit in nobis*. Voulez-vous donc savoir où est la vérité, où vit Saint-Simon, où se trouve la *vraie doctrine?* Regardez bien. Olinde Rodrigues est assis à mes côtés, et il m'a donné l'*onction de sa grâce*...... Oh! il n'y a plus de doute, et celui qui *nie* encore est tombé dans l'hérésie et dans l'impuissance.

Décidément, après cela, il n'est plus possible de songer à la *papauté*, et si vous voulez être quelque chose, il faut être *révélateur*.

Révélation ou suicide! deuxième dilemme de la loi vivante, qui, en matière d'orthodoxie, est intraitable et peu fidèle à sa méthode d'*accommodement universel*. Eh bien! moi qui veux vivre et n'ai point goût au suicide, me voici devenu *révélateur*; ainsi ont fait plusieurs d'entre nous qui n'avaient pas encore envie de mourir; nous possédons par conséquent en ce moment un assez bon nombre de tout petits *révélateurs*.

Je révèle donc, et je demande qu'on m'écoute. Mais patience! Tant qu'il fallait combattre le *protestantisme*, on a bien ri de sa maladie d'*interprétation*, de sa ténacité subtile à tout chercher et à tout découvrir dans la *révélation chrétienne*; maintes fois aussi l'on a blâmé le catholicisme de son orthodoxie *exclusive*; ces deux dogmes cependant sont d'un excellent usage lorsqu'on a devant soi une prétention de *nouveauté* et d'*invention* : prenons donc l'un et l'autre et confisquons-les à notre profit; ne sommes-nous pas venus pour concilier le protestantisme et le catholicisme? Et là-dessus on s'écrie : *Hors de Saint-Simon, point de salut*; mais (rassurez-vous, hommes de la liberté), si hors de Saint-Simon il n'est point de salut, c'est qu'il n'*est rien en dehors de Saint-Simon. — Tout est en lui, tout est par lui, tout est lui* (1). Il y a donc place pour chacun et salut pour tous; et avec cela, on est ferme et inébranlable devant une révélation quelconque.

---

(1) « L'homme sans doute est en Dieu, il est *Dieu lui-même* dans l'or- » dre fini. » *Exposition*, 2e vol., chap. VIII, p. 105. — On voit que l'application faite ici n'a rien d'outré. Le révélateur, ce qu'il y a de plus grand

Révélateurs, arrivez donc ! — Disciple bien-aimé, ma révélation porte sur plusieurs points dont *notre maître commun* n'a pas dit un mot, entre autres la *loi du mariage*. — La loi du mariage ! impossible de révéler là-dessus ; nous n'avons plus qu'à *continuer*, et vous savez que c'est *Enfantin qui continue*. Saint-Simon, s'il n'a rien écrit, a tout dit à son disciple avant de mourir ; il lui a annoncé que l'*individu social* c'était l'homme et la femme : parole en soi tout-à-fait incontestable, car je l'ai entendue, et je suis le dépositaire du troisième et dernier *testament*.

Le Révélateur malgré lui ne conteste ni la parole ni le testament, mais il insiste et affirme qu'avec une telle élasticité d'interprétation, il aurait été possible de tirer la nouvelle loi de mariage de l'Évangile, voire même du *Télémaque* : car *tout est dans tout*, et le livre de Fénélon surtout a été, pour l'application de cette maxime, un champ bien fécond. Le novateur ajoute du reste que Saint-Simon ayant dit de rendre à *chacun suivant ses œuvres*, il serait bon de n'attribuer à un révélateur que ce qu'il a *explicitement* et *catégoriquement* révélé. — D'accord, répond alors le disciple fidèle, mais aussi Saint-Simon a tout révélé et tout expliqué, car il a trouvé ce qui explique tout : LE PROGRÈS. — C'est ici qu'il faut s'incliner et retomber dans l'*unité*. Et aussitôt rentré, vous avez le plaisir d'apprendre que vous n'étiez jamais sorti, parce que, dans la doctrine du progrès, il n'y a pas d'hérésie.

En voyant où nous en sommes venus, reconnaissez que l'arbre a porté son fruit, et ne vous étonnez pas si l'on m'ap-

---

dans l'*ordre fini*, doit être, dans cette sphère, ce que Dieu est lui-même dans l'*infini*. Qu'on réfléchisse à cette identification des deux ordres, et l'on aura la clef de toutes nos aberrations !

pelle révélateur ou pape, mais surtout *hérétique*. Malheureusement en citant à moi-même mes propres paroles, on pourrait dire : C'est toi qui l'as voulu. Mais qu'importe ? il est toujours temps de reculer devant l'absurde. Que du haut de la chaire catholique, après huit siècles de développement et de puissance, et surtout après que plusieurs conciles eussent arrêté et formulé le dogme de l'*incarnation*, Hildebrand parlât un tel langage, on le conçoit et on l'admire en considérant le caractère du temps et l'esprit de la religion catholique ; mais aujourd'hui et dans les circonstances actuelles du saint-simonisme, une si terrible orthodoxie ! c'est vraiment prodigieux. Aussi ai-je pris le parti d'en plaisanter ; ce ton m'est assez naturel, et la gaieté est chose permise entre nous, vous le savez, tant que le fiel et l'aigreur ne percent pas ; mais, en tout cas, celui dont je m'égaie le plus en cette occasion, c'est de moi-même. Lisez une sorte de synthèse du saint-simonisme que j'ai écrite l'année dernière (1), vous y trouverez, en formules que plusieurs ont admirées, tout cet échafaudage de *catholicisme mobile* que quelques mots suffisent pour renverser. Après une certaine *Lettre à Théophile*, insérée dans *l'Organisateur*, je vous donne ce morceau comme un des rêves les plus fantastiques que saint-simonien ait jamais rêvés ; remarquez surtout le discours *fabuleux* que j'ai mis dans la bouche de Saint-Simon, et qui, heureusement pour lui, n'est sorti que de la mienne. Dans un naïf enthousiasme de prosélytisme, je cherchais à faire de la poésie ; et j'avais à cœur de prouver que je n'étais pas un homme exclusivement raisonnable ; je ne l'ai que trop bien prouvé, et l'on m'a glorieusement glorifié. Mais aujourd'hui je veux rendre à la réalité ce qui est à la réalité, car il

---

(1) *L'Enseignement central*, broch. in-8°.

n'est rien de si dangereux que la poésie qui sert à *instituer des pouvoirs*.

Que le ton léger de ces aveux ne vous effraie pas : avec de la bonhomie, on fait bien mieux son devoir d'*apôtre* qu'en revêtant, mal à propos, l'aube pontificale. D'ailleurs, avant d'arriver à l'allure dégagée que vous me trouvez aujourd'hui, j'ai passé par une crise douloureuse; et lorsque j'ai songé aux actes sociaux que nous avons consacrés et au sort des enfans que nous avons osé adopter lorsque nous étions encore nous-mêmes au berceau et à la nourrice, j'ai senti sur ma conscience quelque chose de plus grave encore que des écarts d'imagination. A cet égard, je me suis accusé et j'ai accusé; j'ai déjà fait une partie de mon devoir : quand le temps sera venu, je serai prêt à l'achever.

Allez, mon ami, il y a bien de l'avenir dans l'aveu loyal et facile de ses erreurs passées, et si tous les saint-simoniens osaient faire aujourd'hui comme moi, le temps de notre grandeur réelle serait venu. Ce sont les grosses secousses qui renouvellent la vie, et d'ordinaire elles ne font oublier du passé que ce qui ne fut pas vraiment bon. Or, Dieu merci, il nous en reste beaucoup plus à conserver qu'à effacer ; et chez moi-même, qui m'accuse, je sens au fond du cœur plus de satisfaction que de repentir. S'il n'en était pas ainsi, peut-être n'aurais-je pas le courage d'être si franc.

Ainsi je ne veux pas renier notre passé; en face du monde qui nous accuse et nous calomnie, je pourrais justifier toutes nos idées, même nos erreurs, et je défendrais tous les hommes qui sont et qui furent saint-simoniens. Mais devant vous, dévoué comme nous à une grande œuvre sociale, devant les saint-simoniens qui sont toujours les apôtres de l'humanité et les hommes de l'avenir, je dois être, comme devant moi-même, prodigue d'humilité et avare de louange.

Ne craignons pas de dépouiller de ses oripeaux et de sa grandeur empruntée l'œuvre réelle et solide que nous avons faite en religion, en politique, en morale même. Nous pouvons supporter le regard sévère du dévouement et de la raison, car nous avons beaucoup et bien travaillé pour nos semblables et nous ne sommes pas près de faire halte en chemin. C'est au nom de Saint-Simon que la plupart d'entre nous sont revenus à Dieu, à l'espérance, à la foi en l'avenir; c'est au nom de Henri Saint-Simon que nous avons reçu et pris une mission dans le monde, et que nous avons annoncé aux hommes le règne de la paix et du travail, l'émancipation définitive de la classe la plus nombreuse et la plus pauvre. Que le nom de Saint-Simon soit toujours saint à nos yeux. Ah! nous pouvons ôter le voile mythologique qui couvre sa face pleine de vie et de sérénité, et elle dominera encore tous les rois de la terre. Aujourd'hui l'humanité veut voir et toucher ceux qui lui portent de bonnes paroles; et lorsqu'elle a senti le *grand homme* si voisin des plus humbles par ses faiblesses et ses erreurs, elle trouve, par ce rapprochement même, plus de force pour l'admirer et plus de charme à le suivre.

Courage donc! une nouvelle carrière s'ouvre devant nous. Nous sommes tombés de haut; mais nous sommes retombés sur nos pieds et sur terre; je le sens déjà, notre marche n'en sera que plus libre et plus ferme. Puissiez-vous bien saisir comment, dans le mouvement qui commence, ma position exceptionnelle et solitaire n'est ni une hérésie, ni une papauté, ni une révélation; mais bien tout simplement un poste à moi très-convenable et où je m'efforcerai d'être utile à tous! En ce moment, je suis le seul des membres du collége qui n'appartienne ni à l'un ni à l'autre des deux *camps* divisés; et je vous le dis avec douleur, *camp* est ici le mot propre. Je parlerai un langage interdit à tout autre, car je suis des deux côtés, en quelque sorte, également *lié* et *délié*, position qui me permettra de rester fidèle au troisième sentiment exprimé par la devise placée en tête de ces feuilles, *véracité*.

Cependant je ne me bornerai pas à un rôle d'impartialité qui ne serait qu'un signe de faiblesse et d'impuissance; à l'*extérieur*, mon action sera de maintenir ce qui est acquis, de hâter, par toutes les voies, l'avénement politique des idées saint-simoniennes, de continuer, selon ma forme populaire, à préparer l'opinion publique. A l'*intérieur*, j'essaierai de toutes mes forces d'arrêter le mouvement commencé par Enfantin; j'appuierai de mes travaux les efforts faits pour reconstituer sous une forme meilleure l'*autorité* et la *liberté*; mais, avant tout, je me sens pour le moment la mission de travailler solitairement et de revoir entièrement la doctrine. Vous dire comment je conçois ce travail et quelles vues d'avenir je me propose de développer, ce serait anticiper. Cette tâche d'ailleurs surpasserait mes forces actuelles. J'aime mieux attendre un résultat digne de l'œuvre que nous avons à accomplir : *A fructibus eorum cognoscetis eos*. Nous avons assez fait de promesses. Si à force de soins, de travaux et de bonne foi, je finis par produire quelque chose d'utile, j'aurai justifié la position que je prends. Si je m'évertue en vain, et que d'un autre côté je sente l'avenir, je rentrerai avec bonheur au sein de l'*orthodoxie*, lorsqu'il y aura une orthodoxie. Je suis de ceux qui font consister leur gloire, leur orgueil, à prendre en toute chose la position la plus évidemment désintéressée et la plus favorable à l'amélioration de la condition humaine sur la terre, à l'émancipation du génie, au bien-être de tous; je suis de ceux qui cherchent toujours le grand et le vrai pour s'y donner en toute foi et en toute sincérité, avec leurs vices et leurs vertus, leur faiblesse et leur force; mais je n'ai jamais transigé facilement de ma *volonté* et de *ma personne ;* c'est pourquoi ceux qui voudraient avoir bon marché de l'humanité m'ont toujours accusé d'orgueil et d'individualisme; je leur renvoie l'accusation, jusqu'à ce qu'ils aient trouvé un seul être humain se plaignant que j'aie exploité sa faiblesse à mon profit, ou que j'aie quelquefois fait sentir une supériorité usurpée et mendié de la puissance. Le rôle que j'ai choisi justifie ce sentiment beaucoup mieux que toute autre situation de ma vie. Avec un caractère flexible et sociable, j'ai voulu être seul ; je l'ai voulu obstinément, malgré des liens puissans qui me rattachent encore à presque tous les membres de la famille divisée, et pour cela j'ai sacrifié mes intérêts secondaires, mes affections personnelles et une sorte d'existence physique qui avait du prix à mes yeux, parce qu'elle me permettait de ne point briser ma vie et de consacrer tout mon temps à notre œuvre. Un intérêt plus fort parlait en moi, celui des hommes auxquels j'ai promis, au nom de Dieu, l'*association* et la *liberté*.

Voici donc, mais d'une manière bien générale et bien imparfaite, l'exposé de notre situation présente et l'histoire de ce qui l'a produite. Maintenant que vous êtes éclairé, voyons quel parti vous devez prendre pour le progrès de l'humanité et pour le vôtre.

Vous avez raison, mon ami, de vous désoler et de vous effrayer de ce qui se passe. Nos idées politiques avaient été grand train ; les événemens du jour y conduisaient tout droit; c'est dommage, sans doute, qu'au moment de notre plus grand éclat nous soyons réduits à faire une sorte de chute. Cependant il faut avouer que nous n'étions pas en mesure d'agir ; et, sous ce rapport, il vaut mieux que la division ait eu lieu plus tôt que plus tard, comme on dit en langage vulgaire. Jusqu'ici nous avions marché d'une manière vraiment miraculeuse : accord, amour, unité, tout allait au mieux ; mais, vous le sentez, il était impossible que, par l'action d'hommes si étroitement serrés les uns contre les autres, et enclins par conséquent à s'isoler et à se trancher par rapport au milieu social qui les entoure, il résultât un mouvement d'association large, plein, et de nature à satisfaire toutes les sympathies. Nous nous endormions à la fumée de notre propre encens ; la société extérieure, impuissante à lutter contre nous, ou préoccupée d'autres intérêts, ne pouvait contribuer à nos progrès. Aujourd'hui voilà la division du travail établie dans notre sein. C'est d'abord un chaos ; mais avant la création, le chaos. Je vous le dis, les grands jours vont venir.

Dans ce local étroit de la rue Monsigny, nos individualités se froissaient, s'annulaient, s'étouffaient ; la phase où nous entrons doit faire cesser ces froissemens et développer le caractère et les aptitudes de chacun de nous. Or la meilleure manière de produire les individualités, à l'origine d'une hiérarchie et dans une époque de transition, c'est qu'elles se posent et se prononcent elles-mêmes ; nos rapports avec nos supérieurs ne peuvent pas être des rapports du *contenant* au *contenu*. Assez de cette géométrie sympathique, qui n'est au fond que de la mauvaise logique fondée sur un indigne sentiment de la liberté humaine.

Vous n'avez encore entendu la parole saint-simonienne que comme un lourd monologue reproduit et récité avec quelques variantes par une douzaine de voix. Nous étions tous d'accord, parce que nous rendions tous le même son; et nous ne trouvions autour de nous que l'ennui et l'uniformité, car en association comme en musique, le plus plat de tous les accords, c'est *l'unisson*. Maintenant vous allez entendre le *dialogue* saint-simonien; le drame commence; l'action va se nouer et le dénouement sera l'association universelle.

N'oublions pas cependant que si nous touchons aujourd'hui à l'aurore de cette vie nouvelle, nous en sommes redevables à l'unité compacte qui s'est maintenue parmi nous, tant qu'il s'est agi de prendre position devant le monde. C'est là une gloire réelle d'Enfantin et de Bazard, et le véritable bienfait de leur gouvernement; ils ont vaincu la *conspiration du silence* et mis dans toutes les bouches, pour l'injure comme pour la louange, le nom de Saint-Simon et ses immenses prétentions. A d'autres temps, d'autres moyens. L'apostolat chrétien a commencé sans association et sans gouvernement; alors n'existaient point les routes en fer, les bateaux à vapeur, les voitures publiques, ni le journalisme aux cent bouches, ni la publicité des assemblées législatives. Mais nous, il nous fallait lutter contre toute la puissance de la civilisation moderne; et toute cette force, aveugle et hostile comme aux temps anciens, travaillait contre nous par ses injures, ses calomnies, ses lazzis, nous opprimant même de son silence; et ces savans, ces artistes, ces industriels, ces journalistes, tous ces hommes, les *salariés* de l'oisiveté, que nous venons associer et émanciper, ils employaient leur talent, leur science, leur richesse, leur influence morale, à nous écraser au berceau! En demeurant isolés, nous serions restés à toujours obscurs, ignorés, sans consistance; nous nous sommes unis, et au bout de deux années, notre foi et notre audace ont triomphé de tous ces obstacles. Nos principes politiques ont envahi la presse et la tribune; partout les masses de prolétaires sont venues donner à nos paroles une terrible confirmation ; la vieille société s'est sentie ébranlée sur ses dernières assises, et le vieux pouvoir nous a menacés de ses juges et de la consécration mystérieuse que Dieu donne aux prophètes lorsqu'on les assimile aux malfaiteurs ; on cherche à se défendre contre nous. Maintenant nous pouvons songer à autre chose ; nous en avons fini avec l'*autre ancien régime*, l'ancien régime de la propriété oisive, il n'est plus question que de fonder la société nouvelle.

Pour bien apprécier la phase actuelle, il est bon de se reporter au développement du christianisme. Après la mort du Christ il y eut plusieurs et de longues années d'apostolat, alors la hiérarchie était à peine tracée ; puis vint le temps des pères et des grands travaux de l'église ; et enfin l'époque de Grégoire VII. Nous avons voulu aller trop vite et commencer par où les chrétiens n'ont pas pu finir, par la monarchie universelle. Cette erreur doit être attribuée a l'abus des *a priori ;* c'est là en effet l'écueil de la manière toute méthodique dont nous alignons l'histoire et de la conscience que nous avons acquise de la loi du progrès.

En effet, si cette conscience *réfléchie* de l'histoire et de son mouvement est un guide puissant, elle a aussi pour défaut d'encadrer l'esprit dans la rigide formule et d'arrêter la spontanéité humaine. Rien ne détruit l'originalité comme l'habitude de l'analogie ; nous l'avons bien prouvé par notre exemple.

Nous avons songé à copier Grégoire VII au moment où l'apostolat commençait à peine. L'apostolat, c'est ce que nous avons fait depuis juillet : prédications, enseignemens, missions. L'époque où nous sommes maintenant me paraît être l'analogue de celle des pères de l'église ; époque qui sera féconde en travaux d'élaboration et en développemens de tout genre, époque très-favorable à la transfusion et à la transformation des autres sytèmes politiques et philosophiques, dans le nôtre. C'est là, véritablement, ce que nous pourrons appeler des travaux de perfectionnement. Nous nous sommes fait un auditoire, l'humanité a les yeux sur nous, elle prend intérêt à nos actions, elle est sollicitée, excitée; nous pouvons nous développer en face du monde et puiser dans notre contact avec lui de puissantes inspirations. Cette phase d'élaboration publique, *coram populo* pour ainsi dire, ne ressemble pas du tout aux travaux intimes faits par Bazard, Enfantin, Rodrigues et le collége, jusqu'à la révolution de juillet; je trouve qu'on a eu tort de vouloir présenter ces travaux comme l'analogue de ceux des pères. Avec les *Lettres d'Eugène* et les deux volumes d'*Exposition*, nous serions de bien mesquines gens, en face des saint Augustin, des saint Chrysostôme, des Origène, des Tertullien. Les *essais de réalisation* que nous avons faits peuvent se comparer, en suivant la même analogie, aux premières communautés établies sous l'influence de la fraternité chrétienne; elles manquèrent parce qu'elles étaient prématurées et anticipées. Les nôtres vont manquer, je le crains, par la même raison.

Toutefois ne prenez ces comparaisons historiques que pour ce qu'elles valent. J'ai choisi mes exemples dans le développement de la société catholique; j'aurais pu les choisir aussi bien dans la société féodale, car nous voulons organiser le temporel et le spirituel. L'histoire est un guide à consulter souvent; mais il y a quelque chose de plus réel et de plus fécond que la vue du passé, c'est le sentiment profond de toutes les douleurs du présent et la ferme volonté d'améliorer ce qui est mal. Dieu n'a pas renoncé à faire du neuf en ce monde; nous devons nous trouver dans des situations qui n'auront pas d'analogie avec les époques du passé. Eh bien! au lieu de copier et de calquer, nous innoverons; avec la bonne foi et le courage pour boussole, et pour but, l'amélioration morale, intellectuelle et physique de la classe la plus nombreuse, nous ne manquerons jamais à notre œuvre et Dieu ne nous manquera pas.

Qu'allons-nous donc faire à présent? continuer à remuer le monde; perfectionner notre morale, notre religion, notre politique; donner du corps et de la substance à nos plans industriels; poser les bases de notre encyclopédie; lier, ordonner, hiérarchiser les fonctions, afin de pouvoir lier, ordonner, hiérarchiser les fonctionnaires, et donner à chacun sa place; appeler à nous, chacun selon sa direction individuelle, toutes les capacités; annoncer au peuple la bonne nouvelle, le moraliser et l'instruire; tâcher d'arriver aux assemblées législatives et nous introduire par tous les pores de la vieille société.

Une fois lancés dans cette voie, nous pourrons nous entourer d'une immense clientèle; et alors banques, maisons d'ouvriers, maisons d'éducation, temple, culte, nous pourrons songer à tout; car nous aurons de la puissance morale, des hommes forts, des capitaux, une doctrine bien compacte; des travaux généraux et spéciaux, sur l'industrie, la science, les beaux-arts, etc. Mais pour aujourd'hui, travaillons et replions-nous un peu sur nous-mêmes; car sous tous les rapports nous sommes pauvres, très-pauvres; et en toute chose, nous nous trouvons réduits à cette douloureuse contradiction de *luxe* et *indigence!* Nous sommes des rois sans royaume, des pontifes sans pontificat, soyons plutôt des apôtres; semons, semons autour de nous, le temps de la moisson n'est pas encore venu.

Deux mots avant de clore, sur la conduite que vous avez à tenir en face du monde et envers les deux pères Bazard et Enfantin; sur votre rôle comme *apôtre* de Mulhouse.

Vous allez avoir de rudes assauts à soutenir, il faut vous y préparer. On ne sera pas fâché de trouver chez nous des armes contre nous-mêmes. Ne vous effrayez pas ; rappelez les premiers temps du christianisme ; montrez le caractère nouveau de ces dissidences qui se reconnaissent et se classent les unes les autres par rapport à une œuvre identique, l'*association*. Faites bien sentir comment, dans ses imperfections mêmes, notre doctrine est supérieure aux diverses opinions de notre époque.

Quant à votre conduite envers les anciens chefs de la hiérarchie, vous devez écouter avec attention l'un et l'autre ; vous tenir en garde contre les préoccupations réciproques, et ne pas trop vous presser de prendre un parti. Demeurez calme et ferme. Chacun vous dira avoir la vie, et moi je vous dis que les hommes ne vivent pas tant qu'il ne sont pas d'accord !

Chacun affirmera que la *légitimité* est de son côté, et moi je vous dis que, dans la crise qui vient de se passer, il n'y a pas eu de *solution* saint-simonienne ; car il n'est rien au monde de moins saint-simonien que la lutte et l'antagonisme. Nous sommes en *révolution*, et, sous le rapport théorique aussi bien que sous le rapport pratique, nous avons une *hiérarchie* à recommencer. C'est là ce que je vois de plus net dans notre position.

Tout ceci ne doit en rien déranger les travaux que vous avez entrepris ; avant de donner à Mulhouse tout ce que je vous ai donné, vous pourrez parler long-tems. Si vous m'aimez, suivez mes conseils ; au lieu de vous désespérer, réjouissez-vous ; le moment est venu pour nos villes de province de se manifester. Vous avez la vie, vous avez un but, je coupe vos lisières. Marchez l'œil fixé sur nous et sur le milieu auquel vous vous adressez ; parlez, enseignez, disposez à l'association hommes et femmes de toutes classes ; formez votre puissance morale ; organisez suivant votre localité ; ne restez point passifs et inertes comme des soldats autrichiens attendant le commandement. A mesure que tous ces noyaux de famille grossiront, Paris se perfectionnera, et lorsque nous sentirons remuer autour de nous quelque cent mille hommes, alors les apôtres venus de tous les points de la France, à l'occasion de quelque grand événement, se réuniront en *concile*, en *convention*, et la véritable unité, la véritable hiérarchie se formera. Jusque là nous ne pourrions faire qu'une hiérarchie domestique ou un gouvernement de sacristie ; les provinces n'auraient aucune vie, aucune liberté, elles marcheraient en aveugles. En voulant avant le temps monter sur des échasses, nous ne serions que des héros de théâtre et des personnages de comédie. Il faut des masses au génie social pour qu'il sente la vie ; l'atmosphère de la coterie l'empoisonne ; il veut vivre en pleine humanité.

En attendant le grand mouvement de la circonférence au centre, en attendant même la fondation du véritable centre, considérez Paris comme un point de mire, une sorte de gouvernement provisoire auquel vous devez en appeler, mais qui ne peut ni ne doit avoir votre foi entière. En quoi faisant, vous serez libre, franc, sincère, alerte ; sans cesser d'être dévoué et reconnaissant.

Mon ami, voilà comment j'aurais voulu être votre père, et comment moi j'aurais voulu être fils, si l'écart de nos chefs suprêmes n'était pas venu changer ma direction.

Après tout ce que je viens de dire, il est inutile d'ajouter que la question entre nos deux chefs n'a pas été seulement une question de personne, et que ni l'un ni l'autre ne devait céder : au lieu de dévouement, c'eût été faiblesse. Il en est de même des membres du collége. Ils ont pu hésiter devant un avenir incertain en lui-même, sans renier leur passé ; convaincus de l'excellence relative de la doctrine, ils ont pu de bonne foi sentir la nécessité de perfectionnemens nouveaux et chercher à se placer dans la situation la plus favorable pour l'accomplissement du progrès. Sans doute, nous avons donné un grand scandale au monde, et bientôt peut-être vous verrez qu'il est encore plus grand que vous ne pensiez; mais nous n'avons pas promis d'être parfaits, et les vrais humains, comme je vous l'ai dit, ne sont pas ceux qui ne faiblissent jamais, mais bien ceux qui mettent leurs erreurs à profit et pour l'humanité et pour eux-mêmes. Placez-vous à ce point de vue, et vous demeurerez toujours au dessus du scandale ; vous n'en donnerez point vous-même, et vous réparerez celui qui aura été donné par d'autres. Négligez les surfaces et allez au fond. Il ne manque point parmi nous d'hommes qui sont restés accrochés à une foule de menus détails de vie domestique, de sentimens personnels ! A les entendre nous serions bien étroits et bien mesquins, mais j'ai foulé aux pieds tous ces commérages, et, sans me perdre dans l'*infiniment petit*, je me suis attaché à ce qu'il y avait de grand et de social dans chaque fait et dans chaque personnalité. Envisagée ainsi notre vie individuelle a une valeur que je lui conserve de grand cœur. Si l'on s'était toujours souvenu que nous sommmes venus au monde pour faire la morale, la religion et la politique de l'humanité nouvelle, on eût négligé beaucoup de petitesses individuelles. Chacun de nous en ayant sa bonne part, le mieux eût été de faire de nos faiblesses, de celles de nos pères, un fonds commun (le fonds commun de la misère humaine !) et de ne tenir compte que de ce qui était bon : en demeurant sur ce terrain, on en trouve encore plus qu'il ne faut pour justifier la division et en faire sentir la nécessité. *Memento, homo, quia pulvis es*. Il n'est pas mal quelquefois de se ressouvenir de Jésus et des sublimes paroles de son église.

Je vous ai dit ces dernier mots, afin de vous donner la vérité tout entière; prenez-la comme elle est venue, cœur ouvert et plume courante; et, de tout ce que vous avez entendu, tâchez de tirer quelque chose de net et de précis. Je vais m'occuper de présenter mes idées d'une manière plus ferme, plus étendue, et d'entrer au fond des questions; mais avant de continuer directement dans la voie saint-simonienne, je veux m'arrêter devant un homme inconnu encore qui me paraît avoir apporté une grande et belle part à l'œuvre de l'avenir : cet homme est *Charles Fourrier*, de Besançon, auteur de la *Théorie des quatre mouvemens*, publiée en 1808, et du *Traité d'association*, publié en 1822. La valeur du système exposé dans ces ouvrages a été fort mal appréciée jusqu'ici, même par les saint-simoniens. J'avais promis aux disciples de rendre hommage et justice à leur maître, et de réparer la faute des hommes du progrès, je vais le faire aujourd'hui que je suis plus libre. Mon premier écrit sera donc un examen détaillé du système social et cosmogonique de Charles Fourrier. Je n'ignore pas qu'en prononçant ici ce nom je puis diminuer et même détruire, sur un grand nombre d'entre nous, l'effet de cette lettre; mais je ne sais pas reculer devant un devoir pour obéir à un préjugé. — Attendez patiemment.

À vous et à tous,

JULES.

Paris, 20 décembre 1831.

EVERAT, imprimeur, rue du Cadran, N° 16.

RELIGION SAINT-SIMONIENNE.

IMPRIMERIE DE LACHEVARDIERE,
RUE DU COLOMBIER, N° 30.

Religion Saint-Simonienne.

DISCUSSIONS

MORALES, POLITIQUES ET RELIGIEUSES

QUI ONT AMENÉ LA SÉPARATION
QUI S'EST EFFECTUÉE AU MOIS DE NOVEMBRE 1831
DANS LE SEIN DE LA SOCIÉTÉ SAINT-SIMONIENNE.

PREMIERE PARTIE

Relations des Hommes et des Femmes.

Mariage. — Divorce.

PARIS,
RUE DES SAINTS-PÈRES, N° 16,
ET CHEZ PAULIN, libraire, place de la Bourse, DELAUNAY, Palais-Royal, HEIDELOFF, rue Vivienne, n° 14.

JANVIER 1832.

PRÉFACE

Une séparation solennelle s'est opérée dans le sein de la Société saint-simonienne.

Les personnes qui ont suivi depuis l'origine les travaux de cette Société, qui en ont apprécié l'importance, qui ont été témoins des efforts qu'ils ont coûtés, auront pensé sans doute qu'un pareil évènement n'avait pu être produit par des causes légères.

Ce n'est en effet qu'à la suite de dissentimens profonds sur les points de doctrine les plus importans que cette séparation est survenue, et lorsque tous les moyens qui avaient pu être jugés propres à la prévenir ou à la retarder avaient été tentés, et se trouvaient épuisés.

Le lien qui nous unissait était trop puissant, il avait été trop fortement éprouvé par les difficultés de toute nature que jusque là nous avions eues à combattre et à vaincre en commun; l'engagement que nous avions pris ensemble devant le public était trop solennel, pour qu'une lutte d'intérêts personnels ou de vanité froissée eût eu jamais la puissance de nous désunir. Dans ce cas, l'un des deux partis, au moins, aurait bien su trouver en lui la vertu d'abnégation nécessaire pour mettre fin au débat. Mais dans le conflit qui nous a séparés il s'agissait de notre foi sur les questions qui intéressent le plus vivement l'avenir de l'humanité entière; notre devoir sans doute était bien de faire tous nos efforts pour nous mettre en harmonie; c'est aussi ce que nous avons fait : mais sur le terrain où nous étions placés, il n'y avait pas pour nous de transaction permise, d'abnégation légitime.

Je publie aujourd'hui une première partie de nos discussions. La question qui s'y trouve traitée n'est pas peut-être la plus générale de celles qui nous ont occupés; elle n'est pas assurément au moins la première qui devrait se présenter dans l'ordre logique d'une exposition rationnelle. Si je commence par elle, c'est qu'elle est la plus vivante, la plus directement intéressante pour tous; que dans la réalité d'ailleurs, c'est par elle que le débat s'est ouvert entre nous, et par elle aussi que pour la première fois nous avons bien senti toute la gravité, toute la portée de celles qui sont venues à sa suite.

Plusieurs, en voyant la crise que nous subissons, ont pensé que la doctrine de Saint-Simon touchait à sa fin; en cela les uns ont exprimé un vœu, les autres un regret: mais tous, en portant ce jugement, ont prouvé que la loi qui préside aux grandes rénovations humaines leur était inconnue.

En se reportant, par exemple, à l'origine du christianisme, la seule de ces rénovations qui, à deux mille ans de distance, puisse être comparée à celle que vient accomplir aujourd'hui la doctrine de Saint-Simon, ils auraient appris que, pour toute nouvelle mission apostolique, ce n'est pas dans l'indifférence du monde, dans ses mépris, ses outrages, ses violences, que consiste la plus grande difficulté, mais dans le travail intérieur de l'apostolat lui même, dans l'imperfection des apôtres; ils auraient appris que toute révélation d'avenir est soumise dans son développement à l'épreuve de la division et du schisme; que non seulement elle triomphe toujours de cette épreuve douloureuse, mais encore que c'est par elle qu'elle grandit dans le monde et finit par le soumettre à sa loi.

En méditant sur la conception de l'harmonie universelle qui est la base de toute la religion Saint-Simonienne, ils auraient été conduits à penser aussi que, si nous n'étions point à l'abri d'une épreuve semblable, elle ne pouvait au moins être pour nous aussi pénible, aussi longue que pour les apôtres du passé, qui tous, sous une forme ou sous une autre, ayant admis le partage de l'univers entre des forces opposées, ont dû considérer le schisme et la lutte comme la condition nécessaire de l'humanité.

Au moment où le scepticisme et le dédain que nous avons eus à combattre jusqu'à ce jour semblent devoir, en présence de nos dissentimens, se reproduire contre nous avec une nouvelle force, qu'il nous soit permis de rappeler en quelques mots ce que nous avons fait, de montrer dans nos travaux passés le signe certain de la puissance qui, au nom de Saint-Simon, nous a été donnée sur l'avenir, et de commencer ainsi par un acte de foi et de communion le débat solennel qui dès ce jour s'ouvre publiquement entre nous.

Lorsque nous entreprîmes, il y a moins de sept ans encore, de continuer l'œuvre de notre maître, son nom était généralement inconnu: aujourd'hui il a retenti dans toute l'Europe, dans toutes les classes de la société, et déjà un grand nombre de voix s'élèvent pour le bénir et le glorifier.

A cette époque, tous les germes de l'avenir découvert par Saint-Simon existaient bien sans doute dans le monde, car autrement Saint-Simon n'eût point été un révélateur; mais ils y étaient obscurs et confus, cachés sous des apparences trompeuses, sous des formules imparfaites ou mensongères; nul n'en avait conscience, et ils restaient ainsi frappés de stérilité. Par nos travaux, la plupart de ces germes se trouvent aujourd'hui dévoilés et fécondés.

Depuis long-temps déjà l'idée du progrès de l'espèce humaine, de sa perfectibilité indéfinie, préoccupait quelques esprits avancés; mais, à défaut d'une expression positive et surtout sympathique, elle n'avait pu pénétrer dans les masses; et pour ceux-là mêmes qui l'avaient admise, elle commençait à devenir incertaine. En signalant l'association universelle comme la destination marquée à l'humanité, en montrant qu'à travers tous les états de civilisation qu'elle avait parcourus, toutes les révolutions qui s'étaient accomplies dans son sein, elle n'avait cessé d'y marcher régulièrement, par la décroissance constante de la guerre et de l'exploitation de l'homme par l'homme, nous avons justifié, popularisé et mis au-dessus de toute atteinte cette grande conception; par là un pas immense s'est trouvé fait pour nous. — Le sentiment religieux, revenu du trouble où l'avait jeté le triomphe rapide et bruyant du scepticisme de la philosophie, de l'empirisme athée de la science, cherchait de toute part à se faire jour; mais en présence du chaos de l'histoire, de l'entassement désordonné des révolutions sociales, qui, dans cet état, n'apparaissaient plus que comme autant de catastrophes, il revenait incessamment se perdre dans le doute et le désespoir. En débrouillant ce chaos, en montrant dans la succession des faits humains l'enchaînement, l'ordre, le progrès, la PROVIDENCE en un mot, nous avons donné à ce sentiment qui est la vie de l'humanité, le principe de sa puissance, la source de son progrès, un point d'appui, une base inébranlable; et dominant ainsi les dédains d'une philosophie indécise et d'une science étroite, nous avons pu, avec l'autorité de la foi, faire entendre de nouveau au monde, en les mettant à leur place qui est toujours la première, les deux grands noms, les noms agrandis encore de DIEU et de RELIGION.

De vives et profondes sympathies populaires; de nobles désirs d'améliorer la condition des masses, existaient dans les cœurs : mais après tant d'espérances déçues, après tant de révolutions, toutes faites au nom du peuple, toutes payées de ses labeurs et de son sang, et qui n'avaient rien changé à son sort, ces sympathies demeuraient incertaines et stériles. C'est que nul ne savait bien ce que c'était que le peuple, et ce qu'il fallait faire pour lui. Le peuple, avons-nous dit, ce sont les SALARIÉS; les salariés ce sont les descendans des esclaves et des serfs, exploités comme leurs ancêtres, exclus comme eux, par le fait au moins, de l'association et de la propriété : ce qu'ils demandent aujourd'hui, ce qu'ils doivent obtenir, c'est d'être élevés à la dignité de l'une, et de participer au bénéfice de l'autre. Voilà le but politique assigné aux efforts de la génération actuelle. Toute tentative de changement social qui ne se proposerait pas directement ce but serait impuissante; celle qui s'en proposerait un contraire serait de plus criminelle et impie. *Toutes les institutions sociales doivent avoir pour but l'amélioration progressive du sort* MORAL, *intellectuel et physique de la classe la plus nombreuse et la plus pauvre.* Tous les hommes naissent avec le droit de développer et d'employer dans leur plénitude les facultés diverses que Dieu leur a données. Tous doivent recevoir de la société l'éducation selon la vocation, la fonction selon la capacité, la rétribution selon les œuvres. Voilà la véritable doctrine démocratique, l'égalité véritable, les véritables droits de l'homme. C'est ainsi qu'en tirant les sentimens populaires du vague de leurs anciennes formules, et en leur assignant un but précis, nous les avons sauvés du scepticisme qui menaçait de les atteindre, et rendus à la vie, à la réalité qui leur échappaient.

A de rares intervalles, quelques voix timides s'étaient fait entendre pour protester contre la subalternité sociale à laquelle la femme se trouvait condamnée : mais comme, au milieu d'un monde né de la guerre, organisé pour elle et par elle, le premier rang ne pouvait évidemment appartenir qu'à l'homme, ces voix, à peine écoutées, avaient été successivement réduites au silence. En montrant que la guerre ne pouvait plus être désormais qu'un fait subalterne, tendant incessamment à disparaître; que le but dominant de l'activité humaine devait être, dès ce jour, le travail pacifique dans la triple direction des beaux-arts, de la science et de l'industrie, nous avons justifié ces protestations précoces, obligé le monde à les prendre au sérieux, et fait pressentir et désirer à plusieurs l'accomplissement prochain de la prophétie qu'elles renfermaient.

Depuis long-temps déjà, le travail était devenu l'objet de nombreuses apologies; mais, en général, elles ne s'étaient point élevées au-delà de cette humble formule, *le travail ne déshonore point;* ou tout au plus, *le travail est honorable*. En rappelant sans cesse le but de l'humanité, la condition de son progrès, nous avons montré que le travail *lui seul* était honorable; qu'à lui seul aujourd'hui devait être attribuée la capacité politique; que l'oisiveté seule était honteuse, et qu'elle seule devait être privée de toute influence sociale.

C'était surtout en faveur du travail industriel que s'étaient élevées ces timides apologies, c'était surtout pour lui qu'elles étaient restées incomplètes. Mais, en montrant que dans tous les temps la classe la plus nombreuse et la plus pauvre, la seule classe asservie, humiliée, exploitée, avait été celle des industriels, et en liant ainsi l'affranchissement définitif de l'industrie et son avènement social à l'aspect le plus sympathique du progrès que l'humanité ait à faire aujourd'hui, savoir, de mettre fin à l'exploitation de l'homme par l'homme, nous avons flétri pour toujours le préjugé qui s'attachait à ce travail, et le subalternisait.

En dégageant de l'obscurité qui les couvraient, des formes qui les gênaient, les germes d'avenir, les tendances progressives que nous trouvions répandus dans le monde, et en leur donnant une issue qui leur manquait, nous avons encore affaibli de puissantes préventions qui s'opposaient à leur développement. C'est ainsi, pour n'en citer qu'un exemple, mais le plus important de tous, qu'en rappelant sans cesse que le classement social des individus dans l'avenir ne devait plus dépendre, soit directement, soit indirectement, du hasard de la naissance, mais être déterminé seulement par le mérite personnel, par la capacité, et en offrant nous-mêmes, dans notre sein, une première et grossière ébauche de cet ordre futur, nous avons commencé à réconcilier les esprits avec les idées de HIERARCHIE et de POUVOIR, sans lesquelles il n'y a point de société possible, point de progrès à faire.

Toutes ces vues d'avenir, toutes ces données fondamentales de la régénération qui se prépare, sont aujourd'hui répandues dans le public. Déjà en-dehors de nous, elles ont profondément modifié les termes des discussions philosophiques, historiques et politiques; la presse périodique s'est directement emparée de plusieurs d'entre elles; le langage lui-même de la tribune politique est tout empreint des préoccupations qu'elles ont jetées dans les esprits; et au point de notoriété où elles sont parvenues, elles pourraient maintenant, sans notre secours, et par leur seule vertu d'avenir, grandir et se propager dans le monde. Voilà pour nous le fruit de sept années de travaux. Nous aurons bien sans doute à reproduire sans cesse ce premier enseignement, car ce n'est que de nous qu'il peut sortir pur et complet; mais cette tâche ne peut plus être pour nous en première ligne; nous avons quelque chose de nouveau à faire.

Ce n'est pas, comme le dit Enfantin, de créer l'industrie Saint-Simonienne; car ici il faut éviter de se payer de mots.

Créer l'industrie Saint-Simonienne, ce n'est pas imaginer et pratiquer quelques expédiens pour nour rir les apôtres et subvenir aux frais de leur parole (1); ce n'est pas solliciter des dons pour cet usage, ou bien, comme nous l'avons fait jusqu'ici, y consacrer le capital de revenus précédemment acquis : créer l'industrie Saint-Simonienne, c'est réunir en un fonds commun une masse quelconque de capitaux, d'instrumens de travail, pour les appliquer à des entreprises agricoles, manufacturières ou commerciales, dirigées et exploitées par des travailleurs Saint-Simoniens, ayant pour tâche, en servant de modèle au monde industriel, de pourvoir à l'existence *matérielle* de la société dont ils sont membres, comme les artistes et les savans de cette société ont pour tâche de lui donner la vie MORALE et *intellectuelle*, en moralisant et en instruisant le monde extérieur. La création de l'industrie Saint-Simo-

(1) A cette occasion je dois faire connaître que je ne donne aucune approbation aux singulières émissions de rentes faites par O. Rodrigues (rentes PERPÉTUELLES ! dont il a déjà donné une partie à 25 p. o/o du capital, et dont il offre une autre partie à 35 p. o/o) ; que je n'approuve pas davantage, soit les apostrophes financières qu'il adresse régulièrement au public, tous les dimanches, dans les fantastiques représentations de la salle Taitbout, soit enfin les adorations d'argent ou d'hommes à argent, dont le *Globe* remplit journellement ses colonnes. — Du reste je déclare que je ne vois et ne puis voir dans tout ceci, encore qu'il puisse en résulter des conséquences très fâcheuses, que le résultat d'une illusion complète sur la situation réelle de la doctrine de Saint-Simon et sur le progrès véritable qu'elle est appelée à faire aujourd'hui. — Peu de temps avant notre séparation nous avions résolu de faire un emprunt ; mais les propriétés des Saint-Simoniens devaient être remises immédiatement entre les mains d'un notaire qui aurait été chargé d'en poursuivre la liquidation pour pourvoir successivement soit au remboursement des sommes empruntées, soit au service des intérêts ; d'ailleurs une maison de banque connue devait alors garantir cette opération.

Au surplus si je m'élève contre les spéculations financières qui se font sous l'autorité d'Enfantin, ce n'est pas seulement parce que le mode en est vicieux, que les formes en sont repoussantes, mais encore parce que les ressources quelles pourraient procurer seraient mises au service de doctrines fausses et dangereuses.

nienne ainsi entendue (et elle ne peut l'être autrement sans le plus étrange abus de mots), est sans contredit une œuvre éminemment importante, et dont l'accomplissement doit exciter à un haut degré notre sollicitude; mais pour y arriver, pour attirer à nous une masse de capitaux telle qu'elle nous permette d'entreprendre et de poursuivre cette œuvre d'une manière sérieuse et significative, une tâche indispensable nous reste à remplir : il faut que nous donnions foi au monde en notre *moralité*, en notre *avenir;* il faut que nous nous présentions à lui avec toutes les conditions d'existence d'une société; il faut en un mot, ce que nous n'avons point fait encore, que nous lui disions notre LOI MORALE.

Or, il n'y a point encore de loi morale qui soit généralement reconnue parmi nous, puisque c'est sur cette question même que nous sommes aujourd'hui divisés; il n'y en a point que le monde nous connaisse.

Ce nom de *loi-morale* est peut-être même trop étroit pour exprimer toute l'étendue de la lacune que présentent nos doctrines et notre association. Ce qui nous manque aujourd'hui, et cela surtout aux yeux du public, c'est en général la *loi de l'individu,* aussi bien dans l'ordre politique lui-même en ce qui concerne les rapports de l'inférieur et du supérieur, que dans l'ordre moral, en ce qui concerne les relations privées, les affections intimes.

En d'autres termes, nous avons jusqu'à ce jour principalement élaboré, et exclusivement enseigné la doctrine de Saint-Simon, au point de vue de l'*Autorité*, du *Collectisme* de la *Société;* nous avons aujourd'hui, en grande partie, à l'élaborer, et tout entière à l'enseigner au point de vue de la *Liberté*, de *l'Individualité*, de la *Famille*.

Ce que nous avons de nouveau à faire, ce n'est point non plus, comme le dit encore Enfantin, d'appeller la FEMME : la femme, nous l'appelons depuis le jour où nous l'avons proclamée l'égale de l'homme, où nous lui avons assigné pour partage la moitié de toutes les fonctions sociales ; nous l'appelons depuis le jour où nous lui avons donné place dans notre hiérarchie, où nous l'avons admise à participer à notre apostolat. Si jusqu'à présent son action n'a pas eu plus de force et plus d'éclat, c'est que nous ne l'avons appelée encore qu'au nom de la loi politique, et qu'il nous reste à l'appeler au nom de la loi morale.

Ce que nous avons de nouveau à faire véritablement et avant toute chose, c'est donc de produire, d'enseigner, et d'accréditer la loi morale, la loi de l'individu. Lorsque cette tâche sera remplie, la doctrine de Saint-Simon, doctrine indéfiniment perfectible, sera complète dans ses bases. Alors, pénétrée d'un sentiment plus vrai et plus complet de l'avenir, elle se dépouillera de tout ce qu'il y a de repoussant aujourd'hui dans les formes étranges qu'elle a çà et là empruntées au passé, pour se revêtir de tout le charme de la nouveauté, de tout l'attrait du progrès. Alors la femme viendra prêter à notre action toute la puissance de son concours ; alors nous pourrons entreprendre de fonder l'industrie saint-simonienne : nous demanderons hautement la gestion des fortunes particulières, et elles seront successivement remises en nos mains ; car le monde, convaincu de la supériorité de nos lumières, aura foi alors en notre moralité et en notre avenir. C'est aussi seulement alors que le *parti des travailleurs*, dont nous avons si souvent parlé, sera véritablement constitué.

C'est dans l'accomplissement de cette tâche que se trouve aujourd'hui le mouvement progressif de la doctrine de Saint-Simon, et par conséquent la doctrine de Saint-Simon tout entière. C'est celle que je me suis proposée, que se proposent avec moi tous les Saint-Simoniens qui ont uni leurs efforts aux miens, et qu'en dehors de nous, nous proposons ensemble à tous ceux qui, en présence d'un monde épuisé de doctrines, sans foi dans l'avenir, et cependant tout fermentant d'émeutes, de révolutions et de guerres, ont senti qu'il ne pouvait plus y avoir de paix, d'harmonie et de bonheur pour l'humanité que dans les voies découvertes par Saint-Simon, et signalées à tous par ses disciples.

Au début de l'œuvre que nous avons entreprise, de grandes difficultés sans doute se présentent à nous : nous sommes peu nombreux, nous sommes pauvres, nous avons de plus à lutter contre la défaveur que fait peser en ce moment sur tous les Saint-Simoniens la division survenue entre eux ; mais nous sommes depuis long-temps éprouvés aux difficultés, et nous acceptons celles-ci avec la foi vive et religieuse que nous devons en triompher.

BAZARD,

L'UN DES DEUX CHEFS DE L'ANCIENNE HIÉRARCHIE SAINT-SIMONIENNE,
CHEF DE LA HIÉRARCHIE NOUVELLE.

PREMIERE PARTIE

RELATIONS

DES HOMMES ET DES FEMMES.

*

Mariage. — Divorce.

Il y a vingt mois environ qu'une importante discussion s'éleva entre Enfantin et moi sur l'une des plus graves questions de la morale.

Il s'agissait de savoir quels changemens la loi saint-simonienne devait apporter dans les relations individuelles des hommes et des femmes, dans le règlement intérieur du mariage.

Déjà depuis long-temps nous avions reconnu et proclamé l'égalité religieuse, politique et morale des deux sexes, en prenant pour base de cette égalité la diversité même des dons que Dieu a départis à l'un et à l'autre, et en montrant que la plénitude de la vie, de l'intelligence et de la puissance humaines, ne pouvait se trouver que dans l'union de leurs attributs divers, harmonisés dans chaque couple selon les nuances et les prédominances individuelles.

*L'homme et la femme, voilà l'*ÊTRE HUMAIN, L'INDIVIDU SOCIAL. — Telle fut la formule dans laquelle se trouva exprimée et résumée cette conception désormais acquise à l'humanité, et qui doit servir de base à sa régénération.

Mais au-delà de ces termes généraux dans lesquels le mariage n'était considéré que du point de vue social, et seulement comme une institution de l'ordre politique, se présentaient une foule de questions, appartenant plus particulièrement à l'ordre moral.

Après l'affranchissement complet de la femme, après son avènement social, quels devaient être les devoirs réciproques des époux dans leurs rapports les plus intimes ?

Que devait-il y avoir de réservé et d'exclusif entre eux ?

Que fallait-il penser de la valeur morale de la loi chrétienne sur la pudeur et la chasteté en général, et en particulier sur la fidélité dans le mariage ?

En abordant ces importans problèmes, qui se présentaient naturellement dans le travail d'élaboration d'une nouvelle doctrine générale, il fallait savoir dominer toutes les affections, les croyances, les habitudes consacrées, et leur appliquer largement le doute et l'examen ; il fallait, en un mot, que, sur tous ces points, le passé tout entier fût mis en cause pour être jugé de la hauteur de la nouvelle conception religieuse introduite au monde par Saint-Simon, afin que fût décidé ce qui, de sa loi sur le mariage, devait être condamné et détruit, ou bien glorifié et développé, en recevant à la fois une justification plus large et une sanction plus profonde.

Cette tâche fut hardiment entreprise et poursuivie. Ce fut alors qu'une vue en opposition complète avec tous les sentimens existans fut produite par Enfantin. Il prétendit que l'intimité entre les sexes, considérée aujourd'hui comme n'ayant de légitimité, de sainteté, d'élévation que dans le mariage, ne devait plus être exclusive entre les époux ; que le supérieur, par exemple (le prêtre ou la prêtresse), pouvait et devait provoquer et établir cette intimité entre lui et ses inférieurs, soit comme moyen de satisfaction pour lui-même, soit dans le but, en déterminant de la part des inférieurs un plus grand attrait pour sa personne, d'exercer une influence plus directe et plus vive sur leurs sentimens, leurs pensées, leurs actes, et par conséquent sur leur progrès.

Cette conception fut présentée d'abord par Enfantin, et selon ses propres expressions, comme la transformation de l'ancien *droit du seigneur*, comme un moyen pour l'inférieur de rendre hommage au supérieur; et de recevoir de lui l'*initiation* d'un amour plus élevé que le sien ou que celui de ses égaux. Dans la suite, elle a singulièrement varié dans les formes sous lesquelles elle a été exposée, ainsi que dans la systématisation et la justification qui lui ont été données; mais, au fond, elle n'a subi aucun changement important, et il est facile de retrouver dans chacune des phases qu'elle a parcourues la pensée qui se trouve exprimée dans sa formule primitive.

Voici sommairement en quels termes, dans sa dernière transformation, Enfantin la présente et la justifie.

Les individus de chaque sexe se divisent en deux classes, en *mobiles* et *immobiles*. Les uns, doués de la faculté des affections *vives* et *passagères* éprouvent incessamment le besoin de changement, de variété, de multiplicité : ceux-là ne sauraient long-temps rester unis au même homme ou à la même femme ; pour eux le mariage est temporaire ; ce n'est qu'à cette condition et sous cette loi qu'ils peuvent consentir à être liés et qu'ils doivent l'être. — Les autres, doués de la faculté des affections *profondes* et *durables*, éprouvent, au contraire, le besoin de fixité et d'unité ; leur amour est à l'abri des atteintes du temps, et s'accroît même par la possession. Pour eux le mariage est définitif : ce n'est, au moins, que dans cet espoir qu'ils consentent à s'unir, et que leur union doit être consacrée.

Le divorce est particulièrement institué pour satisfaire

au goût de changement des individus *mobiles*. Il doit être glorifié et sanctifié, attendu que les êtres aux affections vives et passagères sont tout aussi bien dans les desseins et dans les voies de Dieu que les êtres aux affections profondes et durables, et que l'inconstance des uns n'est pas moins féconde en heureux résultats pour la société que la constance des autres.

Cependant, abandonnées à elles-mêmes, ces deux classes d'individus devraient se méconnaître et se repousser; mais entre elles intervient le prêtre, qui a puissance de les lier, parce que, réunissant en lui leurs qualités diverses, il les aime également et peut se faire aimer également aussi de l'une et de l'autre.

Le prêtre, homme ou femme, en qui se trouve l'unité de la vie, qui en comprend tous les aspects, est en effet à la fois *mobile* et *immobile*: immobile en ce sens qu'il reste constamment uni au même individu au titre d'époux, et mobile en cet autre sens qu'il ne borne pas à cette relation l'intimité exclusivement attribuée jusqu'ici à l'union conjugale.

C'est dans ses rapports avec ceux qu'il dirige, c'est particulièrement dans les épanchemens de la confession, que le prêtre s'abandonne au sentiment de la *mobilité*. En cela, il obéit à une double impulsion : au besoin de satisfaire le goût de changement, de variété, de multiplicité, qui est un des attributs de sa vie unitaire, et au désir, en exaltant pour sa personne l'amour de ses inférieurs, de les rendre plus semblables à lui-même, et de les diriger ainsi plus facilement dans les voies du progrès.

Jésus et son église n'ont aimé, n'ont connu, n'ont glorifié que l'*esprit* et son activité. Ils ont réprouvé la chair, et condamné ou subalternisé tous les appétits sensuels. C'est par suite de cet anathème que le clergé catholique tout entier a gardé le célibat, et que, chez les laïques, il a honoré et recommandé la virginité comme l'état le plus agréable à Dieu. — N'ayant pas pu faire une loi générale de cette abstinence, il n'a sanctifié ou plutôt il n'a permis les satisfactions de la chair que dans le mariage, en les soumettant, dans cet état même, à une foule de restrictions et de règles austères. Sous l'empire de cette loi, les relations du prêtre avec le fidèle ont dû être toutes *spirituelles*. De là la tristesse et la sévérité empreintes sur la figure du prêtre chrétien, dans ses paroles, dans son costume; de là l'aspect ténébreux du confessionnal et l'obstacle qu'il apporte au contact *matériel* du confesseur et du pénitent.

Quant au divorce, en tant qu'il aurait pu être sollicité par des répugnances physiques, l'église, d'après son dogme sur la matière, ne pouvait l'admettre; mais il y a plus, appelant, exaltant sans cesse l'éternité et méprisant le temps, elle devait encore, dans le but de se rapprocher de la perfection divine et de la symboliser aux yeux des hommes, attacher le caractère de durée, d'indélibilité, d'indissolubilité à toutes ses consécrations.

Devant la conception saint-simonienne disparaissent l'anathème de la chair, le mépris du temps, et à leur suite tout ce règlement du mariage, toute cette discipline de réserve, de chasteté, de pudeur, toutes ces idées d'éternité, d'indissolubilité des liens individuels, introduits par le christianisme. — La matière étant de l'essence de Dieu comme l'esprit, ses manifestations sont tout aussi pures, tout aussi glorieuses. S'il n'y a pas lieu de réprimer les appétits de l'esprit, de condamner les satisfactions intellectuelles et de borner leur carrière, il n'y a pas lieu davantage de réprimer les appétits de la chair, de condamner les satisfactions sensuelles, ou de les renfermer dans les limites étroites du mariage, s'ils réclament une sphère plus étendue.

La vie étant à la fois *matérielle* et *spirituelle*, aussi sainte dans l'une de ces manifestations que dans l'autre, n'atteignant à sa plénitude, à sa perfection que par leur équilibre, il s'ensuit que le prêtre saint-simonien, dont la mission est d'élever tous les individus à cette plénitude d'existence en les attirant à lui, ne doit pas seulement, comme le prêtre chrétien, agir sur leur *intelligence*, mais encore sur leurs *sens*; ou autrement ne doit pas seulement les lier à lui *spirituellement*, mais encore *charnellement*; puisqu'autrement il laisserait en dehors de son influence une moitié de leur vie. Aussi le prêtre saint-simonien doit-il se montrer sous des dehors attrayans, voluptueux même, dépouillant, dans l'œuvre de la confession, le sombre appareil de la pénitence chrétienne, pour s'entourer, au besoin, de tous les objets propres à exalter, à enivrer les sens.

Le temps et l'éternité étant également de Dieu, en lui, lui-même, il s'ensuit que la mobilité, l'instabilité, l'inconstance, sont des modes de la vie tout aussi divins que l'immobilité, la stabilité, la constance; que par conséquent les mariages temporaires et successifs fondés sur les affections passagères sont tout aussi légitimes et saints que les mariages permanens fondés sur les affections durables; que la loi qui dissout le lien conjugal est tout aussi normale, tout aussi religieuse que la loi qui le forme et le maintient, et qu'ainsi aucune idée d'imperfection ou de douleur ne doit s'attacher au divorce.

Ce qui rend odieuse la polygamie du passé, c'est le privilége qu'elle constitue pour l'homme, c'est l'EXPLOITATION à laquelle elle soumet la femme. — Il ne s'agit point aujourd'hui d'attribuer à un sexe un privilége sur l'autre, mais de donner à tous deux des droits égaux. Dès ce moment l'exploitation disparaît de leurs rapports, et avec elle tout ce qu'il y a de légitime dans la réprobation qui s'attache aujourd'hui à l'idée de pluralité dans l'intimité des sexes.

La mobilité, le besoin de changement, n'ont cessé de se témoigner dans le monde, et de s'y faire une part, en dépit de tous les obstacles. Cette part est aujourd'hui aussi large que possible; pour quiconque a percé la surface des sociétés modernes, a vu de près leurs mœurs, a pénétré dans l'intimité des familles et surpris le secret des cœurs, il est facile de se convaincre que, par exemple, les devoirs également imposés à tous dans le mariage, et auxquels tous font extérieurement profession de se soumettre, ne sont cependant fidèlement observés dans la réalité que par le petit nombre. Cet état de choses, sans doute, est vicieux; car aucune règle, aucune autorité religieuse ne présidant aux relations particulières qui s'établissent ainsi, il en résulte, dans le plus grand nombre des cas, qu'au lieu de servir à l'élévation des individus et au progrès de la société, elles ne font que pervertir les uns et porter le trouble dans l'autre; c'est ce vice qu'il faut faire cesser. — En introduisant aujourd'hui dans la loi morale le principe de la mobilité, en légitimant cet aspect de la vie, en lui donnant une règle, on n'aura rien changé aux sentimens, aux penchans qui existent dans les cœurs; seulement on aura substitué l'ordre au désordre, la franchise à l'hypocrisie, la vérité au mensonge.

Une seule difficulté s'élève contre ce règlement: c'est la confusion, l'incertitude qu'il pourrait jeter sur la paternité. Cette difficulté mérite d'être prise en considération; car il importe à l'ordre social que la paternité soit toujours connue, et au bonheur individuel que le sentiment qui s'attache à ce titre soit respecté. Il faut donc de toute nécessité que des limites soient posées, ou des restrictions prescrites à l'intimité des relations qui doivent s'établir en dehors du mariage. — C'est à la femme qu'il appartient de poser ces limites, ou de déterminer la nature de ces restrictions.

Dès le premier moment où cette conception de promiscuité fut produite, je m'élevai vivement contre elle, et depuis je la combattis avec ardeur dans tous ses développemens, sous toutes les formes qu'elle revêtit, à travers toutes les subtilités dont elle s'entoura et chercha à se fortifier.. — De mon côté la discussion comprend deux parties distinctes ; la première *critique* ou *négative*, la seconde, *organique* ou *positive*. — Je les reproduis ici l'une et l'autre dans leurs termes les plus succincts.

DISCUSSION CRITIQUE OU NÉGATIVE.

La distinction des individus en *mobiles* et *immobiles* correspond à la notion de l'antagonisme, et par conséquent constitue au point de vue du classement social des individus selon l'ordre saint-simonien une *dualité* vicieuse.

Toute dualité saint-simonienne doit avoir pour base la notion de l'harmonie, et par conséquent exprimer dans ses termes des manières d'être, des situations, des facultés, distinctes il est vrai, mais susceptibles d'être associées, harmonisées, et appelant même naturellement cette union, seule capable de leur donner leur entier développement. La division binaire, par exemple, en *savans* et *industriels*, en *théoriciens* et *praticiens*, est évidemment dans ce cas; mais il n'en est point ainsi de celle qui précède : ici ce sont des termes contradictoires, des manières d'être inconciliables, se repoussant, se neutralisant mutuellement, qui se trouvent mis en présence. Si l'on veut s'assurer de leur opposition essentielle, il suffit de se demander comment ces termes pourraient être associés, de manière à former une harmonie, dans la personne du prêtre, qui étant le lien des individus, doit réunir en lui leurs attributs divers. La contradiction apparaîtra alors dans toute son évidence, puisqu'il est impossible en effet de concevoir comment un homme pourrait être à la fois mobile et immobile, constant et inconstant, si ce n'est dans une succession d'états alternatifs, qui, au point de vue de l'ensemble d'une même vie, constitueraient non point une harmonie, une unité, mais une véritable anarchie; non point une continuité progressive, mais une discontinuité incessante.

Mobilité et *immobilité* expriment deux états inférieurs ou maladifs de la vie : l'agitation ou l'engourdissement. Ces termes ne peuvent donc servir de base à une classification morale (1).

En admettant cette division, et en y comprenant le prêtre qui en réunit en lui les deux termes, on est nécessairement conduit à reconnaître dans le monde l'existence simultanée de trois lois morales. Or, alors disparaît l'unité humaine; ce ne sont plus trois classes d'hommes qui se trouvent en présence, mais trois espèces différentes, inassociables, et devant même naturellement se repousser, puisqu'il n'existe entre elles, dans l'ordre des affections individuelles, aucune notion commune sur le bien et le mal, et par conséquent aucun droit commun. — Au surplus l'impossibilité de la coexistence de plusieurs lois morales dans une même société se montre avec évidence dans l'hypothèse même dont il s'agit. Et en effet le prêtre devant également agir sur tous les individus, sur les immobiles comme sur les mobiles, et cela aussi bien *matériellement* que spirituellement, parce que son but doit être d'élever les uns et les autres à la plénitude d'existence qui est en lui, il s'ensuit que par son action tous seraient rendus *mobiles*, et qu'ainsi, par le fait, il n'y aurait qu'une seule loi dans les rapports des sexes, la PROMISCUITÉ.

Le christianisme a condamné la chair, mais la chair

(1) Enfantin fait correspondre l'*immobilité* à la *science* et la *mobilité* à l'*industrie*, donnant à l'une pour accompagnement nécessaire la tristesse, la sévérité, l'ascétisme, et à l'autre la joie, la grâce, la volupté. — Il serait difficile assurément de vérifier dans le passé ou dans le présent l'exactitude de cette double caractérisation, et surtout de prouver que l'esprit de routine est plus particulier aux savans qu'aux industriels; ce qui devrait être pourtant, si l'*immobilité* était le partage des uns et la *mobilité* le partage des autres.

selon le paganisme et l'esclavage. C'est ainsi qu'il a détruit la polygamie, tiré la femme de la servitude, et fondé le mariage (1).

(1) Dans l'opinion d'Enfantin, le paganisme et le christianisme représentent bien moins deux âges de l'humanité, que deux aspects essentiels et primitifs de la vie, qui se seraient développés séparément et par antagonisme, pour venir s'unir ensuite dans une vaste conception religieuse. Aussi croit-il que la grande œuvre à accomplir aujourd'hui, consiste surtout à combiner l'antiquité et le moyen âge; et c'est là encore une des bases qu'il prétend donner à sa division des *mobiles* et des *immobiles*, dont les uns, selon lui, représentent l'élément *païen*, les autres l'élément *chrétien*. — En admettant cette opinion d'Enfantin, il faut supposer que l'humanité a procédé dans sa marche jusqu'à ce jour par voie de discontinuité, interrompant le travail de son perfectionnement dans un de ses modes d'existence, pour le commencer et le poursuivre dans un autre; que c'est en suivant cette loi d'alternative qu'elle s'est développée, exclusivement selon la *chair* dans les religions antiques, puis exclusivement encore selon l'*esprit* dans le christianisme, pour arriver par Saint-Simon à faire marcher de front ces deux développemens, en reprenant le premier au point où elle l'a abandonné il y a deux mille ans. Or, cette vue est fausse. — La marche de l'humanité n'est point discontinue ou alternative, mais continue et progressive. Le christianisme n'a pas été seulement pour le monde un changement d'état, mais un progrès. Il s'est emparé successivement de tous les germes d'avenir que renfermait la civilisation antérieure; ces élémens ont grandi sous sa loi, et ce qui le prouve assez, c'est que les sociétés modernes, toutes sorties du sein du christianisme, ne sont pas moins supérieures aux sociétés antiques sous le rapport de la puissance matérielle, que sous celui de la puissance intellectuelle. — Il n'y a rien à reprendre de ce que le christianisme a délaissé, rien à justifier de ce qu'il a condamné. Mais lui-même, en continuant progressivement le passé, a déposé dans le monde de nouveaux germes d'avenir qu'il n'a pu nommer, qui ne peuvent fructifier sous sa loi, que Saint-Simon a saisis dans une conception plus générale, et qu'il s'agit aujourd'hui de développer. Tel est en particulier l'élément INDUSTRIEL, méconnu, dédaigné, avili dans le passé, principalement dans les temps antérieurs au christianisme, et qui sous la loi nouvelle doit être glo-

Le célibat des prêtres catholiques, comme l'a très bien observé de Maistre, tenait à une considération de discipline, non de dogme; et cette considération était fondée principalement sur la nécessité de dégager les membres du clergé de tout attachement local, de tout lien personnel, de toute servitude à l'égard des puissances temporelles, afin que tous, intimement et directement unis au chef de l'église, fussent toujours disponibles pour travailler sous son autorité à l'œuvre universelle qu'ils avaient mission d'accomplir, la destruction de la guerre et de l'esclavage.

L'obstacle apporté au divorce par le catholicisme n'est point davantage une conséquence de son dogme sur l'éternité ou la matière (1), mais une haute mesure de circonstance, nécessitée à l'origine par l'état moral des peuples qu'il avait reçu mission de convertir. — La polygamie, sous des formes diverses, avait été jusque là la loi commune de tous ces peuples, et tous tendaient incessamment à la rétablir. Dans cette disposition, le divorce, quelles qu'eussent été les limites qu'on eût entrepris de lui tracer, ne pouvait aboutir qu'à l'établissement d'une polygamie successive, qui, remettant le sort de la femme à la discrétion des appétits brutaux, capricieux et dominateurs de l'homme de guerre, devait bientôt la replonger dans l'esclavage. — La condition essentielle de son affranchissement était donc l'indissolubilité du mariage, seul moyen alors de trancher nettement la loi nouvelle de la loi ancienne, et d'en révéler le sens moral aux consciences rebelles des

rifié et sanctifié en recevant d'elle le caractère religieux et social qui lui a été refusé jusqu'à ce jour. C'est dans ce sens surtout qu'il faut entendre ces mots, *Rehabilitation de la matière*, dont nous nous sommes si fréquemment servis dans nos écrits et dans nos discours, et qui reçoivent aujourd'hui une interprétation si étrange.

(1) Sur ce point de morale, de même que sur tous les autres, c'est comme auxiliaire, comme régulateur, et non comme principe, que le dogme intervient.

populations barbares. — Telle est la raison profonde du caractère que le mariage a reçu de l'église.

La loi de divorce n'a pu être légitimement réclamée dans ces derniers temps, que parce que l'inégalité, primitivement établie par la société militaire entre l'homme et la femme, s'était successivement affaiblie. Elle ne pourra être instituée en toute justice que lorsque cette inégalité ayant complètement disparu, et la femme se trouvant individuellement comme l'homme en possession de la capacité religieuse, politique et civile, vivant alors d'une vie propre et non plus empruntée, le divorce ne sera plus pour elle, comme il l'a été jusqu'ici, une véritable dégradation. — Et cependant, dans cet état même, le divorce sera toujours un évènement douloureux, le signe, dans l'institution sociale tout entière, comme dans les individus qui le subiront, d'une imperfection d'amour et de lumières, que les efforts de tous devront tendre sans cesse à faire disparaître.

Il n'est pas vrai que le prêtre chrétien n'ait agi et n'ait dû agir que sur *l'esprit* des fidèles ; il a aussi agi sur leurs *sens*, mais d'une manière appropriée à son enseignement. Si son geste et sa parole ont été tristes et austères, ce n'est point parce qu'il ne s'occupait que de *l'esprit*, mais bien parce qu'il enseignait encore le dogme antique des deux principes, de la chute de l'homme et de l'expiation ; dogme bien plus austère, bien plus terrible encore dans les religions anciennes, puisqu'alors c'était par le sang des victimes ou l'extermination des cités que le sacerdoce et les peuples lui rendaient témoignage. — Ce que le prêtre chrétien n'a pas fait, c'est de s'efforcer d'absorber en lui, par la séduction, la personnalité de ceux qu'il dirigeait ; c'est ce que le prêtre saint-simonien devra moins faire encore, car sa mission est d'élever les individus aux sympathies sociales par le développement même du sentiment de leur personnalité propre. — Il doit aussi sans doute agir sur leurs sens : tel est en particulier l'objet du culte, et le culte saint-simonien, création du génie de l'artiste, paré de toutes les merveilles, de toutes les séductions que ce génie peut enfanter, doit de plus en plus, par ses pompes, exciter la joie dans les cœurs, et provoquer le développement de *toutes* les facultés humaines, mais seulement dans la direction de la loi morale qui leur est donnée; or, cette loi ne peut être la *promiscuité*.

Si l'on pouvait admettre qu'une relation intime de la nature de celle dont il s'agit dût s'établir entre le prêtre et ceux qu'il a mission de diriger, il faudrait en même temps, et de toute nécessité, reconnaître encore pour l'avenir le fait de l'exploitation. En effet, si l'on considère qu'une pareille relation ne saurait être déterminée, de la part du supérieur, seulement par un sentiment de dévouement, qu'il faut encore absolument qu'il y soit sollicité par un attrait personnel, par un désir de satisfaction pour lui-même, cette conséquence paraîtra inévitable; car, comment comprendre que l'inférieur, quelles que fussent ses répugnances, pût avoir toute liberté pour se refuser aux désirs et aux sollicitations de son supérieur lorsque celui-ci peut disposer de son avenir (1)? Vainement dira-t-on que l'exploitation, sous toutes ses formes, est à jamais condamnée, et que le supérieur qui s'y livrerait serait par cela seul déchu de son rang. — L'exploitation doit disparaître du monde, mais à une condition : c'est que, sous l'empire de la nouvelle loi religieuse et morale, les relations générales et individuelles seront combinées et réglées de telle façon qu'elles ne laisseront point de place au développement des sentimens qui pourraient y conduire.

Invoquer les désordres, les trahisons, les fraudes, l'ab-

(1) Pour peu qu'on veuille y réfléchir, on verra que dans ce cas ce serait encore sur la femme que tomberait tout le poids de l'exploitation.

sence de foi dont le mariage aujourd'hui présente le spectacle, pour justifier une théorie quelconque de promiscuité, c'est oublier qu'aucune sollicitude sociale ne préside à cette union, et ne veille sur elle; que dans la plupart des cas elle est déterminée par des considérations plus ou moins étrangères à l'amour, aux convenances réelles qui devraient la former, et qu'enfin, en l'absence de toute foi sociale et religieuse, aucun engagement individuel, aucun devoir particulier ne saurait avoir de sanction. — Autant vaudrait-il élever la prétention de consacrer et d'organiser l'égoïsme général, les haines nationales et les guerres qu'elles engendrent, la défiance entre les gouvernans et les gouvernés, et les révolutions qui en sont la suite, la concurrence et la fraude dans l'industrie, la rivalité et le plagiat dans les arts et dans les sciences, parce que tous ces faits existent aujourd'hui. — Les révélateurs et les apôtres ne viennent point pour sanctifier ce que la conscience de leurs contemporains proclame être le MAL, mais pour le faire disparaître, en développant, par l'amour d'un BIEN nouveau, tous les sentimens progressifs dont le passé a déposé les germes dans leurs cœurs.

La prétention de détruire toute objection contre la promiscuité sacerdotale, en concédant la nécessité de la soumettre à des limites ou à des restrictions, afin de sauver de l'incertitude le sentiment de la paternité, est à la fois puérile et grossière. — Si le prêtre peut légitimement éprouver des désirs sensuels pour ceux qu'il dirige, s'il peut légitimement en provoquer en eux pour lui-même, comment la satisfaction de ces désirs pourrait-elle être illégitime? et, si elle l'est, comment les désirs, qui devraient y tendre invinciblement, ne le seraient-ils point eux-mêmes? S'il n'y avait point d'autre obstacle à opposer à leur satisfaction complète que l'intérêt de conserver la trace de la paternité, il faudrait en conclure hardiment que tous les liens de la famille par le sang doivent disparaître, et, dans ce cas, se fonder sur la considération spécieuse de donner plus de développement aux sympathies sociales. Vous attendez la femme, dites-vous, pour déterminer ces limites ou ces restrictions... Mais s'il ne s'agissait dans l'accomplissement de cette tâche que de sauver la paternité, il n'y aurait là qu'une difficulté matérielle à résoudre par des procédés mécaniques, et l'on ne voit pas, dans ce cas, pourquoi il faudrait attendre la femme pour une pareille découverte. — Le sentiment puissant et impérissable de la paternité s'élève avec force sans doute contre cette confusion, mais elle est réprouvée par un sentiment plus puissant encore, l'amour qui engendre, l'amour du couple, qui n'a cessé de tendre, en grandissant, à une élection de plus en plus individuelle et exclusive, et qui repousse, d'une manière absolue et sans considération de limite, toute promiscuité, aussi bien dans le désir lui-même que dans la satisfaction.

C'est se méprendre étrangement sur la nature de la femme, sur la mission qui lui a été donnée et qu'elle n'a cessé d'accomplir, que de prétendre obtenir son acclamation pour une doctrine de promiscuité. Et, en effet, tandis que l'homme, en général, a pu se livrer à toute femme, sans autre condition que certaines qualités abstraites propres au sexe entier, elle, pour se donner, a toujours plus ou moins éprouvé le besoin de faire un choix, une élection reposant sur des qualités personnelles; et c'est ce qui la distingue encore dans l'état même de la dernière dégradation.

Ce que la femme demande aujourd'hui, ce qu'elle attend, ce qui lui est promis par tous les progrès accomplis, c'est que l'homme, qu'elle n'a cessé de convier aux délicatesses et aux devoirs de l'amour individuel, achève de recevoir cette initiation, et l'aide ainsi elle-même à se dégager complètement de la grossièreté primitive, afin que par là se termine toute cette confusion du passé dans laquelle la brutalité, à differens degrés, a été constamment le partage d'un sexe, et la servitude et l'exploitation le partage de l'autre.

C'est se tromper non moins grossièrement sur les besoins du peuple, sur les améliorations que réclame sa condition présente, que de venir à lui avec une pareille doctrine, lorsque justement la promiscuité, sous des formes diverses, a été jusqu'ici l'état auquel il a été particulièrement condamné, comme esclave, comme serf, ou comme salarié, soit en raison du tribut que la violence ou la misère l'ont contraint de payer à ses maîtres, soit par une cause plus intime agissant avec force dans ses propres relations, savoir, le défaut de culture de ses facultés morales, et l'absence du sentiment de la personnalité, suite ou accompagnement nécessaire de son abaissement social.

Ce que le peuple demande, c'est de sortir de cette confusion, c'est de conquérir la personnalité, c'est enfin d'être élevé à la dignité du mariage, qui, pour lui surtout n'a été jusqu'ici qu'une figure d'avenir, une promesse.

En résumé, toute cette interprétation donnée au principe de la réhabilitation de la matière est fausse, et constitue une véritable rétrogradation, puisque, par la confusion qu'elle établit, elle tend à détruire la famille, à effacer toute individualité, et à substituer les impulsions instinctives de la sensualité du barbare aux déterminations morales, libres, intelligentes, de l'homme civilisé, de l'homme sorti des mains du christianisme.

DISCUSSION ORGANIQUE OU POSITIVE.

La confusion en toute chose est le premier état de l'humanité. C'est l'unité du chaos, dont elle est graduellement sortie pour se rapprocher de plus en plus de l'unité d'harmonie.

Dans les désirs et les satisfactions de la chair, cette

confusion au commencement s'étend aux espèces et aux sexes; ce qui nous est attesté, non seulement par les mythes antiques, mais aussi par l'histoire, notamment par les récits et les lois contenus dans les livres juifs, ainsi que par les traditions des sociétés païennes.

Dans la suite la personnalité humaine, et dans l'humanité la personnalité de chaque sexe, en se dégageant et se précisant, mettent fin à cette double confusion, qui progressivement n'apparaît plus que comme un fait anormal, exceptionnel, condamné à la fois par les lois et par les mœurs.

Mais une autre confusion subsiste et devient alors sensible : c'est celle qui permet à tout individu de se livrer à un individu quelconque du sexe différent, sans acception de la personne, et seulement pour les qualités propres au sexe lui-même.

Peu à peu cette confusion s'affaiblit à son tour par le dégagement de la personnalité individuelle, qui, faisant rechercher à chacun, dans l'objet de ses affections, des qualités en harmonie avec celles qui constituent sa propre individualité, tend à donner à chaque nature particulière de relation un caractère de plus en plus personnel.

Le christianisme, en appelant chaque homme à se replier en lui-même dans la contemplation de ses sentimens et de ses pensées, provoque et accélère ce progrès. Alors l'amour de l'homme et de la femme commence à se montrer sous un nouvel aspect; alors prend naissance une poésie jusque là inconnue, ou dont les germes au moins se découvrent à peine sur les dernières limites de l'antiquité expirante, la poésie de l'amour *individuel*, de l'amour de deux êtres qui, guidés par une révélation mystérieuse, mais certaine, se distinguent, se choisissent entre tous pour ne plus former, par un pacte irrévocable, qu'un seul être, une seule vie: poésie sainte et sublime, où la sympathie humaine, la puissance du dévouement, le sentiment de l'infini, se témoignent avec non moins d'éclat et de grandeur que dans la poésie sociale elle-même.

Cette poésie, née du christianisme, et qui depuis lors n'a cessé de grandir, n'a été une réalité, et à peine encore, que pour quelques individus privilégiés. Pour le grand nombre elle est restée une prophétie, qui doit aujourd'hui s'accomplir; car chacun est appelé à prendre conscience de lui-même, à recevoir la révélation de sa personnalité, qui est son nom, sa place, sa destinée dans le monde, et à être mis ainsi sur la voie de l'élection individuelle dans tous les ordres d'affections.

Tous les hommes doivent s'associer, tous doivent s'aimer, mais à des distances inégales, mais à des titres différens, aussi variés que les combinaisons sociales, que les nuances individuelles.

« Celui qui aime tout le monde n'aime personne, » dit un axiome populaire. Si cet axiome signifie qu'on ne doit aimer qu'un individu, il est faux, car il a été donné puissance à l'homme d'aimer tous ses semblables; mais s'il veut dire qu'on ne peut bien aimer individuellement d'un même amour qu'une seule personne, il est de la plus grande vérité. Aucune affection ne peut atteindre son entier développement qu'autant qu'en ce sens elle est exclusive; et c'est ainsi que l'humanité, à mesure qu'elle se dégage de la confusion, acquiert une nouvelle puissance d'amour, une nouvelle exaltation de vie.

L'homme est sorti de la confusion comme il a fait jusqu'à ce jour tous ses autres progrès, c'est-à-dire sans en en avoir conscience, et en quelque sorte par la seule impulsion instinctive de sa nature; aussi sa marche dans cette voie a-t-elle été lente et incertaine. Mais aujourd'hui que sous ce rapport, comme sous tous les autres, sa destination lui est connue, et que par conséquent, dans chacun de ses actes, il doit se proposer directement de l'atteindre, elle va de jour en jour devenir plus rapide et plus assurée.

L'association générale, universelle, se compose d'une

multitude de cercles, d'ondulations, qui s'élargissent, s'agrandissent de proche en proche, jusqu'à la limite extrême de l'amour, de l'intelligence, de la puissance de l'homme, et qui à partir de cette limite se resserrent successivement jusqu'à l'union la plus intime, jusqu'au couple. Tous ces cercles se touchent, mais sans se confondre, chacun d'eux ayant pour raison d'existence une nature particulière de relations. En d'autres termes, tout individu est centre de cette série de cercles, et figure dans tous, mais à des titres différens. — C'est ainsi que se constituent la multiplicité dans l'unité, l'individualité dans la société, la liberté dans l'ordre.

Tous les individus sont divers, tous ont des destinées particulières, distinctes, dans la destinée générale et commune; il en est de même des associations partielles, considérées dans leur existence collective: d'où il suit que nul peuple ou nul individu ne saurait être arbitrairement uni à un autre; et que chacun, dans les différentes sphères d'affection et d'activité où sa vie doit se déployer, a ses associés naturels et prédestinés.

Il n'y a sur la terre pour chaque homme qu'une seule femme, et pour chaque femme qu'un seul homme, qui soient destinés à former dans le mariage l'union harmonique du couple.

L'union de l'homme et de la femme suit, dans son progrès vers ce terme, la même loi que l'union des peuples vers l'association générale.

Depuis l'origine, les différentes fractions dont doit se composer un jour l'unité harmonique de la grande famille humaine n'ont cessé instinctivement de se chercher et de se rapprocher.

Il en est de même des parties prédestinées du couple.

C'est par des alliances passagères, imparfaites, monstrueuses souvent, mais toujours fondées sur des convenances plus ou moins étrangères à un désir intime d'union, que les familles, les corporations, les cités, les nations, se sont graduellement élevées au sentiment de l'association universelle et définitive.

C'est par des unions semblables que l'homme et la femme se sont aussi progressivement élevés au sentiment d'amour individuel, qui doit donner naissance au couple harmonique et définitif.

Par la révélation de Saint-Simon, les peuples les plus civilisés peuvent dès aujourd'hui sentir et former le lien qui doit les unir dans l'ordre de l'association universelle.

Grâce aux lumières de cette révélation, les individus les plus avancés peuvent aussi dès aujourd'hui sentir et former le lien qui doit les unir dans le mariage.

Du jour où les peuples et les individus supérieurs se seront associés selon la loi de leurs destinations réciproques, l'association universelle sera fondée et le mariage institué.

Dans cette voie seulement, l'harmonie et la paix, la liberté et le bonheur.

En dehors, à différens degrés, la confusion et la lutte, la fatalité et la douleur.

Avant le christianisme, il n'y a point d'association entre les sexes, et par conséquent, à proprement parler, point de mariage : la femme, à différens titres, est l'esclave de l'homme.

Selon les états divers de civilisation renfermés dans ce premier âge, elle est prise comme un butin, achetée comme une propriété ou reçue comme un don. — L'homme n'est point soumis aux devoirs qu'il lui impose : c'est ainsi que tandis qu'il peut légitimement posséder plusieurs femmes, elle ne peut sans crime appartenir qu'à un seul homme. Enfin le lien qui s'est formé sans son consentement peut être brisé de même.

Le christianisme, en faisant du consentement de la femme la condition nécessaire de son union avec l'homme, en détruisant la polygamie, en condamnant également l'adultère dans les deux parties du couple, en prononçant l'indissolubilité de leur union, a tiré la femme de la servitude, l'a associée à l'homme, en un mot a fondé le mariage.

Mais le mariage chrétien lui-même n'était qu'une imparfaite ébauche du mariage de l'avenir :

Car le célibat étant la loi du sacerdoce et des ordres religieux, c'est-à-dire des dépositaires et des interprètes de la loi divine, des individus qui, dans l'opinion générale, se trouvaient le plus rapprochés de Dieu, il n'était et ne pouvait être considéré que comme un état inférieur ;

Car le lien qu'il formait était purement individuel ;

Car il consacrait encore la subalternité de la femme, dont le consentement d'ailleurs était en grande partie rendu illusoire, non seulement par la constitution, les convenances, les mœurs de la société temporelle, mais encore par l'ascendant de l'autorité paternelle, telle que la loi chrétienne elle-même l'enseignait et la sanctionnait ;

Car, enfin, le christianisme n'ayant point la révélation des différens aspects de la vie, des nuances innombrables qui distinguent les individus et les prédestinent diversement les uns par rapport aux autres, ne tenait aucun compte des harmonies ou des désharmonies qui pouvaient exister entre les époux, et leur rendre cher ou odieux le lien qui devait les unir.

D'où il suivait que le devoir de fidélité qu'il leur imposait, que le caractère d'indissolubilité qu'il attachait à leur union, règles qui d'ailleurs prophétisaient et préparaient l'avenir, ne constituaient pour eux, dans le présent, qu'une loi aveugle et fatale, qui, à quelques exceptions près, produites par l'exaltation du sentiment abstrait du devoir, ne pouvait trouver de sanction que dans l'anéantissement de leurs facultés, ou dans la crainte du châtiment.

Dans l'avenir, le mariage est la loi de tous ; car, ainsi que l'enseigne la révélation nouvelle, la plénitude, l'unité du sens individuel de la vie humaine, ne peuvent se trouver isolément ni dans l'homme ni dans la femme, mais seulement dans l'union sympathique et harmonique de l'un et de l'autre.

La consécration du mariage est revêtue d'un triple caractère : elle est à la fois individuelle, sociale et universelle.

Car en même temps qu'elle ordonne chaque partie du couple par rapport à l'autre, au moyen de la fonction qu'elle leur confère, elle les ordonne encore ensemble par rapport à tous les autres couples, à l'association humaine tout entière, et ainsi par continuité d'harmonie au monde extérieur lui-même.

L'homme et la femme sont placés sur le même rang ; dans le mariage ils sont associés à titre égal, selon la grâce particulière que Dieu a dévolue à chaque sexe, dans la triple fonction du temple, de l'état et de la famille.

Les individus, selon les prédominances que prennent en eux les différens aspects de la vie, se divisent en trois grands ordres : en PRÊTRES et ARTISTES, qui imaginent, qui inspirent, qui lient ; en *savans*, qui méditent, qui découvrent, qui règlent ; en *industriels*, qui agissent, qui réalisent, qui créent. Dans ces trois ordres ils se subdivisent et se distinguent encore, selon les nuances nombreuses que présente l'activité humaine dans chacun d'eux, et qui s'étendent elles-mêmes jusqu'aux nuances individuelles.

Telles sont les diversités dont les harmonies variées constituent les convenances dans le mariage comme dans tous les autres ordres d'association.

Mais de là ne résulte point l'existence de plusieurs lois morales ; la loi morale est une, également obligatoire pour tous ; la diversité à cet égard consiste seulement à ce que chacun se trouve placé dans les conditions les plus favorables pour l'observer ; à savoir, qu'il soit classé dans le monde selon sa vocation, associé selon son amour.

Tout mariage a une double sanction : l'élection réciproque des époux, et l'approbation du supérieur.

Or, la valeur de cette double sanction se fonde, d'une part, sur ce que les individus, cultivés et développés par l'éducation, dans le sens de leur nature propre, de leur vocation particulière, sont ainsi inspirés et guidés dans le choix qu'ils doivent faire, choix qui, en outre, n'est plus restreint dans les limites étroites de la caste ou des convenances de la fortune;

Et d'autre part, sur ce que le supérieur connaît à la fois et la loi des harmonies de la vie et la tradition des individus dont il consacre l'union.

Le précepte de l'église chrétienne sur la fidélité dans le mariage trouve la justification et la sanction directes qui lui ont manqué jusqu'ici, dans l'amour des époux, dans le sentiment réel de préférence qui a déterminé leur union.

Tout mariage est contracté dans la foi profonde de la part des époux, et dans le ferme espoir de la part du prêtre qui le consacre, qu'il doit être indissoluble, puisque si de part ou d'autre quelque lacune, quelque désharmonie était sentie, il ne devrait point se faire.

Mais tous les individus n'ont point encore reçu au même degré la révélation de leur personnalité propre, et, par conséquent, de la personnalité qu'ils doivent chercher dans le mariage; mais l'éducation, qui a pour but de découvrir en eux ce sens et de le cultiver, ne doit, pendant long-temps encore, leur donner sous ce rapport qu'une assistance incomplète; mais ce n'est que successivement enfin que le prêtre doit sentir et connaître toutes les diversités, toutes les harmonies de la vie; car, pour s'élever à ce sentiment, à cette connaissance, il a besoin de l'indication des spontanéités individuelles, et le développement de ces spontanéités ne peut être lui-même que successif.

D'où il suit qu'un grand nombre d'individus, tout en cherchant directement l'être qui doit compléter leur vie dans le mariage, tout en se rapprochant de plus en plus de la révélation du type qu'ils doivent trouver, sont destinés, long-temps encore, à ne former que des alliances incomplètes et préparatoires.

Dans tout le cours de ce progrès, le DIVORCE est légitime; car il vient mettre fin à une douleur individuelle, à une désharmonie sociale, à un désordre dans le monde.

Et le mariage qu'il dissout a été saint et légitime aussi; car d'abord au moment où il a *été* contracté, il était le plus parfait que pussent concevoir la sympathie et la science humaines, et de plus, en développant la sensibilité de ceux qu'il unissait, en dissipant ainsi l'obscurité qui leur cachait leurs imperfections relatives, il leur a fait faire un pas de plus vers l'union définitive à laquelle ils tendent.

Voici le MARIAGE tel qu'il doit être définitivement institué, tel qu'il doit se réaliser progressivement pour tous.

Et voici le DIVORCE, tel qu'il doit exister pendant un temps plus ou moins long encore, mais pour disparaître graduellement en raison du double progrès de la SOCIÉTÉ et de l'INDIVIDU.

Le débat dont je viens de rapporter les termes généraux, ne tarda pas à ramener, entre Enfantin et moi, l'examen de plusieurs grands problèmes, dont nous ne nous étions occupés jusque là que d'une manière superficielle, mais qui réclamaient impérieusement alors une solution précise : tels furent, par exemple, le problème du *bien* et du *mal*, et celui de l'*autorité* et de la *liberté*. — Dans la seconde partie de cet écrit, je ferai connaître sur ces deux points importans, comme je l'ai fait sur le premier, la discussion qui eut lieu entre nous, et les dissentimens qui nous séparèrent.—En attendant je déclare que de même que je repousse les doctrines d'Enfantin sur les relations des hommes et des femmes, parce qu'elles auraient pour résultat la promiscuité entre les sexes, la destruction du mariage et de la famille; — je repousse celles qu'il professe sur le *bien* et le *mal*, sur l'*autorité* et la *liberté*, parce que, sur le premier point, elles tendent à justifier tous les penchans, tous les actes, et à anéantir ainsi dans le cœur de l'homme toute notion du juste et de l'injuste, tout sentiment du devoir; et parce que, sur le second, elles renferment la négation de toute spontanéité, de toute liberté, de toute dignité dans l'individu.

Je déclare enfin que je condamne toutes ces doctrines, parce que dans leur combinaison (et elles sont étroitement liées), elles auraient pour effet de fonder le gouvernement humain sur la corruption, la séduction, la fraude.

Enfantin n'a point encore fait connaître publiquement ses théories sur le rapport des sexes, sur le mariage, sur le divorce; il ne les a pas même encore dévoilées complètement à toutes les personnes qui l'entourent: mais j'affirme qu'elles sont telles que je les ai rapportées. Je n'y ai rien ajouté; seulement j'en ai supprimé quelques détails qui auraient pu les rendre plus repoussantes encore, mais qui, n'étant que des conséquences directes du principe qui leur sert de base, sont au fond sans importance. D'ailleurs au milieu d'un monde prévenu, il n'est pas facile d'écrire librement sur toute matière quelque grave qu'elle puisse être; et, je l'avouerai, j'ai vivement ressenti ce qu'avait éprouvé, en pareille occasion, le grand apologiste moderne du catholicisme, j'ai craint *le vice et son vilain rire.*

Dans le cours de nos longues discussions, il arriva plusieurs fois qu'Enfantin parut renoncer à ses théories, et notamment lors de la lettre que nous écrivîmes dans les premiers jours d'octobre 1830 à la chambre des députés, lettre que je rédigeai, qu'il signa avec moi, et dans laquelle, en disant, en termes généraux, comment nous concevions le mariage, nous repoussions hautement l'accusation de *communauté des femmes*, qui avait été portée contre nous dans cette assemblée par MM. Mauguin et Dupin. Mais ces momens de silence et de résignation étaient employés par Enfantin à élaborer, à perfectionner sa conception ; et chaque fois qu'il croyait avoir trouvé en sa faveur un argument nouveau, il la reproduisait avec plus de force que jamais. J'affirme enfin qu'il m'a déclaré plusieurs fois, et cela de la manière la plus formelle encore peu de jours avant notre séparation, qu'elle n'était pour lui l'objet d'aucun doute.

Il est vrai que dans ces derniers temps, au milieu des vives répugnances que soulevait autour de lui cette conception à demi dévoilée, il a prétendu qu'il ne la donnait que comme une indication, ajoutant qu'aucune loi morale ne pouvait être légitimement proclamée sans le concours de la femme. Il convient de dire aussi qu'en présence de ces répugnances, il s'est engagé, en attendant la révélation de la femme (1), à faire observer strictement la loi chrétienne par tous ceux qui le suivent, et à l'observer lui-même dans toute sa rigueur; mais, en vérité, je cherche ce qu'il y a de sérieux dans tout ceci.

Et d'abord des femmes sont intervenues et se sont pro-

(1) Dans la réalité, Enfantin ne reconnaît à la femme d'autre droit que celui de régler, en commun avec l'homme, la pratique de la loi qu'il a posée.

noncées dans nos discussions. Il est vrai qu'Enfantin récuse leur autorité en disant que ce n'est point d'elles-mêmes qu'elles sont venues à la doctrine de Saint-Simon; qu'elles y ont été attirées par des affections de famille, et qu'il ne peut appartenir qu'à la femme qui s'en approchera spontanément de prétendre à une mission révélatrice. Mais cette femme, comment espère-t-il la faire surgir du milieu des femmes, si ce n'est en disant à toutes son amour d'homme? et si quelqu'une d'entre elles se lève pour réprouver cet amour et le flétrir, n'est-il pas évident qu'il devra la repousser avec dédain, comme un stérile écho du passé? Car à quel signe prétendrait-il reconnaître la femme de l'avenir, si ce n'est d'après sa ressemblance avec le type qui est en lui et qu'il a si longuement médité, contemplé, admiré?

C'est subalterniser la femme, dites-vous, que de prétendre sans elle annoncer la nouvelle loi morale. Mais nous ne l'avons point attendue pour proclamer la nouvelle loi religieuse et politique, et cependant nous avons dit que, dans l'avenir, elle devait être l'égale de l'homme dans le temple et dans l'état : qui pourrait donc retenir l'expression de nos désirs et de notre amour lorsqu'il s'agit de la loi morale, et rendre sur ce point notre foi incertaine? L'amour de la femme serait-il donc ici contradictoire à celui de l'homme? Mais il faudrait alors cesser de croire à l'harmonie dans le monde; il y a plus, il faudrait reconnaître qu'une pareille opposition ne pourrait se terminer que par l'esclavage de la femme. Heureusement que cette opposition n'existe pas. C'est l'homme qui, par Saint-Simon et ses successeurs immédiats, a le premier élevé la voix pour réclamer un ordre nouveau et dire quel il devait être; ce fait prouve assez que, dans l'œuvre de la rénovation générale, sa tâche, à lui, est de révéler l'avenir. Mais ce n'est là que la moitié de l'œuvre: il faut encore que la révélation nouvelle se fasse recevoir par le monde et qu'elle se réalise; or, elle n'entrera dans la voie de l'acclamation générale, dans la voie de la réalisation, que lorsque la femme, ayant pris place au rang qui lui est assigné, demandera l'une et l'autre.—Jusque là cette révélation ne sera pour le monde qu'une prophétie, une idée; jusque là elle n'aura pas la puissance d'élever extérieurement ceux-là mêmes qui se réuniront sous sa loi au-delà des proportions d'une secte. —Voici la part de la femme; ce n'est point celle de l'homme, mais apparemment elle n'est ni moins grande ni moins glorieuse.

Quant à la promesse faite par Enfantin d'observer et de faire observer la morale chrétienne en attendant la morale meilleure qu'il prépare, je ne veux pas croire que ce soit une dérision; mais de la part de ceux qui l'ont prise au sérieux, c'est assurément la plus étrange de toutes les illusions. — Est-ce donc en vertu d'une convention que l'on observe une loi morale? — On l'observe parce qu'on l'aime, parce qu'on croit à l'excellence et à la supériorité de ses préceptes. Or, vous déclarez que la loi chrétienne est déchue, qu'elle est oppressive et tyrannique : comment donc cette loi aurait-elle la puissance de régler vos actes et surtout de dominer en vous des penchans que vous regardez comme légitimes?

La foi d'ailleurs ne s'ajourne pas ainsi: lorsque nous avons cru à la hiérarchie, nous l'avons établie dans notre sein. Lorsque nous avons cru à la transformation de la propriété, nous avons appliqué parmi nous, autant que nous pouvions le faire, le principe de cette transformation. —Vous croyez à la *promiscuité*, vous la pratiquerez, sourdement ou ouvertement, selon que vous oserez hautement avouer votre croyance ou que vous jugerez à propos de la dissimuler; mais vous la PRATIQUEREZ.

Si les doctrines d'Enfantin pouvaient s'accréditer et se réaliser dans le monde, elles seraient à la morale ce que les doctrines protestantes et républicaines ont été à l'unité catholique, à la monarchie féodale, une négation, un levier de destruction, et rien de plus; mais cette destinée même ne leur est pas réservée.

Dieu a permis que dans l'ordre religieux et politique l'œuvre de la destruction fût séparée de l'œuvre de l'organisation: il ne l'a point permis dans l'ordre moral. — Des voix puissantes se sont élevées aux acclamations populaires pour dire anathème au catholicisme et à la féodalité; mais aucune voix semblable ne s'est fait entendre contre la loi morale sur laquelle le christianisme a fondé le mariage et la famille. Au milieu du bouleversement général, le génie de la destruction a été frappé d'aveuglement en sa présence, et lui-même lui a rendu hommage. Cette loi sans doute a eu des détracteurs, mais ils sont restés dans l'ombre ou ont été frappés de réprobation; en perdant la double sanction qu'elle recevait des croyances religieuses et sociales, elle a dû subir et elle a subi en effet de profondes altérations; mais elle a conservé sa légitimité dans la conscience humaine. C'est que si ce dernier lien eût été rompu, il ne restait plus à l'homme aucun amour, aucun refuge, aucune règle, aucun point de départ, aucune sollicitation pour rentrer dans les voies de la religion et de l'ordre.

La loi chrétienne sur le mariage et la famille doit être aujourd'hui profondément modifiée; mais elle ne peut l'être que par la loi même qui consacrera le nouveau mariage, la famille nouvelle.

Dans l'ordre moral il n'y a point de place pour une TERREUR, point de mission pour un ROBESPIERRE.

Et nous aussi, nous avons hâte de l'avènement de la femme, et nous aussi nous l'appelons de toute notre puissance : mais c'est au nom de l'amour pur et dévoué qu'elle a fait pénétrer dans le cœur de l'homme, et que l'homme aujourd'hui est prêt à lui rendre; c'est au nom de la dignité qui lui est promise dans le mariage; c'est enfin et par-dessus tout au nom de la classe la plus nombreuse et la plus pauvre, dont jusqu'ici elle a partagé la servitude et les humiliations, et que sa voix entraînante peut seule aujourd'hui achever de soustraire à la dure exploitation que les débris du passé font encore peser sur elle.

FIN DE LA PREMIÈRE PARTIE.

Henri Fournel.

SIMPLE ÉCRIT

d'Abel Transon

AUX

SAINT-SIMONIENS.

> Vous ne ferez plus un progrès important, un pas capital, avant d'avoir compris et reconnu que Saint-Simon n'ayant produit aucune idée neuve sur la nature et les destinées de l'*individu*, non plus que sur les relations intimes de *l'homme et de la femme*, sa doctrine ne peut nous fournir aucun procédé nouveau d'*association*, aucune conception originale sur l'*organisation* du travail pacifique.

PARIS.

IMPRIMERIE D'ÉVERAT,

Rue du Cadran, n° 16.

1er Février 1832.

RÉSUMÉ.

1° Depuis que les Saint-Simoniens sont entrés dans *l'ère de réalisation*, ils ont constaté leur impuissance à réaliser *l'association*. Raison de cette impuissance.

2° Vérification *scientifique* très-simple et très-facile à laquelle doit satisfaire la *doctrine d'association*.

3° Comment les Saint-Simoniens pourraient commencer immédiatement à réaliser *l'association*.

OUVRAGES DE M. CHARLES FOURIER.

Le nouveau monde industriel et sociétaire, *ou invention du procédé d'industrie attrayante et naturelle distribuée en séries passionnées*; 1829. 1 fort vol. Prix : 6 fr.

Traité de l'association domestique agricole; 1822. 2 forts vol. Prix : 7 fr. 50 c.

Théorie des quatre mouvemens et des destinées générales, 1808.

Ces ouvrages se trouvent chez l'auteur, rue Richelieu, n° 45 bis, et chez Bossange père, rue Richelieu, n° 60.

Il sera très-utile aussi aux Saint-Simoniens de lire l'ouvrage de M. Just Muiron (*Vices des Procédés industriels*; 1824.) pour être à même d'établir une première comparaison entre les travaux de la doctrine Saint-Simonienne sur *l'industrie* et les idées de M. Fourier.

Paris. Imprimerie d'Éverat, rue du Cadran, N° 16.

Simple Ecrit

D'ABEL TRANSON

AUX

SAINT-SIMONIENS.

> Vous ne ferez plus un progrés important, un pas capital, avant d'avoir compris et reconnu que Saint Simon n'ayant produit aucune idée neuve sur la nature et les destinées de l'*individu*, non plus que sur les relations intimes de *l'homme et de la femme*, sa doctrine ne peut nous fournir aucun procédé nouveau d'*association*, aucune conception originale sur l'*organisation* du travail pacifique.

Je vais vous faire part des motifs qui m'ont déterminé à me séparer du père Enfantin et de l'œuvre qui s'accomplit sous sa direction. J'avais d'abord l'intention de donner à cet écrit une plus

OUVRAGES DE M. CHARLES FOURIER.

Le nouveau monde industriel et sociétaire, *ou invention du procédé d'industrie attrayante et naturelle distribuée en séries passionnées*; 1829. 1 fort vol. Prix : 6 fr.

Traité de l'association domestique agricole; 1822, 2 forts vol. Prix : 7 fr. 50 c.

Théorie des quatre mouvemens et des destinées générales; 1808.

Ces ouvrages se trouvent chez l'auteur, rue Richelieu, n° 45 bis, et chez Bossange père, rue Richelieu, n° 60.

Il sera très-utile aussi aux Saint-Simoniens de lire l'ouvrage de M. Just Muiron (*Vices des Procédés industriels*; 1824.) pour être à même d'établir une première comparaison entre les travaux de la doctrine Saint-Simonienne sur *l'industrie* et les idées de M. Fourier.

Paris, Imprimerie d'Éverat, rue du Cadran, N° 16.

Simple Ecrit

D'ABEL TRANSON

AUX

SAINT-SIMONIENS.

> Vous ne ferez plus un progrès important, un pas capital, avant d'avoir compris et reconnu que Saint-Simon n'ayant produit aucune idée neuve sur la nature et les destinées de l'*individu*, non plus que sur les relations intimes de *l'homme et de la femme*, sa doctrine ne peut nous fournir aucun procédé nouveau d'*association*, aucune conception originale sur l'*organisation* du travail pacifique.

Je vais vous faire part des motifs qui m'ont déterminé à me séparer du père Enfantin et de l'œuvre qui s'accomplit sous sa direction. J'avais d'abord l'intention de donner à cet écrit une plus grande étendue; mais j'ai senti combien le rôle de critique me serait pénible envers un homme qui m'a toujours traité comme son fils, envers des hommes de qui je n'ai personnellement reçu que des témoignages d'affection. Je serai aussi court qu'il me sera possible.

J'ai pris part pendant deux années aux travaux de la Société Saint-Simonienne, annonçant une RELIGION définitive, une organisation nouvelle de l'*industrie* et une *science* générale qui servirait de lien à toutes les sciences.

Annonçant tout cela, nous avons vraiment *continué* Saint-Simon, qui écrivait en 1825, dans *le Nouveau Christianisme* : « J'EXPOSERAI une nou-» velle morale, un nouveau dogme et un nouveau » culte. » Et nos travaux n'ont pas été sans succès, puisque aujourd'hui la plupart des meilleurs esprits sont disposés à reconnaître qu'il faut à l'humanité un nouveau culte, un nouveau dogme et une morale nouvelle.

Aussi long-temps que nous n'avons eu rien autre chose à faire que d'*annoncer* une transformation religieuse de l'humanité, j'ai donné en plein dans l'erreur générale qui nous faisait croire à tous que Saint-Simon nous avait légué la *science* universelle, l'organisation de l'*industrie* et la RELIGION définitive; mais depuis que nous sommes entrés dans l'*ère de réalisation*, mon illusion s'est successivement dissipée, soit par l'éveil que m'avait donné Jules Lechevalier en se séparant (1), soit par la lecture des ouvrages de Charles Fourier, soit enfin par l'impuissance où est la doctrine d'*associer* réellement les hommes, impuissance qui devenait chaque jour plus manifeste pour moi.

Je sais que ce langage blessera beaucoup de personnes que j'aime. Je les prie de lire patiemment et de ne pas juger sans réflexion.

Voici mes dernières paroles au père Enfantin, paroles après lesquelles je ne pouvais plus rester auprès de lui, puisqu'il ne les a pas acceptées ; je lui ai dit, le 7 janvier : « Vous ne ferez plus un » progrès important, un pas capital, avant d'a- » voir compris et reconnu que Saint-Simon, » n'ayant produit aucune idée neuve sur la nature » et les destinées, de l'*individu*, non plus que sur » les relations *intimes* de l'homme et de la femme » SA doctrine ne peut nous fournir aucun procédé » nouveau d'*association*, aucune conception ori- » ginale sur l'*organisation* du travail pacifique. »

Je vais vous faire sentir la vérité de ces paroles.

Quinze cents ouvriers environ, les femmes et les enfans compris, sont réunis le dimanche à la salle Taitbout. On y développe en eux les sentimens les plus nobles et les plus religieux ; mais

(1) La séparation de Jules avait, par rapport aux autres dissidens, ce caractère particulier qu'il acceptait la *négation* de la morale chrétienne.

puisque nous sommes entrés dans la *réalisation*, il s'agit apparemment de *réaliser* l'association industrielle. Or, Saint-Simon disait en 1817, parlant des réunions scientifiques : « Par quel étrange » aveuglement peuvent-ils se persuader que, pour » former une *société*, il suffit de se réunir de » temps en temps dans la même salle? Où sont les » *idées scientifiques* communes de nos physiciens, » de nos géomètres, de nos chimistes, etc...? Il » est trop clair qu'ils n'en ont pas, et ils se croient » associés! » Je demande, moi, où sont les *travaux industriels* communs des Saint-Simoniens? Il est trop clair qu'ils n'en ont pas, et pourtant ils se croient associés!

Je sais qu'on s'occupe de fonder un atelier de tailleurs, un atelier de cordonniers et un atelier de couturières; je sais qu'on prépare des maisons communes (*pour les ouvriers*) dans divers quartiers de Paris, et je sais encore qu'il y a parmi vous quelque vague pensée de former une grande entreprise industrielle qui permettrait d'organiser une *armée pacifique* où le culte aurait bientôt pris un grand développement; une armée autour de laquelle se grouperaient les industries secondaires, comme tailleurs, cordonniers, etc., et qui offrirait de l'emploi à tant d'artistes, d'ingénieurs, de médecins, qui sont impatiens d'unir leurs travaux à ceux du peuple. Je sais qu'une telle entreprise bien conçue serait une base solide pour l'emprunt saint-simonien, présentant aux capitalistes, aux banquiers, une garantie de *bénéfices pécuniaires*, ce qui serait très-bon; car, ainsi que le dit très-judicieusement *Olinde Rodrigues*, qui le sait par expérience, on ne peut se présenter utilement aux banquiers que pour une *affaire d'argent*, et ces hommes ne viendront à la doctrine que lorsqu'ils y trouveront *de l'argent* à gagner. (Voir *le Globe* du 30 décembre.)

Je sais tout cela, et c'est précisément à l'occasion de ces projets que je vous dis : Saint-Simon ne nous ayant rien appris sur la nature de l'*individu*, ni sur les relations *intimes* des deux sexes, SA doctrine nous laisse dans l'impuissance de rien concevoir et de rien réaliser comme *association*, qui ne soit pas une simple copie du passé. Suivez-moi, je vous prie, avec toute votre attention.

Nous savons depuis long-temps, et nous avons toujours enseigné que l'ère sociale qui se prépare aura pour double caractère l'affranchissement de la femme et celui de l'industrie, car le sort de l'industrie est lié à celui de la femme; mais quand nous avions dit d'une part : le travail industriel deviendra *fonction sociale*, et, d'autre part, le *fonctionnaire social* sera l'homme ET la femme, nous pensions avoir proclamé, relativement à la femme et à l'industrie, les principes les plus larges d'*association* : en quoi nous étions singulièrement aveugles.

Ce n'est pas seulement la constitution *sociale* qui pèse sur l'industrie ; l'industrie est, aussi bien que la femme, sous le joug abrutissant de la MORALE chrétienne, de cette morale qui fait de la *constance* un devoir essentiel et universel, une voie à tous de progrès et de perfection. Considérez que dans les sociétés modernes, la loi de *l'amour exclusif*, imposée par le christianisme à l'humanité, s'est traduite aussi bien dans l'attribution des fonctions industrielles que dans l'établissement du mariage ; et vous comprendrez alors que, si le sort de l'industrie est lié à la condition sociale de la femme, ce n'est pas, comme on l'a dit assez grossièrement, parce que la femme *produit* des enfans. Voyez bien que le cordonnier, le tailleur, le fondeur, l'horloger, etc., sont liés, *mariés*, et mariés *chrétiennement*, c'est-à-dire sans *divorce* possible, à L'UNIQUE métier qu'ils ont une fois *épousé*. Et c'est là ce qui rend si répugnans les arts *mécaniques*, en opposition aux arts qu'on appelle arts *libéraux*. Un peintre d'histoire, par exemple, peut très-bien et très-utilement s'occuper de paysage, de statuaire, d'architecture, de danse et de musique ; il peut consacrer une partie de son temps aux sciences, à la littérature, etc. ; c'est pourquoi il y a, dans ce genre, des artistes et des *amateurs*. Mais, je vous prie, qui de vous sera jamais *amateur* de peinture en bâtimens, aussi long-temps que l'exercice de cette industrie remplira toutes les heures du jour, et toutes les journées de la vie.

Vous allez fonder ateliers de tailleurs, de cordonniers, de couturières, et vous croirez avoir *affranchi* ces ouvriers, parce que vous les aimerez comme vos enfans ou comme vos frères. Mais montrez-moi l'homme ou la femme des classes privilégiées, fût-il Saint-Simonien, qui ne croirait pas entrer en SERVITUDE, s'il lui fallait se résigner au travail de vos ateliers.

Et à ce sujet, Charles Fourier, qui depuis longtemps possède et indique les moyens de rendre *attrayans* tous les travaux industriels, avait-il tort de dire, dans son pamphlet contre nous : « Les
» Saint-Simoniens tombent à chaque pas dans des
» erreurs choquantes ; on voit leur journal, *le*
» *Globe*, déclamer trois cent soixante fois par an
» contre les oisifs, *qui ont raison d'aimer l'oisiveté*,
» tant qu'on ne leur présente que l'industrie ré-
» pugnante. »

Vos ateliers, aussi bien que vos maisons communes, auront nécessairement le caractère d'uniformité *monastico-chrétienne*, qui est aujourd'hui le caractère général de tous les travaux industriels. Ces fondations ne pourront établir, par cela même, aucun lien *nouveau* entre les diverses classes de la société. Ce n'est pas que je prétende blâmer les *réalisations* de la doctrine en ce genre ; c'est une bonne chose à faire que du *christianisme*, quand on ne sait faire rien de mieux. Ce qui est très-important seulement, c'est de ne pas se faire illusion à soi-même, et ne pas se croire les *réalisateurs* de l'avenir, quand on ne s'élève pas, en fait de *réalisation*, au dessus de la charité chrétienne.

Pour ce qui est de *la grande armée* des travailleurs pacifiques, il y aurait beaucoup de raisons à donner pour montrer que ce n'est pas par cette voie qu'on peut le plus utilement commencer la *réalisation* de l'association universelle. Il suffit, en ce moment, de bien comprendre que Saint-Simon nous a laissés très-ignorans sur les moyens *d'organiser* l'industrie, et sur l'art *d'associer* les hommes. Sans doute on pourrait transporter dans l'industrie l'organisation militaire; le peuple est aujourd'hui *naturellement* industriel, comme il était *naturellement* guerrier dans les sociétés anciennes. Un gouvernement qui comprendrait cela bien nettement, qui se proclamerait *monarchie industrielle*, et qui organiserait *politiquement* les travaux de la production, deviendrait aussitôt *gouvernement national*, et pourrait, en peu de temps, et sans coup férir, annuler la prépondérance des puissances rétrogrades, dont les peuples, séduits par notre exemple, refuseraient absolument d'aider les projets de guerre et de restauration féodale. Saint-Simon en était là, dans ses *Cahiers sur l'industrie* (1817), dans le *Catéchisme des industriels* (1824), et dans les *Opinions philosophiques* (fin 1824), lorsqu'il voulait donner aux banquiers la plus haute puissance politique. Et comme vous ne savez rien de mieux, en fait de *pratique* et de *réalisation*, vous avez raison de prendre ces ouvrages pour base de votre politique présente. Mais, je le répète, tout ce que vous pouvez aujourd'hui proposer, tout ce que vous pouvez imaginer de plus large, en fait *d'organisation industrielle*, c'est de transporter dans l'industrie les institutions militaires, après toutefois les avoir dépouillées de leurs formes barbares, et les avoir rappelées à leur caractère chevaleresque et enthousiaste des temps du moyen âge. Sans doute vous pouvez, en suivant cette voie, provoquer un grand progrès sur la situation actuelle; mais vraiment c'est bien mesquin de ne savoir faire au dix-neuvième siècle que du *Charlemagne pacifique*.

Tenez bien fermement le fil de ces idées.

Relativement à la *femme*, il ne suffit pas de répéter après Saint Simon : *l'individu social, c'est l'homme et la femme* (1), car on pourrait très-bien accommoder ce grand principe avec les principes du christianisme sur le mariage.

(1) J'ai rappelé au public et à la doctrine, après ma prédication du 1er janvier sur l'affranchissement des femmes, que *Charles Fourier* avait présenté dès 1808 la conception d'un ordre social où la femme est associée à l'homme sur le pied de l'égalité, et qu'il avait exposé ses idées en très-grand détail dans un ouvrage publié en 1822, et reproduit sous une forme abrégée par Just Muiron en 1824, avant la mort de Saint-Simon.

Relativement à l'*industrie*, il ne suffit pas, comme Saint-Simon l'a fait, d'élever le travail industriel au rang de *fonction sociale*; car l'industrie pourrait conserver néanmoins le caractère d'uniformité répugnante et abrutissante des travaux monastiques.

L'organisation de l'industrie est liée à la condition sociale de la femme, parce que la règle du travail, aussi bien que la loi du mariage, découle toujours de la conception morale sur la nature humaine, sur la nature et les destinées de l'*individu*.

Ainsi, quiconque n'a pas produit ou accepté une théorie nouvelle sur les relations intimes de l'homme et de la femme, ne pourra rien faire de neuf en *association*; il ne pourra *réaliser* que de l'industrie *chretienne* ou *juive*.

Et comme le père Enfantin n'a encore fait que *proposer* une nouvelle théorie morale, et que cette théorie n'est pas proposée par lui comme une *doctrine*, comme une LOI, mais simplement comme une opinion personnelle, ayant pour *unique* objet de provoquer la femme à parler librement, et à exprimer ses désirs; comme le père Enfantin « *attend* la femme pour trouver avec l'homme la loi » définitive, sous laquelle l'homme et la femme » s'uniront et vivront dans une *sainte égalité*. » (Réunion générale du 10 novembre). Et comme, *en attendant*, il impose à la famille Saint-Simonienne la morale du monde extérieur, il en résulte en principe, comme cela est vérifié par le fait, que, par rapport à l'avenir, vous n'êtes pas plus dans *l'ère de la réalisation*, qu'avant l'éloignement du père Bazard. Vous avez seulement donné un peu plus d'extension à vos œuvres chrétiennes et juives.

Mais enfin, puisque, ainsi que je l'ai reconnu, ce qu'on fait à l'égard des ouvriers est bon, *en attendant* qu'on puisse faire mieux, surtout puisque le père Enfantin *propose* une *morale nouvelle!* Qu'importe l'illusion de ceux qui l'entourent et qui pensent *réaliser* l'avenir en copiant le passé. Je ne vous dirai pas qu'il est difficile de travailler à une même œuvre, avec des hommes qui sont si fortement aveuglés sur le caractère de cette œuvre. Le *difficile* n'est pas un motif d'excuse apostolique; mais c'est qu'en effet je ne vous ai pas encore dit les plus hauts motifs de ma séparation.

J'arrive donc à vous parler du père Enfantin et de ses *théories*.

Écartant d'une main *Bazard*, et de l'autre tirant après lui *Rodrigues*, ENFANTIN s'est avancé, niant la morale chrétienne et celle des philosophes, annonçant hautement que TOUT est naturellement bon dans l'homme, qu'il faut donner satisfaction à la *chair* aussi bien qu'à l'*esprit*, et que le problème social de l'avenir consiste uniquement à savoir diriger, ordonner, combiner les *appétits des sens* et les *appétits intellectuels*.

Cette réhabilitation de tous les désirs qui sont au cœur de l'homme, ce développement, cet essor promis à toutes les passions, tout cela découlait logiquement du dogme enseigné dans la doctrine depuis les travaux d'*Eugène Rodrigues*. Aussi plusieurs, se voyant amenés à de tels résultats, reculèrent épouvantés.

Pour moi, acceptant complétement la position du problème social; d'ailleurs n'imaginant pas d'autre solution que celle du père Enfantin, je le suivais. Mais je trouve qu'un homme a, dès l'année 1808, proclamé *l'unité, l'harmonie, l'association universelle;* que dès cette époque il a eu la vigueur peu commune de poser ce large principe auquel la Société Saint-Simonienne n'arrive en 1832 qu'à grand'peine et à travers une crise douloureuse. Je trouve que, dès cette époque (1808), cet homme proposait le plan d'un ordre social où les passions humaines qui, étant généralement faussées, sont aujourd'hui une cause de désordre pour la société et de ruine pour les individus, deviendraient les ressorts les plus puissans de l'*association*, et les voies les plus sûres de *bonheur*, de *richesse* et de *santé*. Je trouve que cet homme a présenté ses idées dans un ordre systématique et dans le plus grand détail en 1822: (*Traité de l'association domestique agricole*), et sous une autre forme en 1829 (*Nouveau monde industriel*); que dans ces divers ouvrages il offre des solutions sur plusieurs questions qui sont capitales en fait d'association : questions dont Saint-Simon ne s'est jamais occupé, et sur lesquelles nous sommes très-faibles. Par exemple, celles-ci :

— Moyens de répandre le charme et l'enthousiasme dans les travaux de toute sorte. — Répartition des produits, ou rétribution proportionnelle avec garantie de satisfaire tous les associés. — Education attrayante. — Libre essor des passions, sauvé d'excès et de dégoût par l'affluence et la variété indéfinie des plaisirs. — Concours des deux intérêts collectif et individuel. — Équilibre de population, etc., etc.....

Étonné alors des jugemens inconsidérés que depuis deux ans nous portions sur M. Ch. Fourier, je pris de ses ouvrages une connaissance trop imparfaite encore pour être en état d'accepter entièrement sa doctrine, mais suffisante au moins pour sentir toute la pauvreté de la nôtre comme *doctrine d'association*, et pour sentir aussi ce qu'il y a de fautif dans la *théorie* du père Enfantin, même à ne prendre cette théorie que comme une *solution préparatoire* du problème social.

En effet, après avoir reconnu que Dieu n'ayant rien fait en vain, un ordre social vraiment conforme aux vues providentielles devra donner satisfaction à toutes les passions humaines, il semble que la première chose à faire était d'*énumérer* ces passions, d'*analyser* le cœur de l'homme, en un mot de *détailler* pour ainsi dire la nature de l'INDIVIDU, afin d'être à même de trouver les conditions d'association, d'harmonie, d'*engrenage* de tous les individus. Le père Enfantin se borne à dire :

« Il y a des êtres à AFFECTIONS PROFONDES, du-
» rables, et que le temps ne fait que resserrer. Il
» y en a d'autres à AFFECTIONS VIVES, rapides,
» passagères, cependant puissantes, sur lesquelles
» le temps est une épreuve pénible, souvent in-
» supportable.

» Ces deux natures d'affections, toutes les fois
» jusqu'ici qu'elles se sont trouvées en présence,
» se sont méprisées, repoussées, éloignées, sa-
» lies.... La réunion de ces deux natures autour
» du PRÊTRE, qui les comprend l'une et l'autre,
» qui les sent également l'une et l'autre, qui les
» élève l'une et l'autre, constitue la RELIGION. »
(*Réunion générale du* 19 *novembre.*)

Ce n'est pas, comme on voit, L'INDIVIDU que le père Enfantin a *étudié, décomposé, analysé*, c'est l'HUMANITÉ ; aussi il n'a vu que les DIFFÉRENCES qui *séparent* ce qu'il appelle les deux natures ; il n'a pas pu connaître les rapports d'IDENTITÉ qui peuvent les confondre et les *unir*. Et pour les faire vivre en société, il ne sait plus que l'interposition de la troisième nature, du PRÊTRE, qui comble la distance des deux autres. Or il n'est point douteux qu'entre certains caractères formant contraste il n'y ait des caractères qui comprennent l'un et l'autre, et dont l'action est nécessaire pour établir l'harmonie; mais n'ayant vu que les différences qui distinguent les individus, le père Enfantin ne peut pas les faire vivre ensemble. Il est réduit à faire dans le *temple* et dans la *cité* les trois divisions dont il a parlé dans la *réunion générale* (19 novembre), et que C. *Duveyrier* a reproduites dans *le Globe* (12 janvier).

Remarquez d'ailleurs que cette erreur est ancienne et radicale dans la doctrine de Saint-Simon. Cette erreur justifie, sous un certain rapport, la critique que déjà plusieurs personnes nous ont adressée : « Vous parlez beaucoup de l'*humanité*, et vous ne connaissez pas l'*individu.* » La division que présente aujourd'hui le père Enfantin est une forme nouvelle de notre ancienne division de l'humanité en artistes, savans et industriels. L'*organisation politique* que nous en avions déduite avait le même caractère que l'*organisation religieuse* à laquelle nous sommes en ce moment conduits. Nous avions imaginé qu'une classe d'hommes serait consacrée à la science et une autre à l'industrie ; et, disions-nous, comme les *théoriciens* ne peuvent pas s'entendre directement avec les *praticiens*, nous mettons entre eux les *artistes* ou *prêtres* qui aiment également la *théorie* et la *pratique.* Et poussant cette analyse trinaire dans le détail, nous circonscrivions de plus en plus chaque individualité dans une fonction *exclusive*, ce qui est, comme on a vu, le caractère de l'organisation *monastique* des chrétiens. Et aujourd'hui nous arrivons à cette conception : Le PRÊTRE *relie* les deux natures (affections vives et affections profondes), *en ce sens* qu'il les tient soigneusement éloignées l'une de l'autre. Singulière façon d'associer les hommes !

M. Charles Fourier, exposant l'organisation des travaux par SÉRIES PASSIONNÉES de travailleurs, dit textuellement : « *Une série ne peut pas s'organiser* A MOINS *de trois groupes, car elle a besoin d'un terme moyen qui tienne la balance entre les deux contrastes ou extrêmes.* » (1822). Mais Fourier a l'immense supériorité d'offrir à un même individu la faculté de s'affilier à une foule de *séries* par lesquelles chacun variera ses exercices, dans lesquelles chacun pourra remplir des fonctions d'un *ordre* divers, et ainsi pourra mener de front son développement sous le rapport des beaux-arts, de la science et de l'industrie.

Pour établir l'association il faut savoir employer les accords et les contrastes, les sympathies comme les antipathies; donc il faut connaître les qualités qui distinguent les individus et celles qui leur sont communes. Mais nous qui, dans les phases successives de notre développement, avons toujours présenté comme la plus haute expression de nos doctrines quelque division trinaire *de l'hu-*

manité: — division philosophique en théoriciens, praticiens et unitaires, — division politique en savans, industriels et artistes, — division religieuse en mobiles, immobiles et calmes; — il est clair que nous n'avons jamais envisagé qu'une des faces de la question, ce qui est un vice capital de doctrine. De plus nous ne nous sommes pas mis en état de prouver, par aucune vérification, que cette analyse trinaire de l'humanité fût complète, c'est-à-dire que dans l'humanité il n'y ait que trois caractères essentiellement distincts ou *typiques*; nous ne prouvons pas que l'association, c'est-à-dire l'harmonie et l'engrenage des passions, se puisse réaliser par le simple concours de ces trois caractères. Or il y a une vérification très-simple, très-facile et qui est de nature à porter dans les esprits la plus vive lumière, à produire une conviction complète et rapide.

Je vais mettre Enfantin à même de montrer immédiatement au monde s'il possède la vraie doctrine d'association.

Il y a unité de plan dans l'univers, et la sagesse de l'ensemble doit se retrouver dans chaque détail. Ainsi dès que l'humanité sera organisée selon les vues providentielles, le mouvement social devra se trouver en harmonie avec le mouvement universel; c'est-à-dire que les divers groupes de l'association humaine devront dans leurs *combinaisons*, dans leurs *nombres*, dans leurs *fonctions* relatives, présenter une image des phénomènes généraux de tout ordre, (ordre astronomique, physique, physiologique, etc...); d'où il résulte qu'il suffirait de bien connaître l'organisation sociale définitive pour avoir la clef de toutes les sciences, pour être en état de déterminer les rapports de tous les faits observés.

Je défie tout homme vraiment religieux, tout homme qui croit à la sagesse du plan général, à l'unité universelle, d'opposer la moindre difficulté à cette conception, que M. Fourier établit en principe.

Cette idée indique à quelle condition la *théorie générale, lien encyclopédique des sciences*, peut être établie. Elle ouvre en même temps la seule voie de vérification *théorique* qui soit possible relativement à une doctrine d'*association universelle*, avant qu'on ait produit la vérification *pratique*, c'est-à-dire la réalisation.

Et je prie les Saint-Simoniens de considérer que pour eux ils doivent accepter cette base de vérification relativement à leurs doctrines, sans hésiter et sous peine de se mettre en contradiction avec leurs propres dogmes. Le dogme panthéistique établissant l'unité absolue de tout ce qui est, établissant qu'un fait unique, la VIE, se reproduit dans toutes les manifestations de l'ordre fini; il en résulte que l'organisation d'un *être collectif* comme l'humanité doit présenter une analogie essentielle avec toute série qui, comprenant les *individus* d'un même genre, forme aussi un *être collectif*.

M. Fourier a présenté, en 1822, sous le titre *d'Association agricole et domestique*, une THÉORIE DE L'UNITÉ UNIVERSELLE, développement de son ouvrage de 1808 qui a pour titre, *Théorie des quatre mouvemens et des destinées générales*. En regard et comme vérification de ses idées sur l'association humaine, M. Fourier s'applique à montrer dans les phénomènes généraux des ordres les plus divers la confirmation par *analogie* des détails qu'il présente sur cette association. Appuyé sur le principe que je viens d'exposer, il ne craint même pas d'entrer dans l'explication des faits qui tiennent aux valeurs numériques, comme nombre et distances des planètes, attribution et nombre des satellites, etc..., distribution des formes géométriques dans le règne minéral, distribution des organes dans les règnes organiques, etc. Il aborde en un mot cette question mystérieuse de la *raison des nombres*, sur laquelle s'est évertué le génie sublime de Kepler, et que les savans modernes ont complétement abandonnée, depuis que Newton, par la nature et l'influence de ses travaux, a fait passer en principe qu'on doit introduire dans le calcul les résultats de l'observation comme des *données*, sans se mettre en peine de QUI les DONNE et du POURQUOI elles ont été DONNÉES telles au monde et non pas autres. Cette partie de l'ouvrage de M. Fourier n'est pas, à beaucoup près, la plus considérable ou la plus développée; elle n'a de place que comme vérification auxiliaire; même il faut convenir que M. Fourier n'ayant pas exposé en détail ses règles d'*analogie universelle*, les résultats auxquels il est conduit n'apparaissent souvent que comme des allégories ingénieuses; d'autres fois il est tellement en dehors des idées vulgaires, qu'il semble entraîné dans une poésie tout-à-fait fantastique. Mais il ne s'agit pas ici d'apprécier sa doctrine non plus que ses vérifications. Il suffit que son principe *scientifique* soit incontestable pour qu'on doive l'appliquer à toute *théorie* d'association.

Je demande donc si la doctrine de Saint-Simon, au point de perfectionnement où elle est arrivée entre les mains d'Enfantin, présente le caractère de la véritable *doctrine d'association*, qui étant la science du mouvement social, doit, à cause de l'unité du plan providentiel, donner la raison de tous les phénomènes, rendre facile et simple la science du mouvement universel.

Si les Saint-Simoniens, à cause de la prépondérance donnée aujourd'hui parmi eux au culte et à l'industrie sur le dogme et la science, n'ont pas le loisir de tenter la vérification *théorique* très-simple et très-naturelle que je viens de leur indiquer d'après Fourier, je les invite au moins à ne point perdre les avertissemens que leur donne la *réa-*

lisation, cette vérification *pratique*. Peut-être que le caractère des *réunions des industriels*, peut-être que l'impuissance où nous avons été jusqu'ici, et où nous sommes encore (comme je l'ai montré en commençant) de former l'association des travailleurs, peut-être enfin que l'état intérieur de la famille saint-simonienne seront pour eux des raisons suffisantes de douter que nous ayons jamais possédé une vraie doctrine d'association.

Le doute est le premier pas vers la vérité! Si Saint-Simon avait eu seulement la mission de proclamer ce qu'il y avait *à faire* en science, en industrie et en morale? — lui qui, dès l'année 1808, caractérisait d'une manière si lumineuse les travaux de l'école moderne, et qui, sans se laisser éblouir par les hautes capacités scientifiques de l'époque, dénonçait hautement la nullité des savans sous le rapport de la *théorie générale*, — qui dans tous ses travaux postérieurs réclama une organisation nouvelle et générale de l'industrie, — qui, dès l'année 1817, écrivit qu'il fallait changer les bases de la morale, — lui enfin qui, dans son dernier ouvrage, se sépara complétement du passé, frappa aux portes de l'avenir, indiqua le vrai salut de l'humanité, annonçant un *nouveau christianisme*, annonçant l'*association universelle!* Si sa mission, dis-je, avait été seulement de préparer le monde à recevoir des idées si nouvelles, certes la gloire de Saint-Simon serait grande encore et son nom vivrait dans la mémoire des hommes. Seulement il serait bien pressant d'examiner si en effet nous manquons de solution aux problèmes sociaux que nous avons posés ; il serait bien important de s'assurer si, comme je le dis, nous n'avons reçu de Saint-Simon aucun procédé nouveau d'*association*, aucune idée vraiment *originale* sur l'organisation du travail pacifique. Cela n'empêcherait pas assurément de continuer l'œuvre qui se fait aujourd'hui sous la direction suprême d'Enfantin, puisque cette œuvre, ainsi que je l'ai montré, ainsi qu'Enfantin en est convenu avec moi, n'est pas une véritable association ; mais, comme nous serions un peu moins préoccupés de notre grandeur personnelle, nous jugerions moins légèrement ceux qui sont en dehors de nous ; nos oreilles ne seraient pas bouchées à toute vérité, nos yeux fermés à toute lumière venant du dehors ; enfin nous n'attendrions pas seulement la *femme* qui doit aider l'homme à trouver la morale de l'avenir, nous appellerions aussi l'*homme* qui ayant trouvé la véritable théorie de l'association pourrait nous mettre en état de fonder, non plus une *société apostolique*, comme a fait Saint-Simon, mais la *société humaine* définitive.

Pour moi, n'acceptant plus le caractère que jusqu'ici nous avons attribué à Saint-Simon et à l'œuvre continuée en son nom, reconnaissant dans notre doctrine de graves imperfections, ayant d'ailleurs éprouvé depuis deux mois qu'en restant sous l'autorité d'Enfantin j'étais impuissant à modifier la direction *théorique* ou *pratique* de la société saint-simonienne dans les points où cette direction me paraissait fautive, il m'est devenu évident que je ne pouvais plus rester dans la hiérarchie ni continuer de prendre part à ses travaux.

Et comme on est généralement prévenu dans la doctrine contre toute critique qui n'est pas accompagnée d'une affirmation; comme on paraît n'y pas sentir qu'une première chose à faire pour trouver la bonne voie, c'est de signaler les écueils de la mauvaise ; d'ailleurs étant moi-même profondément convaincu de la grandeur des œuvres que la société saint-simonienne pourrait immédiatement accomplir si elle savait faire un usage convenable de sa puissance acquise, je ne terminerai pas sans vous présenter quelques réflexions sur ce sujet.

J'ai dit que je ne connaissais pas assez la doctrine de M. Fourier pour l'adopter entièrement. Mais ce qui ne fait pour moi l'objet d'aucun doute, c'est qu'Enfantin pourrait avec les ressources pécuniaires et l'influence dont il dispose en raison des travaux antérieurs de l'apostolat, Enfantin pourrait, en suivant les idées de M. Fourier, former des associations qui auraient les avantages suivans :

1° *Les travaux y présenteraient un tel charme qu'il en résulterait une fusion spontanée entre les familles sorties des rangs des prolétaires et celles qui ont reçu une éducation privilégiée* (1).

L'inégalité même d'éducation des familles serait un lien d'association assurant la variété des travaux et la coopération de chacun à divers détails.

2° *Ce charme des travaux joint au bénéfice (par économie) de l'association élèverait les produits dans une proportion énorme. Un autre motif d'élévation*

(1) Le travail était si répugnant dans les sociétés anciennes que le mot *travail* était synonyme de *souffrance* (*laborare*). Cette synonymie n'a pas encore complétement disparu, puisque nous disons d'une femme qui accouche : *elle est en travail.* — A la vérité, les Saint-Simoniens entourent ce mot *travail* de considération, d'honneur, de gloire, etc. Fourier a trouvé le moyen d'en faire dans le plus grand nombre des circonstances le synonyme de *plaisir.* C'est un coup de génie. J'ai rapporté la très-juste critique qu'il nous adresse sur ce que nos attaques contre les classes oisives ont d'inconséquent. Il n'a pas moins de raison lorsque, voulant montrer la nécessité de rendre le travail attrayant avant de prétendre associer les hommes, il fait remarquer que le peuple, qui déjà *chôme* un jour de la semaine quand ses bénéfices sont suffisans, *chômerait* plusieurs jours durant si on se bornait à augmenter ses ressources (soit par exemple en partageant plus équitablement les bénéfices entre lui et les capitalistes), sans ôter à ses travaux leur fatigue abrutissante. Sinon il faudrait pour qu'il ne désirât pas s'élever jusqu'à l'*oisiveté*, il faudrait le MORALISER ; mais les Saint-Simoniens ne peuvent pas vouloir d'une pareille solution, eux qui savent bien que l'homme n'est pas fait pour souffrir. — A la vérité, il y aura toujours des travaux qui, par eux-mêmes, seraient répugnans. J'engage les Saint-Simoniens à voir dans Fourier les solutions de cette difficulté.

des bénéfices, c'est que les plaisirs de consommation, en tout genre, se trouvant liés, dans les méthodes industrielles de M. Fourier, aux travaux d'exploitation, la consommation perdrait pour la première fois le caractère improductif qu'elle a aujourd'hui dans les sociétés civilisées.

3° *Enfin dans ces associations les grands problèmes du classement selon la capacité et de la rétribution selon les œuvres seraient, par rapport aux hommes, aux femmes et même aux enfans, résolus très-facilement et à la complète satisfaction des associés.*

Je le répète, je ne connais pas encore assez la doctrine de Fourier pour l'adopter complétement, mais je garantis à quiconque voudra surmonter les premières difficultés qu'offre la lecture de ses ouvrages, je lui garantis qu'il acquerra, en très-peu de temps, une conviction entière sur les trois points que je viens de signaler.

Je dis donc que, dans l'intérêt même de l'apostolat, et *pour faire cesser le plus rapidement la crise européenne*, ce qui fut l'objet constant des travaux de Saint-Simon, la chose la plus importante à faire pour ceux qui ont la prétention de le continuer, c'est de montrer au monde, par des exemples pratiques, les résultats merveilleux de l'association. Nous annonçons depuis deux mois que nous allons *réaliser* l'association, et nous continuons toujours la même œuvre de *simple apostolat*, par publications, enseignemens, missions, etc.; et nous n'avons encore entrepris que la *réalisation* d'un emprunt. Ce n'est point de ma part une critique, voyant très-bien que nous n'aurions pas su comment nous y prendre pour réaliser autre chose; mais aujourd'hui je viens dire à Enfantin :

Voici que Fourier vous présente les moyens de réaliser de véritables associations. Faites savoir au monde si vous refusez ces moyens. Il ne s'agit pas en ce moment de caractériser l'œuvre *théorique* de Fourier dans son ensemble, il s'agit de répondre à tous ceux à qui vous avez promis l'association, et dont vous avez adopté les enfans. C'est moi qui ai prononcé en votre nom cette adoption. C'est pourquoi je viens en leur nom vous demander à la face du monde si vous voulez vous borner encore à vous *affilier* des prosélytes de toutes les classes quand on vous apporte les moyens de les *associer*.

Je viens vous demander si vous continuerez long-temps de laisser les enfans de tous les Saint-Simoniens, les enfans que vous avez adoptés, si vous les laisserez long-temps exposés à tous les dangers de l'éducation civilisée; je demande si vous en resterez au projet de les enfermer dans une *maison d'éducation* quand on vous met à même d'*affranchir* aussi les enfans; quand on vous donne les moyens de faire éclore et de développer leurs capacités (ce qui est tout l'objet de l'éducation), en les *associant* eux aussi aux travaux de la société, transformés désormais en plaisirs.

Au nom de tous ceux qui, émus d'espoir aux promesses de Saint-Simon, viennent vous demander d'employer leurs efforts et leur vie au progrès de l'humanité, je viens vous demander, moi, si vous ne saurez employer jamais que des prédicateurs et des écrivains, quand vous pouvez organiser des travaux où chacun, en se livrant aux occupations les plus variées et les plus conformes à son goût, sera sûr de travailler directement à l'amélioration de ses semblables.

Au nom des femmes, dont vous réclamez l'affranchissement, je demande si vous vous bornerez toujours à leur faire sentir plus vivement leurs souffrances, quand vous pouvez immédiatement leur procurer un premier degré de liberté; quand vous pouvez réaliser une association où leurs talens prendraient un développement naturel, où leurs travaux étant d'une importance égale à ceux de l'homme, les auraient bientôt élevées de fait à l'égalité et à la liberté sociale. Je demande si vous négligerez ce seul moyen praticable de les élever successivement et sans désordre à toute autre liberté.

Je vous demande enfin si vous continuerez votre mode d'emprunt lorsque vous pouvez demander de l'argent et l'employer d'une façon beaucoup plus profitable aux prêteurs ainsi qu'à l'apostolat. C'est beau et glorieux pour vous comme pour ceux qui vous donnent leur argent, que la réalisation d'un emprunt dont vous garantissez les rentes sur les apports à venir des futurs convertis. Mais enfin, aussi long-temps que vous n'appliquerez pas les fonds dont vous disposez à une œuvre qui soit productive par elle-même, ces apports successifs seront une œuvre de *pur dévouement*. J'écarte toute prévision défavorable ; mais je demande si ceux qui seront convertis et qui paieront les *rentes* de l'emprunt avec leurs *capitaux* ne seront pas *appauvris*. Or, je vous présente par Fourier le moyen d'employer les capitaux d'une manière tellement productive que le paiement des rentes étant prélevé sur les bénéfices de l'association, vous pourrez en employer une partie à l'apostolat et laisser encore tous les associés dans une situation plus heureuse sous tous les rapports que celle qu'ils auraient occupée dans le monde, sans compter que leur bonheur et leur richesse seront d'un exemple plus puissant à convertir la société que les meilleures publications et enseignemens.

S'il y a quelque chose d'obscur et de contestable dans Fourier, je le répète, ce n'est pas sur tous ces points.

Songez-y ! vous avez en vos mains tout le

fruit des travaux de Saint-Simon et des œuvres qui depuis six ans ont été accomplies en son nom. L'usage que vous allez faire de la puissance que tous ces travaux vous ont acquise donnera au monde la mesure de votre force et caractérisera la nature de l'œuvre qui vous était personnellement réservée. Si, pouvant réaliser l'association, vous cherchiez seulement à augmenter votre influence sur les discussions politiques en proclamant des principes très-larges, à la vérité, mais sur la pratique desquels vous seriez impuissant, votre œuvre, assurément, serait encore utile, mais purement transitoire, et il ne faudrait plus prétendre à opérer une transformation radicale dans l'humanité.

Pour moi, s'il en doit être ainsi, je ne cesserai pas de vous rendre grâce de la foi que vous m'avez donnée dans l'avenir et de l'énergie que vous m'avez inspirée; mais tout en regrettant de ne plus vivre au milieu de cette famille saint-simonienne où j'espérais être heureux, je ferai mes efforts pour m'unir à ceux qui sentiront comme moi dans toute sa grandeur l'œuvre qui est à faire.

Abel Transon,

Rue du Battoir-Saint-André-des-Arts, n. 22.

1er février 1832.

Post scriptum. Quand je terminais ce travail

est survenue la tentative ridicule de persécution exercée par le gouvernement contre les Saint-Simoniens. Cette circonstance ne m'a pas arrêté, parce que je sais toute la force d'Olinde Rodrigues et d'Enfantin contre les stupides accusations qu'on voudrait élever contre eux et qui ne peuvent avoir pour résultat que de leur assurer la sympathie de tous les hommes de cœur.

On pourrait croire, d'après ce que j'ai dit dans le cours de cet écrit sur la nécessité de *varier* les travaux industriels, que les saint-simoniens sont très-près de la solution du problème social relativement à l'organisation des travaux, puisqu'ils réhabilitent la *mobilité.* Assurément c'est un premier pas ; mais pour que la mobilité ne produise pas une stérile agitation, il faut, dans le cours d'un même travail, savoir développer deux autres passions sans lesquelles il n'y aurait que fatigue et ennui. L'ardeur au travail, dans une association, ne peut provenir que de la rivalité d'où naissent la *cabale* et *l'intrigue*, ou bien du concours passionné d'où naissent *la fougue aveugle, l'enthousiasme.*

Besoin de changement, génie d'intrigue, ardeur irréfléchie, sont les trois passions qu'il faut satisfaire, selon M. Fourier, pour rendre l'industrie attrayante ; mais pour qu'elles ne soient plus, comme aujourd'hui, causes de désordre, il faut une organisation toute nouvelle ; il faut un *nouveau mo de industriel.*

J'ai insisté sur le vice de notre doctrine relativement à l'analyse des passions humaines. Ce défaut nous a fait confondre les lois d'association qui correspondent aux diverses passions. Nous avons connu, par exemple, la loi d'association qui correspond au développement de l'*ambition*, et dans laquelle le supérieur entraîne l'inférieur et le redresse ; et nous avons voulu étendre les mêmes lois aux diverses autres passions. Nous avons cru que les autres passions devaient être soumises au même principe hiérarchique que l'ambition. Nous étions bien ignorans sur *le nouveau monde passionnel.* (Voir la *Théorie de l'association domestique agricole*, tome 1, 2e notice.)

Je rapporte ici quelques fragmens du discours préliminaire de la *Théorie des quatre mouvemens* (1808) :

« Une inquiétude universelle atteste que le genre humain n'est point encore arrivé au but où la nature veut le conduire ; et cette inquiétude semble présager quelque grand événement qui changera notre sort. Les nations, harassées par le malheur, s'attachent avidement à toute rêverie politique ou religieuse qui leur fait entrevoir une lueur de bien-être ; elles ressemblent à un malade désespéré qui compte sur une miraculeuse guérison. Il semble que la nature souffle à l'oreille du genre humain qu'il est réservé à un bonheur dont il ignore les routes, et qu'une découverte merveilleuse viendra tout à coup dissiper les ténèbres de la civilisation. »

» ...... Les philosophes ont cherché à éluder le problème que présentait la malice humaine : problème qui conduisait à suspecter la civilisation ou à suspecter Dieu. Ils se sont ralliés à une opinion bâtarde, celle de l'athéisme, qui, supposant l'absence d'un Dieu, dispense les savans de rechercher ses vues, et les autorise à donner leurs théories capricieuses et inconciliables pour règle du bien et du mal. L'athéisme est une opinion fort commode pour l'ignorance politique et morale ; et ceux qu'on a surnommés esprits forts pour avoir professé l'athéisme se sont montrés par là bien faibles de génie...... Sur ce point les philosophes ne sont pas les seuls en défaut ; s'il est absurde de ne pas croire en Dieu, il n'est pas moins absurde d'y croire à demi ; de penser que sa providence n'est que partielle ; qu'il a négligé de pourvoir à nos besoins les plus urgens, comme celui d'un ordre social qui fasse notre bonheur. »

» ..... Lorsque j'eus reconnu que les *sectes progressives* assurent un plein développement aux passions des deux sexes, des divers âges et des diverses classes ; que dans ce nouvel ordre on acquerra d'autant plus de vigueur et de fortune qu'on aura plus de passions, je conjecturai de là que si Dieu avait donné tant d'influence à l'attraction passionnée et si peu à la raison son ennemie, c'était pour nous conduire à cet ordre des sectes progressives qui satisfait en tous sens l'attraction..... J'en vins au CALCUL ANALYTIQUE ET SYNTHÉTIQUE DES ATTRACTIONS et RÉPULSIONS PASSIONNÉES, et je reconnus bientôt qu'il y avait UNITÉ DE SYSTÈME DE MOUVEMENT POUR LE MONDE MATÉRIEL ET SPIRITUEL. » (Ces mots sont en petites capitales dans le texte.)

Paris, le 12 février 1832.

A M. ENFANTIN,

RUE MONSIGNY, N° 6.

Monsieur,

Je ne suis plus votre fils, car je n'ai plus en vous la foi absolue dont vous faites votre pierre de touche.

J'aurais pu me taire et m'épargner à moi la peine de faire cette déclaration, à vous celle de la lire; mais j'ai mieux aimé parler : je dois à mes amis de Belgique comme à ceux de France l'explication des motifs de ma retraite.

Après les preuves de dévoûment et de courage que j'ai données à la doctrine, les efforts que j'ai faits pour elle dans un pays où le titre de Saint-Simonien est un titre à la haine et au mépris, mon empressement à accourir ici pour m'instruire de sa situation, l'on comprendra, j'espère, que ma résolution, fruit d'une conviction profonde, éclairée de tout ce qui pouvait la fixer, a quelques motifs sérieux.

Ces motifs, ce sont surtout vos idées sur l'autorité et les moyens de gouvernement qui mènent droit au despotisme et à la fourberie; ce sont vos idées sur la femme et le nouveau droit du seigneur, qui mènent droit à la promiscuité et à l'avilissement de l'espèce.

Vous vous *posez* RÉVÉLATEUR de la morale qui doit régler les rapports individuels des hommes avec l'autorité et les rapports des sexes. Cependant vous consentez à n'arrêter définitivement cette morale que lorsque vous sera arrivée la femme à laquelle vous faites appel.

Alors seulement la foi sera obligatoire.

Ni alors ni aujourd'hui je ne veux ni ne puis vous donner ma foi; car je ne reconnais personne comme mon RÉVÉLATEUR futur, quelle que soit l'époque à laquelle il fixe la force obligatoire de ses révélations.

D'ailleurs j'ai d'autant plus de raison de ne pas croire à votre morale *future*, que je repousse votre morale *présente*, qui, selon toutes les probabilités, sera aussi celle de votre femme, si jamais vous en avez une; votre femme, dont l'appel n'est à mes yeux qu'une jonglerie.

Vous avez dit que le règne de l'abnégation est aboli: sachez donc ne point vous étonner que je ne vous fasse pas bon marché de ma conviction.

Mon imagination n'est pas assez hardie, mon sentiment de l'être pas assez borné, pour renfermer la *vie* dans l'établissement de la rue Monsigny, et je souris de pitié en lisant dans tous vos enseignements cette variante de la parole d'un autre orgueilleux:

L'HUMANITÉ *c'est moi.*

Blasphème contre lequel je proteste de toutes mes forces. Je souris plus doucement quand vos brebis me demandent comment je me porte, et me regardent avec anxiété dans les yeux, se figurant qu'on doit être mortellement malade quand on n'est pas entièrement d'accord avec vous. Je dois à ce que vous appelez les dissidents la justice de déclarer qu'ils n'ont jamais suspecté ma santé pour avoir approché un enfantiniste ou avoir dîné à votre table.

Bref, je crois que ce qui reste à faire pour achever l'œuvre théorique de Saint-Simon ne se fera point instantanément et par un seul homme; même il me semble qu'il ne sera point trop du concours de tout ce que l'Europe renferme dans son sein d'hommes avancés pour produire cette seconde partie de la doctrine sociale de l'avenir.

J'admets qu'il peut vous appartenir, à Bazard qui le sent, et à vous qui ne le sentez pas, de provoquer la discussion sur ce nouveau terrain, d'en poser les premiers termes, mais rien de plus.

Vous *exigez* la FOI *en vous*, et vous vous étonnez (1) qu'on ne voie pas déjà en vous l'homme plus grand que Napoléon. Ne serait-il pas mieux de donner à cette foi l'occasion de naître, et, lorsqu'elle est née, l'occasion de s'affermir?

A mes yeux vous avez fait tout le contraire.

Dans le moment même où vous prétendiez à ma confiance entière, vous vous défiiez de mes rapports avec Bazard, madame Bazard, Dugied, Carnot, Reynaud, Leroux, Transon, Jules Lechevalier, Charton, Laurent, Lacordaire, Saint-Chéron, etc. Redoutiez-vous donc l'examen?

Vous avez amené la dissension en voulant vous établir LOI VIVANTE, en voulant proclamer un nouveau *droit du seigneur*, en prétendant *réaliser*, c'est-à-dire en voulant abandonner l'apostolat, qui était très actif, pour envahir *actuellement* le monde matériel par des emprunts successifs et des travaux de plus en plus considérables. Aujourd'hui que, grâce surtout à cette dernière prétention, qui renfermait une promesse d'amélioration *immédiate* pour le peuple, promesse si enivrante pour ceux qui à Paris ou dans les provinces ne connaissaient point le degré de développement de la doctrine et les dispositions du monde extérieur à son égard; aujourd'hui que, grâce à cette promesse, vous avez *conquis* le trône de la rue Monsigny, vous reconnaissez (mais *tacitement*) l'erreur qui vous a fait expulser tant d'hommes forts, dont le grand tort est de ne pas avoir

(1) Troisième enseignement, p. 121.

pu courber la tête et s'effacer devant vous, et dont quelques uns ont préféré le besoin dans l'indépendance à la splendeur factice dans l'asservissement; et vous sentez votre impuissance à exécuter vos plans industriels. Votre droit du seigneur s'est transformé en un appel à la femme, qui révèlera avec vous quand vous jugerez qu'il en sera temps; et pour voiler votre *loi vivante*, vous parlez d'une *loi écrite*, qui ne sera en réalité que l'expression sténographiée de celle-là.

D'abord vous avez voulu faire de l'humanité un couvent, et de la rue Monsigny sa première habitation, dont les cases s'étendraient successivement comme un bas de laine sur le globe tout entier. Aujourd'hui, voyant l'état matériel de votre société (si société il y a), vous dites qu'il faut laisser dans le monde extérieur les Saint-Simoniens que le *défaut de fortune* (séance du 12 février) ou les liens de famille empêcheraient d'arriver, *et ne faire sauter le fossé qu'aux* AUTRES. Serait-ce bien là, avec votre dogme de la *loi vivante* et votre *droit du seigneur*, qui en est à l'état de doctrine secrète, le moyen de réaliser la prédiction de Michel Chevalier, que dans quatre ans vous serez aux Tuileries? Je conçois qu'avec des idées aussi folles vous ne prétendiez pas faire acte d'abnégation et de sacrifice en catéchisant la France et l'Europe jusqu'à cette époque.

Je dois inférer de vos deux derniers enseignements que vous vous apprêtez à expulser de votre établissement les prolétaires, les faibles, et à vous ôter ainsi le moyen d'aller aux prolétaires, comme en expulsant les hommes forts de savoir et d'éloquence vous vous êtes ôté le moyen d'aller aux hommes forts.

Passons à l'industrie. De grâce, quelle foi voulez-vous que j'aie en votre capacité de direction sous ce rapport, quand, placé au centre des *opérations*, vous vous êtes trompé aussi grossièrement que vous l'avez fait sur les dispositions des non-Saint-Simoniens à l'égard de votre prétention à envahir l'industrie? Aujourd'hui vos émissions de rente, prises sur la foi de l'avènement du Charlemage industriel (1), ne servent qu'à nourrir les habitants de l'établissement Monsigny; déjà le capital est consommé, et vous annoncez de nouvelles émissions qui doivent avoir le même sort. Ici je crois devoir renouveler une demande que je vous ai déjà faite en séance, c'est de déclarer dans le *Globe* la destination réelle des emprunts et l'abandon de vos plans de réalisation industrielle. J'ai répété cette demande à différentes reprises; vous n'y avez pas eu égard malgré la promesse que vous en aviez faite : il me semble cependant que c'est là le seul moyen d'éviter le reproche de mauvaise foi.

Un mot sur votre compte du mois de janvier. Si l'on pouvait dire de tous ceux qui lisent *le Globe* : *Oculos habent et non videbunt*, ce compte pourrait ne pas annoncer une fin prochaine de votre règne; mais je crois que quelques lecteurs du *Globe* ne sont pas tout-à-fait dans ce cas. 112,000 fr. de dépense contre 14,000 fr. de recette! différence, 98,000 fr. pour un mois. — Je ne sais pas, moi, tracer poétiquement des routes en fer qui permettront à l'Orient de nous arriver par une voiture à vapeur, à l'Orient avec ses femmes emprisonnées et réduites à l'usufruit d'un dixième ou d'un centième d'homme, avec sa misère, sa malpropreté si grande que le Coran a dû s'élever contre elle, ses jeûnes, ses macérations; à l'Orient qu'on nous dépeint comme le règne de la matière, de l'industrie, quoiqu'il n'ait presque point d'industrie, comme le paradis des femmes, quoiqu'elles y soient enfermées ainsi que des oiseaux dans une volière, comme le royaume de la sensualité, quoique de l'Orient nous soient arrivés le mysticisme et la tradition des faquirs, et qu'aujourd'hui même l'usage du vin et des liqueurs ait grand'peine à s'introduire en Turquie; à l'Orient qu'on veut réconcilier avec l'Occident, quoique déjà depuis long-temps l'Orient ne demande pas mieux que de n'avoir rien à démêler avec l'Occident; à l'Orient

(1) Appel d'Olinde Rodrigues.

dont on voudrait aujourd'hui nous faire accepter, au moins partiellement, la civilisation, quoique depuis long-temps l'Occident l'ait dépassé en civilisation matérielle et morale, et que l'Orient en soit aujourd'hui à devoir emprunter tout progrès à l'Europe. Je ne suis pas même un hardi prophétiseur; mais j'ai manié un peu les chiffres dans ma vie, et il me semble que 100,000 fr. de déficit par mois ne promettent rien de bon, et ne font pas supposer grand talent industriel chez le chef qui ne l'a pas prévu.

Si des 112,000 fr., total de la dépense de janvier, l'on déduit 42,000 fr. pour les dépenses extraordinaires qui y sont comprises, il reste encore 70,000 fr. de dépense mensuelle *ordinaire*, ce qui fait par an . . . . 840,000 fr.

Je suppose que, *malgré la protestation des membres de l'ancienne hiérarchie* qui n'ont point voulu voyager dans les nuages, les dons continuent à produire comme en janvier 14,000 fr. par mois : par an . . . . 168,000 fr.

Déficit pour l'année . . . . 672,000 fr.

Si l'on ajoute que déjà 13,000 fr. sont déclarés *réglés* en février, et que des sommes considérables le sont en mars et avril, et qu'en avril il faudra payer la rente des deux premières émissions, on sera facilement convaincu que même la réalisation de toutes les propriétés foncières de vos adhérents, que j'évalue généreusement à 300,000 f., ne suffira pas pour couvrir le déficit croissant pendant cinq mois, *février, mars, avril, mai, juin*, JUILLET!

Prétendrez-vous couvrir tout cela par les nouveaux emprunts? — Les emprunts à 20, 15 et 10 pour 100 consommés *improductivement*, et qui bientôt cesseront de trouver des amateurs, ne peuvent pas mener bien loin; et vous verrez que vous avez eu raison de rejeter bien loin la FICTION de l'*amortissement*....

BANQUEROUTE! Banqueroute d'hommes et d'argent....

Voilà où l'on arrive quand on prétend renfermer la vie

de l'humanité dans *un* homme (1), et sa voix dans une gazette; voilà où l'on arrive en jouant le révélateur, en singeant la papauté, en se plaçant en dehors du réel, en se jetant à corps perdu dans une logique que le sentiment ne retouche pas; en escamotant les trinités et les dualités comme un joueur de gobelets ses muscades, en annonçant la fin du sacrifice, l'avènement de la matière et la sanctification de l'égoïsme; en voulant se mêler de *délier* quand on n'a encore rien qui puisse *lier*; en réhabilitant TOUT CE QUI EST, ce qui amène très *logiquement* à glorifier le juste milieu, et à considérer don Miguel comme l'instrument du progrès (2).

La foi! Me crierez-vous encore : *Vous croyez au diable, à Satan!* Eh non, je ne crois pas au Mal comme existence absolue; mais que signifierait donc le progrès s'il n'y avait pas toujours du mal à rejeter et du bien à atteindre?

Votre propre erreur vient de ce que votre orgueil vous fait tout rapporter à vous, au chef; de ce que réellement vous ne sentez pas Dieu, la vie universelle. Vous dites sans cesse que Dieu *est tout ce qui* FUT et *tout ce qui* EST; moi je dis qu'il est non seulement *ce qui* FUT et *ce qui* EST, *mais aussi* ce qui SERA. Posée de cette manière, vous ne trouverez plus la définition de Dieu un argument aussi facile.

Saint-Simon nous a appris beaucoup de grandes choses; nous en avons accepté beaucoup d'autres comme conséquences de celles-là; je continuerai à les enseigner avec bonne foi et simplicité, par la presse, l'écriture et la parole; mais il est des choses qui sont encore à dire; là commencent les nouveaux travaux, là finit votre autorité pour moi.

A cette occasion, monsieur, je suis aise de vous exprimer ma reconnaissance pour ce que vous avez fait pour la propagation de la religion Saint-Simonienne; je vous appuierai volontiers quand votre but et vos *moyens* ne seront pas con-

(1) Qui ne peut plus être malade comme un bourgeois, et qui ne peut plus avoir que des maladies de doctrine. (Séance du 12 février.)

(2) *Globe* du 12 février.

traires à mes sentiments; mais, croyant quelque peu à la spontanéité dans l'homme, j'ai dû combattre la fausse voie dans laquelle je vous vois engagé, par ce qu'elle me paraît de nature à retarder les véritables progrès, et à éloigner tous les hommes qui ont le sentiment de leur dignité, et toutes les femmes qui ont quelque pudeur.

Je vous prie, Monsieur, de vouloir agréer mes salutations,

TOUSSAINT,
de Belgique.

P. S. Au moment où je corrige l'épreuve de cette lettre, j'apprends qu'une nouvelle dissension éclate à l'établissement Monsigny. Enfantin veut déposséder Olinde Rodrigues comme chef de ce qu'ils appellent le *culte*, et Olinde Rodrigues se *pose* comme chef de la doctrine et de l'humanité, en remplacement d'Enfantin. C'est là une conséquence naturelle de la fausse voie dans laquelle on s'est jeté.

IMPRIMERIE DE LACHEVARDIÈRE, RUE DU COLOMBIER, Nº 30.

DE LA

SOCIÉTÉ SAINT-SIMONIENNE,

ET DES CAUSES QUI ONT AMENÉ SA DISSOLUTION,

PAR JEAN REYNAUD.

PARIS.

AU BUREAU DE LA REVUE ENCYCLOPÉDIQUE,
Rue des Saints-Pères, N° 26.

PAULIN, PLACE DE LA BOURSE.

1832

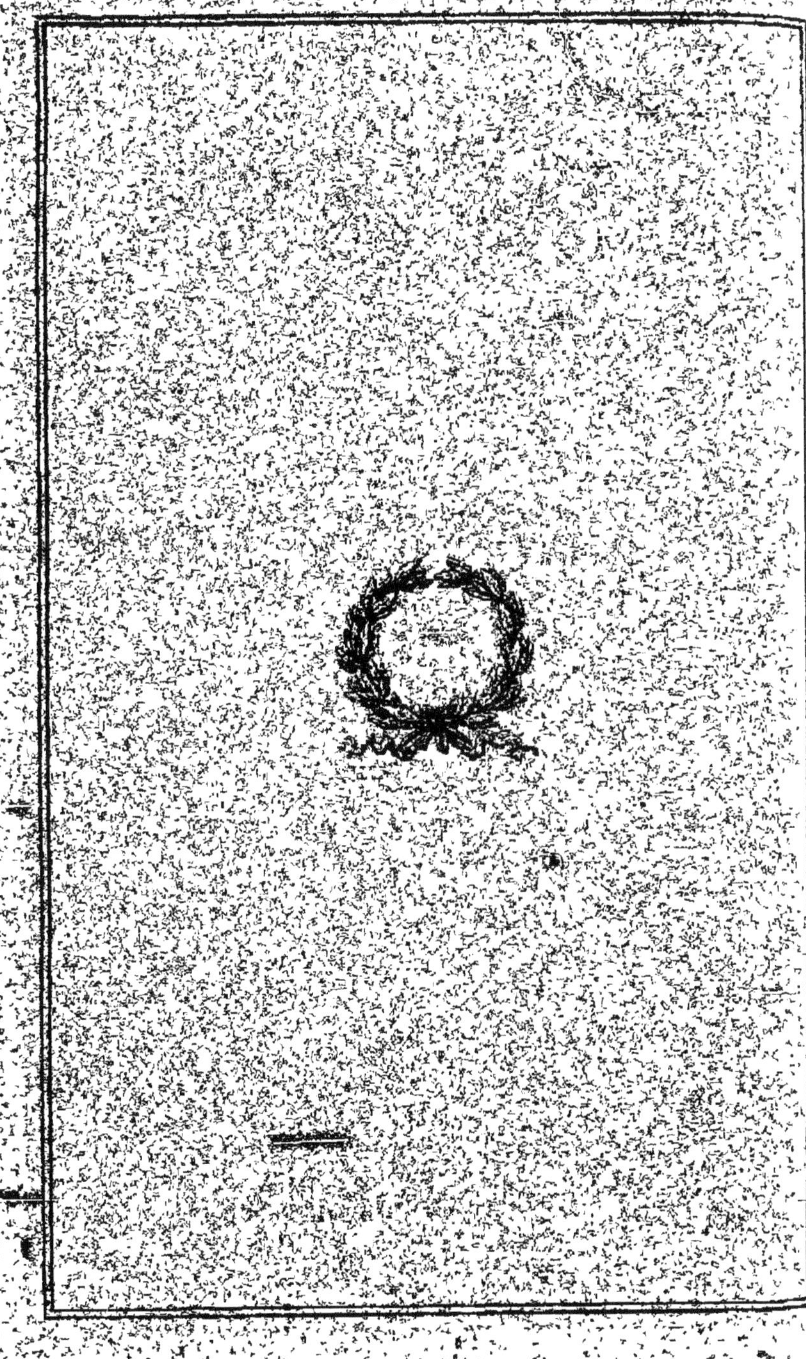

DE LA

SOCIÉTÉ SAINT-SIMONIENNE,

ET DES CAUSES QUI ONT AMENÉ SA DISSOLUTION,

PAR M. JEAN REYNAUD.

EXTRAIT DE LA REVUE ENCYCLOPÉDIQUE.
JANVIER 1832.

PARIS.
AU BUREAU DE LA REVUE ENCYCLOPÉDIQUE,
RUE DES SAINTS-PÈRES, n° 26.

1832.

REVUE ENCYCLOPÉDIQUE.

La livraison de JANVIER 1832, formant un volume de 250 pages, vient de paraître.

Elle contient les articles suivans :

1. De la Tendance nouvelle des idées.
2. De la Société saint-simonienne, par *Jean Reynaud.*
3. Les trois Principes : Rome, Vienne, Paris, par *Charles Didier.*
4. Considérations sur les finances de la France et des États-Unis, par M. *Emile Pereire.*
5. Des Variations de la taille chez les mammifères et dans les races humaines, par M. *Is. Geoffroy-Saint-Hilaire.*
6. De l'Éducation publique, par M. *E. Souvestre.*
7. Fragmens sur la Valachie, par Mlle *Adélaïde Montgolfier.*

L'ANALYSE DE CINQUANTE-HUIT OUVRAGES de sciences et de littérature, dont 2 américains, 7 anglais, 9 allemands, 1 suisse, 10 italiens, 2 belges, 7 français.

BULLETIN SCIENTIFIQUE ET LITTÉRAIRE. — Cours de philosophie de M. Jouffroy ; — Séances de l'Académie des Sciences pendant le mois de janvier 1832 ; —Société géologique de Londres ; —Société linéenne de Londres ; —Société zoologique de Londres ; — Société anthropologique de Paris ; — Observatoire de Bruxelles ; — Expédition archéographique en Russie ; —Arsenal maritime d'Alexandrie ; — Système pénitentiaire en Suisse ; — Travaux de l'Anio à Tivoli ; — Ruines de Solunto en Sicile ; — Lettre sur les théâtres de Paris ; — Notice nécrologique sur Soden.

La publication de ce recueil avait éprouvé des retards que les nouveaux éditeurs vont faire cesser. Les livraisons de *février*, *mars*, *avril*, paraîtront de quinze jours en quinze jours.

A partir du 1er *mai*, la REVUE ENCYCLOPÉDIQUE *paraîtra tous les quinze jours*, le 1er et le 15 de chaque mois. Ce recueil recevra ainsi un intérêt plus vif, sans rien perdre du caractère encyclopédique qui lui a valu sa réputation en Europe depuis treize ans.

Malgré les frais occasionés par ce nouveau mode de publication, on a la faculté de s'abonner, *sans augmentation de prix*, pour toute l'année 1832.

PRIX DE L'ABONNEMENT.

A Paris.	46 fr.	pour un an ;	26 fr.	pour six mois.
Dans les départemens. . .	53	»	30	»
A l'étranger.	60	»	34	»
En Angleterre.	75	»	42	»

A partir du 1er mai prochain, pour Paris et les départemens, et du 1er juillet pour l'étranger, le prix de l'abonnement sera augmenté.

On s'abonne à Paris, RUE DES SAINTS-PÈRES, n° 26.

Lorsque le mouvement de propagation des doctrines saint-simoniennes commença à s'étendre hors de Paris, nous saisîmes avec empressement, mon ami Leroux et moi, l'occasion qui nous était offerte de nous rendre à Grenoble et à Lyon pour y répandre l'intérêt des idées nouvelles. Pendant trois mois, tant par des séances publiques que par nos relations particulières avec les hommes les plus distingués de ces deux villes, nous nous sommes efforcés de diriger les esprits vers la discussion des nouveaux problèmes d'économie industrielle et vers les hautes considérations du progrès de l'humanité. Les doctrines que nous professions, et qui se trouvent résumées dans quelques discours imprimés et quelques articles du *Précurseur*, différaient sur plusieurs points de celles qui, sous le nom général de Saint-Simon, étaient enseignées par *le Globe*, mais demeuraient toutefois d'accord avec elles sur les bases fondamentales. Aujourd'hui la religion saint-simonienne s'est transformée en une théorie toute nouvelle dont nous ne pourrions partager la responsabilité qu'en abjurant les principes que nous avons consciencieusement émis devant tous. Si nous avons appelé de tous nos vœux l'amélioration des classes prolétaires, nous n'avons jamais pensé qu'elle pût être le prix d'une dégradante soumission, et l'accroissement de leur dignité et de leur indépendance nous a toujours paru chose plus précieuse encore que l'accroissement de leurs jouissances physiques et de leur bien-être matériel.

Notre but, surtout à Lyon, a constamment été de montrer aux hommes pour lesquels de tels enseignemens pouvaient être profitables, quelles immenses ressources demeuraient étouffées au sein de ces masses laborieuses, et quelle terrible puissance pouvaient y éveiller le dénuement et l'humiliation. Une répartition plus équitable des richesses produites par le travail de cette importante partie de la nation sera toujours l'objet de nos désirs; mais nous ne permettrons jamais qu'une aussi légitime ambition devienne le voile de tentatives immorales; c'est pourquoi nous avons protesté contre la société saint-simonienne lorsque son chef a voulu abriter ses théories sous la protection du nom de prolétaire.

Aujourd'hui nous adressons cette note aux personnes avec lesquelles nous nous sommes trouvés en relation, pour les éclairer sur la dispersion réelle de l'ancienne société saint-simonienne et pour que la similitude apparente du nom ne les égare point sur la dissemblance fondamentale des idées.

Dans le cours de notre mission une seule personne fut attachée à la société et chargée de continuer à Lyon l'enseignement des idées saint-simoniennes ; cette personne s'étant retirée de la hiérarchie a été remplacée par deux jeunes gens envoyés de Paris, qui forment ce que le *Globe* continue à nommer l'*Église de Lyon*.

A Grenoble, nos amis sont toujours demeurés indépendans de tout lien hiérarchique.

DE LA

SOCIÉTÉ SAINT-SIMONIENNE.

Un fait nouveau, saillant, original, a seul marqué cet instant d'hésitation et d'attente qui a suivi le choc imprévu de la dernière révolution : c'est le développement de la Société saint-simonienne. En tous lieux, à la chaire, à la tribune, au palais et au théâtre, dans les salons, dans les clubs, dans les ateliers, l'air a été vaguement rempli du nom de ce philosophe sorti du silence de la tombe à la première lueur de cette confuse aurore qui commence à éclairer les ténèbres. Il était assurément remarquable de voir cette crise populaire, qui avait brisé le trône et ébranlé l'autel, faire soudainement surgir une doctrine nouvelle, et cette atmosphère lourde et fatigante, qui répandait partout l'abattement et l'immobilité, lui donner mouvement et nourriture.

La recherche de l'origine de ce phénomène, et l'appréciation de sa valeur et de son étendue, sont des problèmes dignes de l'attention des hommes qui ont appris à considérer gravement tout ce qui se rattache aux questions sociales, et qui savent qu'il n'est pas plus de singularités dans l'histoire que de bizarreries dans la nature.

Je vais essayer de montrer, par un examen rapide, et sans pénétrer trop avant dans la profondeur des questions, comment la mission dont se sont emparés dans ces derniers tems les saint-simoniens résultait du nouveau besoin de progrès qui se faisait sentir; on comprendra alors comment leur tâche s'est trouvée accomplie, et par suite le lien de leur association anéanti, du jour où ils ont eu terminé leur large et hardie proclamation des problèmes nouveaux que les sociétés doivent résoudre.

Long-tems les philosophes qui vivaient parmi la société ont porté sur elle leurs méditations et leurs calculs, toujours la considérant telle qu'elle était, et ne s'apercevant point que ce tourbillon, au milieu duquel ils avaient été jetés, s'avançait en les entraînant avec lui; comme ces astronomes qui étudiaient le ciel sans mettre en doute la stabilité de la terre, parce que dans sa course elle les emportait avec elle, et qu'ils ne la sentaient point se dérober sous leurs pas. Mais lorsque Galilée, portant au christianisme les premiers coups de la science, eut nié l'immobilité de la terre, les philosophes marchant à sa suite nièrent bientôt à leur tour l'immobilité dont les théories catholiques voulaient frapper l'humanité.

L'humanité se meut. Dans ce mot se résume ce qu'il y a de plus puissant et de plus vaste dans le génie du dix-huitième siècle. Le progrès de l'humanité est signalé; mais quelle limite est posée à sa carrière? vers quel but se dirigent son instinct et sa persévérance? et comment fixer, d'une manière assurée et authentique, par de simples présomptions philosophiques, le point immuable vers lequel elle s'avance?

Une grande nation s'est levée, et se livrant elle-même tout entière à la théorie, pour lui servir d'expérience vivante et lui donner la sanction de sa voix et de sa volonté, a prononcé ce grand mot d'*égalité*, qui renferme la loi du mouvement et l'avenir du monde. Égalité! c'est là le terme; et, infatigable comme la terre qui, sans cesse portée en avant, abandonne à son orbite la trace des points qu'elle a quittés, et, dans sa marche gigantesque, s'avoisine chaque jour du sommet annuel de sa course, la société, conduite par sa tendance invariable, et ne perdant l'équilibre ni par les secousses ni par les balancemens, gravite incessamment vers le terme de sa destinée.

Cette égalité n'est point l'égalité tumultueuse des révolutions populaires, ni l'égalité sépulcrale des réunions monastiques : c'est cette profonde égalité des tems modernes, fondée sur la diversité des individus et l'unité de la race; base de toute association équitable, droit donné à chacun de vivre dès l'enfance, parmi ceux qui l'entourent, au vrai titre de son mérite et de sa valeur. En partant de cette large définition, négation complète de tout privilége de faveur ou de naissance, il est facile, lorsque l'on promène un regard impartial sur les combinaisons qui constituent la société qui nous environne, de reconnaître en avant du but bien des travaux, bien des années. Tous les pas doivent être progressivement franchis, et vouloir faire bondir tout d'un saut l'humanité, pour la jeter sans transition à ce but éloigné qu'elle ne fait que d'entrevoir, serait méconnaître le progrès tout autant que les apôtres de la stabilité. Le tems qui paraît long à l'horloge de l'homme souvent est court à celui de l'humanité : aux grandes masses les grands mouvemens, et aux grands mouvemens les grandes durées. La vie civile et la vie morale marchent d'ensemble, et un homme se modifie plus en un jour qu'un peuple ne se modifie en un siècle; mais au cœur d'un peuple l'éducation jette des racines de chêne, et ni vers de terre ni tempêtes du ciel n'ont d'action contre elles. Une idée nouvelle, c'est une position nouvelle; et quand l'idée est saisie, la position est bientôt prise, et n'est abandonnée que pour la position plus haute qui lui jette son ombre.

Cette grande pensée des tems modernes, cette pensée directrice assurée du mouvement des nations, n'est plus aujourd'hui la propriété exclusive des penseurs et des philosophes; elle est versée dans l'atmosphère comme la lumière du ciel, l'air de France en est imprégné et en nourrit ses enfans, et le caprice des vents en promène la semence sur le monde. Ce n'est plus une opinion théorique qu'il soit permis de refuser ou de discuter, c'est une loi, et une loi parée de toute la solennité de l'acclamation d'un grand peuple; ses adversaires les plus opiniâtres n'osent pas élever contre elle une voix pleine, et la battre hardiment dans sa base ; ils ne peuvent s'attaquer au principe qui les pousse, et, se rejetant au détail, ils défendent pied à pied leurs lambeaux de terrain ; mais la loi se déroule en une série dont chaque article, germe de celui qui lui succède, et conséquence de celui qui le précède, arrive impérieusement à son tour, et impose son ordre. L'égalité, impassible comme la mesure du tems, poursuit sa route du même pas à travers le calme et la tempête, et quand l'aiguille, qui entraîne à sa suite tous les regards et donne à l'opinion publique sa règle et sa direction, s'arrête un instant dans le cercle qu'elle parcourt, empêchée par l'obstacle d'un privilége, l'heure de mourir sonne pour le privilége, et l'aiguille reprend sa marche.

Les sociétés de l'antiquité et du moyen âge étaient fondées sur le principe de l'inégalité ; nous avons proscrit le principe de nos pères, mais nous n'avons point encore entièrement rompu avec leur héritage. Ce que nous nommons priviléges de naissance étaient des modes d'organisation résultant du pacte social ; et, sous peine d'anarchie, nous ne pouvons les effacer que le jour où la civilisation a puissance de les remplacer par des modes nouveaux basés sur le principe nouveau, l'unité de la race et l'égalité des droits. Ainsi les législateurs élus par le consentement du peuple, forts d'avenir, ont étouffé de leur crédit les législateurs héréditaires, débris caducs de féodalité ; ainsi une légitimité de convention est venue se placer, comme un anneau de transition, entre la légitimité par volonté divine et la légitimité par volonté populaire.

Tout privilége porte en lui un germe de mort, qui se développe à mesure que l'association se perfectionne ; il importe donc à la sécurité et au progrès des sociétés de remonter à l'origine de toutes choses, et de marquer à l'avance ce qui, dans leur constitution, dérive de l'inégalité. Les hommes prudens visitent avec soin les fondations des édifices, donnent l'éveil sur les colonnes chancelantes, soutiennent le faîte, et se hâtent de préparer l'appui nouveau. La question préalable est donc de déterminer la relation de privilége ; la question définitive, de produire la relation d'égalité.

Lorsque l'on réfléchit sérieusement sur ce caractère moderne des sociétés, si passionnées de travail, si riches d'industrie, et que l'on pèse l'immense puissance qui se rattache autour du droit nommé propriété, il s'établit promptement en l'esprit une comparaison entre cette force industrielle abandonnée au domaine privé des citoyens propriétaires et la force militaire abandonnée, durant le moyen âge, au domaine seigneurial des nobles féodaux : même puissance sociale remise au hasard de la naissance, même droit de maître sur la direction des hommes tenus à la solde ou au salaire, même guerre d'usine à usine et de château à château, même honte à celui qui faillit et à celui qui tombe, même fortune et même honneur à celui qui domine et ruine ses voisins par le combat ou par la concurrence.

Ce droit naturel, qui dans son essence doit être une extension mesurée de la personnalité de l'homme sur la matière du globe, devient, par l'arbitraire qui préside à sa répartition, une extension déréglée de la personnalité de l'homme sur celle d'autres hommes. La propriété envisagée de haut est, en quelque sorte, le pacte d'association entre l'homme et la terre, et son existence est une des conditions physiques de l'existence de l'humanité à la surface de sa planète ; mais le principe philosophique demeure seul impassible et stable, et traverse les âges ; le mode, soumis à une perpétuelle transformation, varie comme l'esprit des peuples. Les codes, qui se renouvellent, imposent à la transmission et à l'usage des lois nouvelles ; et notre dix-neuvième siècle, qui repousse les servitudes du moyen âge, en est encore à la troisième phase de l'esclavage antique.

Les esprits les plus sages conviennent que cette organisation féodale du travail forme entre notre association et celle de l'avenir la différence la plus frappante et la plus générale. Mais comment combler ce fossé si profond et si large? par quel réglement de justice remplacer le caprice du hasard ?

Il est assurément naturel de comparer à une vaste enceinte

d'atelier ce sol de France sur lequel naissent tant de richesses ; il n'est pas de limite à l'étendue que doit occuper une usine. Dès-lors tout invite également à communiquer au pays cet ordre industriel qui fait prospérer l'atelier. Mais aujourd'hui nulle harmonie entre tous ces travaux qui germent, grandissent, chancèlent ou meurent à l'aventure : partout désaccord, désassociation. Au lieu de cet assemblage de travaux incohérens, conduits uniquement par un caprice aveugle ou une concurrence effrénée, ruineux exemple pour tout établissement qui serait assez insensé pour en oser imiter l'imprudente liberté et la folle anarchie, se présente aisément à l'esprit la conception d'une sage et intelligente harmonie : la distribution des instrumens remise aux mains de maîtres habiles, régulateurs éclairés de la production, élus parmi les plus capables, coordonnant les efforts vers un but convenu, rétribués au titre commun, celui du travail accompli.

Cette activité toute pacifique des sociétés modernes, avides de richesses, non plus par la conquête mais par l'industrie, ne se déploiera avec assurance que lorsqu'elle sera basée sur une association vraiment physiologique de ces membres si variés et si nombreux qui la produisent. La destinée de l'humanité, à la surface de ce globe qu'elle change et embellit sans cesse, promet à ses travaux industriels une importance plus grande encore, dans l'histoire du monde, que celle des travaux guerriers de son premier âge. Si le despotisme des priviléges de la naissance a pu marcher de pair avec la brutale domination du glaive, il doit cesser aujourd'hui qu'il n'est plus besoin de l'ambition des rois ou des haines nationales pour rapprocher les peuples et mélanger leurs progrès. Que l'égalité, qui a déjà étendu sur les armées civilisatrices de la France populaire son nouveau principe d'ordre et de justice, généralise son bienfait, et soit la règle du peuple dans sa vie à l'intérieur, comme elle l'est déjà dans sa vie à l'extérieur.

Égalité, liberté, association, sont les trois faces du problème fondamental des sociétés humaines. Pour arriver à la vérité, il faut arriver à en saisir l'ensemble : car chacune d'elles envisagée isolément demeure imparfaite et conduit au désordre; et, pour l'humanité, le désordre est l'erreur.

Mais est-il possible à un législateur, par le seul enfantement d'un code réglementaire, de changer subitement les relations qui constituent notre association, et de lui communiquer immédiatement ce mouvement que le philosophe entrevoit dans l'avenir et annonce au présent? La parole de l'homme ne possède pas, comme celle du Dieu de Moïse, la puissance de faire jaillir une soudaine lumière à son commandement : la parole de l'homme s'adresse à l'homme, elle est le fluide par lequel sa vie se répand et s'échange; mais ce n'est que par une longue communication que l'aimantation se produit et se propage ensuite de proche en proche. Notre volonté ne saurait modifier directement la nature de la masse, il faut qu'elle modifie d'abord la nature des élémens qui la composent. Il en est des mouvemens et des apparences des sociétés humaines comme des mouvemens et des apparences des corps matériels : on les prend d'abord confusément pour une propriété de la masse; mais, par une étude profonde, on reconnaît qu'ils ne sont que la conséquence directe de l'état particulier des élémens moléculaires; et ce n'est qu'à la condition de pouvoir agir sur les forces intimes qui animent les élémens, que l'on peut agir sur les caractères extérieurs de la substance et la rendre capable d'un nouvel ordre de phénomènes. La nature des élémens qui composent les sociétés humaines est soumise à une lente et continuelle variation, et le progrès de l'organisation générale marche de concert avec le progrès du sentiment individuel et en réfléchit toutes les phases.

L'inégalité de la naissance, cette vieille table de la loi, perd chaque jour de son autorité; le tems l'efface et l'use, mais il n'est point de choc si violent qui puisse l'abattre et la briser. Pourquoi enlever le privilége héréditaire, si la société ne connaît encore que le privilége de faveur qui puisse le remplacer et combler la lacune? C'est le privilége qui doit disparaître : naissance ou caprice, l'iniquité demeure toujours. Il faut que le sentiment moral renaisse; il faut qu'une ère nouvelle de vertu et d'honneur sorte du peuple, et étouffe sous sa jeune vigueur la corruption de notre décadence monarchique; il faut que chacun apprenne à contempler avec respect la société qui lui donne asile, et à sentir religieusement en lui la dignité de sa position parmi les autres hommes : jusque-là, si la fonction sociale est un jeu, et la magistrature un habit de parade, qu'importe que la distribution en soit faite au hasard? et qu'importe même la capacité? elle est sans garantie, quand elle est sans conscience. Mais il faut aussi, au milieu de cette immoralité qui semble étendue sur la société tout entière parce qu'elle en couvre toutes les hauteurs, ne pas laisser échapper l'espérance, et, malgré la triste expérience, conserver assez de force au cœur pour croire encore à la vertu. Ce secret enfantement d'une religion nouvelle, qui travaille sourdement notre âge; cet amour des masses, qui emplit de sa chaude ardeur les ames vierges encore de la honteuse pratique de nos mœurs; ces travaux de la philosophie européenne, ouverts comme d'instinct sur la même route et nourris de la même essence; cette condition du peuple, s'approchant chaque jour, dans les pays les plus civilisés, du dernier terme de l'abomination; et cette terrible question de l'accroissement exagéré de la population pauvre qu'on ne peut débattre sans blasphème, à moins d'y joindre l'espoir d'une organisation nouvelle; tous ces signes des tems qui s'assemblent devant nous, avec tout l'appareil de la majesté prophétique, n'ont-ils pas une voix haute qui annonce que de grandes questions sont venues à l'humanité, et que le génie des hommes est convoqué pour les résoudre?

L'Allemagne, avec ses merveilleuses richesses et ses pensées profondes qu'elle dérobe à nos regards dans le mystère de son langage, Orient moderne qui, semblable au phénix, germe du sein des cendres inanimées de l'antique Orient, l'Allemagne, qui touche à nos fleuves et s'appuie à nos montagnes, et dont la voix étrangère emploie des années pour venir jusqu'à nous, l'Allemagne commence à s'entr'ouvrir et à nous dévoiler les sanctuaires de sa philosophie. Grande et hardie dans ses travaux, et se livrant au mouvement d'idées qui entraîne l'Europe dans des voies nouvelles, elle est venue aux questions par la base, laissant à l'avenir le soin de façonner le détail; et par l'essor de sa prompte logique elle a pris une haute avance sur ceux qui, méditant des essais, ne songent pas que dans une voûte on ne peut changer la forme d'une pierre sans changer à la fois la voûte tout entière. Dieu est l'origine de toutes choses, et vers lui remonte toute pensée humaine. Comment les hommes conserveraient-ils le même Dieu, lorsque pour eux l'univers a pris de nouvelles formes et de nouvelles mesures? Comment le Dieu qui ordonnait la société ancienne ordonnerait-il la société nouvelle? La terre est toujours le reflet du ciel, et le ciel ne saurait varier sans que la terre ne varie à son tour et ne se mette en harmonie avec lui. Mais de même qu'il faut des siècles pour que la lumière qui descend des étoiles arrive jusqu'à nous et nous apporte le tableau des régions célestes, de même il faut de longues années pour que la lumière théologique atteigne à ses dernières conséquences et réalise l'ordre social nouveau. Cette lenteur apparente n'épouvante que ceux qui séparent leur vie de la vie de l'univers, rapportant tout à eux-mêmes, jugeant tout en eux-mêmes, toujours méprisant ce qu'ils dominent, et s'anéantissant devant ce qui les dépasse : ceux-là seuls comprennent le tems qui savent qu'il transmet fidèlement d'âge en âge les vérités qu'on lui confie, et que la vie de l'humanité est une chaîne dont il ne brise pas les anneaux.

Les sages de l'Allemagne ont porté leur esprit plus avant que nos philosophes, qui avaient renversé le culte catholique; que nos politiques, qui avaient renversé l'organisation féodale; que nos républicains, qui pensent fonder une société sur l'athéisme; que nos néo-chrétiens, qui veulent que l'humanité atteigne le dernier terme de sa destinée, toujours sous la main du Dieu de la Genèse.

Ils ont vu qu'il n'était pas logique de parler de perfectibilité en présence de la chute de l'homme, et d'abolition du privilége de la naissance en présence du péché originel; ils ont senti que c'était une étroite idée que de s'obstiner à ne pas sortir de notre généalogie judaïque, de ne vouloir accepter de tous les trésors de l'Orient qu'un seul livre, et de ne rattacher notre Europe à l'immense Asie que par une incertaine alliance avec une tribu de ses déserts; alors ils se sont tournés vers ce tronc antique de l'humanité qui dérobe à nos regards ses racines mystérieuses, et, reconnaissant que cette tige qui nous supporte, et que nos pères prenaient pour un grand arbre, n'était qu'un rameau à demi perdu dans le feuillage, ils ont compris que nous devions marcher à l'avenir non-seulement par le secours de l'héritage de nos aïeux, mais par celui de l'héritage de la famille humaine tout entière.

Ainsi s'est trouvée rattachée aux questions les plus élevées cette tendance invincible des sociétés modernes à se constituer sur un ordre nouveau; l'idée de perfectibilité a pris racine dans l'idée de création continue, et l'idée d'égalité des hommes sur la terre dans l'idée de l'unité de la substance universelle.

En France, le mouvement philosophique du dix-huitième siècle ne continua pas long-tems sa marche tranquille et régulière; la nation, docile à la voix qui avait proclamé la déchéance des rois, se leva, au milieu de l'Europe en tumulte, pour frapper l'antique royauté; entraînée par cette ardente activité, qui fait que chez elle l'action s'élance toujours prompte et hardie à la suite de la pensée, elle passa tout entière de la paix à la guerre. La révolution française était le geste qui accompagnait la parole des philosophes. Mais l'œuvre était inachevée; car il ne suffisait pas d'avoir rompu avec le passé, il fallait nouer avec l'avenir; le grand mot de perfectibilité avait été prononcé, il fallait en sentir l'étendue et en étudier les conséquences; de glorieuses destinées avaient été promises à l'humanité, il fallait comprendre leur réalité, et s'organiser pour les atteindre. En un mot, pour continuer la politique de nos pères, il fallait pouvoir continuer leur pensée, et, pour développer leur révolution, il fallait commencer par développer les principes qui lui avaient donné naissance. Le dix-huitième siècle avait eu sa philosophie et son progrès social, le dix-neuvième siècle pour un progrès nouveau devait fonder une philosophie nouvelle. La convention avait élevé des autels à l'égalité, mais comme Athènes en avait élevé au dieu inconnu, par un sublime pressentiment; en abattant l'aristocratie patricienne, elle avait laissé la place à l'aristocratie des plébéiens affranchis.

Au milieu de ce prodigieux mouvement de guerres et de conquêtes qui entraînait tous les esprits comme en un vertige, un homme comprit que cette ère républicaine, qui prétendait succéder à l'ère chrétienne et ouvrir à son tour la porte des siècles, était plutôt une fin qu'une origine : cet homme était Saint-Simon. Doué d'un génie d'investigation remarquable, homme de raison plus que de sentiment, conduit par les idées scientifiques bien plutôt que par les idées religieuses, il reconnut que la pensée générale sur laquelle avaient été fondées les sociétés du moyen âge était épuisée, et que pour terminer la crise révolutionnaire dans laquelle l'Europe tout entière se trouvait jetée par suite de la rupture du principe de l'inégalité, il fallait arriver à une pensée fondamentale nouvelle. Eclairé par cette lumière, fruit d'une sage appréciation de l'histoire, mais ne sentant pas en lui la force de produire ce qu'il avait eu la force de concevoir, il promena infatigablement sa recherche parmi les travaux philosophiques de l'Angleterre et de l'Allemagne, pour y découvrir les élémens qui devaient servir à résoudre ce grand problème. Semblable à Archimède méditant au milieu du désordre et de la confusion, il rêvait la science générale alors qu'autour de lui on se divisait avec emportement sur la mécanique ou l'idéologie. Incertain, marchant de chute en chute, mais à chaque chute, disait-il, se relevant plus fort, pénétré comme à son insu de l'esprit qui s'échappait des masses et montait jusqu'à lui, sous la période de l'empire, il songeait à régénérer la société par la science; sous celle de la restauration, venant de plus près au cœur du peuple, l proclamait l'avénement de l'industrie. Après avoir ainsi ébranlé toute cette longue série de problèmes, toujours entraîné de l'un à l'autre par l'invincible puissance de la logique, toujours sentant l'harmonieuse unité vibrer tout entière quand il pensait porter la main sur une corde isolée, au terme de sa longue carrière, il aperçut enfin l'immense vérité se dresser confusément devant lui. Dieu était là; il écrivit le *Nouveau Christianisme.*

Mais pour lui la vérité demeura nuageuse et enveloppée; il disait que l'âge d'or était en avant et non pas en arrière, et, ne sentant pas toute la portée de sa doctrine, il croyait pouvoir s'arrêter à l'Évangile, alors qu'il attaquait audacieusement le principe de la chute qui dominait celui de la rédemption. Sa longue persévérance avait rassemblé les élémens dont le rapprochement devait faire jaillir la première étincelle, mais il ne lui fut pas donné d'en exprimer la lumière: sa part était assez grande pour que sa place fût glorieuse. Prométhée a pu conquérir le feu du ciel et en doter l'humanité du premier âge, mais l'humanité de nos jours ne vit pas des bienfaits d'un homme, et grandit par l'effort de chacun de ses membres; le foyer sacré n'a plus ni prêtres ni victimes; ouvert à tous, il s'alimente du travail de tous.

Aussi, en réalité, Saint-Simon, bien que peu compris de ses contemporains, n'accomplissait point une œuvre solitaire; sous mille aspects en apparence divers, les grandes questions commençaient à se laisser entrevoir; des champs immenses s'ouvraient devant le dix-neuvième siècle, qui jusque là n'avait eu devant lui que fantômes et ténèbres; le mouvement philosophique, un instant interrompu par la secousse politique, avait repris sa marche; les anneaux qui devaient servir à rattacher la France au mouvement d'idées de la grande Allemagne se préparaient dans le silence; et le moment était proche où les esprits les plus élevés, lassés enfin de la creuse métaphysique des doctrines anglaises, comprendraient qu'il fallait puiser l'avenir à une source plus vaste, et porteraient, en toute liberté, à la doctrine du progrès, le tribut de leur élan et de leur activité.

L'humanité, dans son développement, n'obéit point passivement à la voix des hommes qui tour à tour viennent commander ses larges évolutions; il semble que l'esprit qui imprime le progrès se répande mystérieusement sur les masses avant qu'aucune parole humaine retentisse; de toutes parts la pensée, comme soumise à cette secrète influence, se tourne vaguement et sans calcul vers le but nouveau: mais quand la voix éclate, tous la reconnaissent et vont à elle; car c'est la voix de l'humanité prenant un organe, c'est le verbe qui se fait homme. Ainsi lorsque les oiseaux voyageurs se hâtent à grandes troupes et s'assemblent autour de celui qui le premier a fait entendre le chant du départ, ils obéissent à l'ordre des tems et à l'instinct qui les pousse, et non point à la voix isolée qui a donné le signal.

Nous nous proposons de revenir assiduement, dans la série de nos publications, sur toutes ces conceptions nouvelles, tous ces élémens spontanés qui demeurent épars et confondus parmi l'énorme amas de matériaux que produit l'esprit de notre âge. Ceux qui suivent avec attention ce tourbillon d'idées qui précède toujours la conception générale qui se répand sur la société, et qui comparent l'effervescence qui nous agite à celle qui agitait le dix-huitième siècle à son origine, savent quels germes puissans de vérités nouvelles sont déposés au milieu de cette confusion où nous sommes. L'objet de cet article demande seulement une indication rapide des points principaux auxquels étaient parvenus les hommes qui, dans leur travaux philosophiques, avaient continué la ligne ouverte par Saint-Simon.

Une portion de l'histoire des peuples européens, étudiée d'après la loi des périodes alternatives de religion et de criticisme, avait éclairé d'un jour assez vrai la position de la société à notre époque. La décroissance progressive de l'exploitation de l'homme par l'homme, la tendance vers l'association universelle qui en est la suite, se trouvaient manifestées avec une grande évidence, et le développement continu de l'exploitation du globe indiquait vivement la future importance de l'industrie. L'aspect de l'humanité de tous tems portée à résumer ses connaissances dans une conception religieuse, le parallélisme de la chute du polythéisme et de la chute du christianisme, la nécessité de sortir l'industrie de l'état inférieur où la tenaient enchaînée les doctrines spiritualistes, avaient donné courage d'attaquer avec hardiesse l'important problème de l'essence de Dieu; et un panthéisme vaguement formulé avait été reconnu par la plupart comme devant former la synthèse la plus générale de la doctrine nouvelle. La marche providentielle de l'humanité vers l'association établissait, comme premier précepte de la religion sociale, l'amélioration des classes les plus pauvres, c'est-à-dire les moins avancées dans le progrès physique, intellectuel et moral; et la nouvelle organisation industrielle, fondée sur l'abolition de l'exploitation de l'homme par l'homme, c'est-à-dire sur l'égalité, commandait que tout privilége de naissance fût aboli; et que chacun fût classé suivant sa capacité et rétribué suivant ses œuvres. Ces principes généraux, dont la vérité et la justice étaient peu susceptibles de contestation, formaient les jalons indicateurs qui devaient assurer les pas de ceux qui tendaient vers l'avenir. Mais à moins de penser que le mouvement de l'humanité dût s'arrêter au dix-neuvième siècle, on ne pouvait les regarder comme susceptibles de réalisation immédiate; car ils aboutissaient au dernier terme du développement, à la limite du progrès.

L'école saint-simonienne avait donc principalement contribué à éclairer la position de la société, et à préciser les questions à résoudre : par là même elle était arrivée à pouvoir donner une régle aux recherches de l'esprit humain, en les dirigeant vers la solution de ces problèmes; et il était facile de prévoir qu'au premier accident qui rendrait de la vie à la politique, l'application de ses idées à la détermination des mouvemens sociaux deviendrait facile; car, si elle n'avait pas la fécondité de produire ce qui devait aider le progrès général, elle avait du moins la faculté d'indiquer ce qui lui était contraire, faculté négative, mais précieuse en des tems de désordre et d'incertitude. La politique républicaine disait que toutes les institutions devaient avoir pour but l'amélioration du peuple; l'économie politique saint-simonienne disait que ce but devait être l'amélioration des classes laborieuses : cette formule était assurément plus nette, puisque le mot peuple s'y trouvait défini, mais elle n'était que l'expression d'un vœu et non d'un réglement; ce n'était pas une loi, c'était un esprit nouveau à introduire dans le code futur. Le classement suivant la capacité, qui devait conduire à l'abolition des priviléges héréditaires, était également un principe à élaborer, et non un principe élaboré et prêt à se transformer en une application directe. Il y avait certainement beaucoup de vérité à dire que le meilleur classement serait fait par les plus capables; mais ce n'était pas résoudre la question du moment; c'était se transporter à une époque où elle aurait été résolue au moins une première fois. Par le seul énoncé du problème, il était facile de voir que l'hérédité de la pairie ou de la royauté ne pouvait que se trouver en contradiction avec sa solution quelle qu'elle fût, tandis que le mode du suffrage universel était, sinon une solution, du moins une tentative et une tentative satisfaisante jusqu'à un ordre moins confus. La même raison indiquait que l'hérédité de la propriété ne subsisterait pas davantage en présence de l'organisation nouvelle; mais, même sous le rapport immédiatement relatif à l'industrie, l'esprit social n'était point assez avancé pour être en état de fournir un projet de solution, car la nation n'aurait pas consenti à remettre la répartition de la propriété au choix de ses magistrats ou de ses assemblées.

Ce coup d'œil d'ensemble sur les idées générales qui se dégagèrent lors du dépouillement des œuvres de Saint-Simon suffit pour montrer quelle était leur importance et leur élévation à une époque où la plupart des esprits étaient exclusivement voués aux stériles sophismes de la pondération des pouvoirs ou de la métaphysique constitutionnelle. Leur résumé formait en quelque sorte l'introduction aux travaux philosophiques du dix-neuvième siècle : c'était l'annonce d'une doctrine complète, d'une doctrine religieuse ; car dans son germe on pouvait entrevoir déjà l'accord définitif du sentiment et de la raison. Mais ce n'était ni un Coran ni un Lévitique ; c'était une conception avec un cadre, une préface avec une table des matières. Quinze à vingt personnes étaient librement groupées autour de ce centre philosophique qui, depuis la mort de Saint-Simon, avait éprouvé de nombreuses variations ; et la petite école peu connue, peu bruyante, poursuivait sa tâche dans cette précieuse obscurité, mère du repos. Les idées communes formaient le lien, celles à débattre l'entretien, celles à éclaircir le travail ; et chacun, suivant sa pente ou son loisir, marchait à l'étude. Les champs ouverts étaient vastes et fertiles ; l'histoire, la théologie, l'économie politique, offraient à la méditation un avenir long et assuré.

Un événement imprévu, qui tout à coup vint remettre en question la stabilité des sociétés européennes et animer l'opinion publique d'une soif ardente d'améliorations populaires, fit sortir l'école nouvelle de sa paisible enceinte, et la jeta soudainement dans une activité qu'elle n'avait point connue jusqu'alors. La France, avec moins de violence qu'en 93, mais avec autant de résolution et d'assurance, fit entendre cette voix révolutionnaire qui publiait pour la seconde fois le ban de proscription de la féodalité ; et l'égalité victorieuse, surgissant du peuple, fit de nouveau flotter ses couleurs sur la bannière nationale. Mais les principes philosophiques qui avaient engendré la première révolution n'étaient point encore dégagés de leurs langes du dix-huitième siècle ; le mouvement spontané des esprits sous la restauration avait au plus abouti à ramener ces principes de l'exil où les avait rejetés la politique impériale ; et lorsque 1830 sonna, on entendit proclamer 89 et invoquer l'égide des vieillards.

La position était sérieuse et grave; car si nos pères, malgré leur énergie, n'avaient pu nous assurer que la consolidation des droits de bourgeoisie, c'est qu'apparemment le développement de leur doctrine d'égalité ne s'était pas étendu plus avant; et à moins de nous appuyer sur une théorie plus profonde, ce n'était que d'un pas chancelant et incertain qu'il nous était permis de nous avancer au-delà de la charte. Les hommes nous manquent! s'écriait l'ambition de progrès frappée d'impuissance. Erreur! les hommes ne manquaient pas, les principes seuls manquaient: malheur aux enfans qui reçoivent l'héritage de leurs pères et en vivent aveuglément, sans songer à l'accroître du fruit de leur travail et de leur savoir!

Dans un tel moment d'effervescence et d'inquiétude, toutes questions relatives au progrès social devenaient questions du jour, et c'était un devoir à quiconque prétendait connaître quelque chose de la loi du mouvement de sortir du silence, et d'indiquer à tous, de la voix et du geste, la route de l'avenir. Nourrie des récits merveilleux des combats et des triomphes de ses pères, la jeunesse ardente défiait l'Europe au nom de la république, ne songeant pas que pour ses pères la république n'était pas un but, mais un moyen, et que c'était avec ce mot de féodalité qu'ils faisaient bondir la campagne et la jetaient aux frontières. Il fallait montrer l'organisation des sociétés fondée sur des considérations d'un ordre plus élevé que la responsabilité des agens du pouvoir et l'extension du droit électoral, montrer la misère imposée aux masses, non par les vices du système représentatif, mais par les vices du système industriel; il fallait arracher les bandeaux et les voiles enfin, et montrer à tous ces plaies du berceau et ces meurtrissures de la chaîne de fer, apanage fatal de ces classes prolétaires que nous nommons le peuple; il fallait jeter bas le sophisme et l'absurde, peser l'impôt réel, savoir combien de sueur humaine fait une livre d'or, et de qui est la sueur, en somme. Le progrès des nations ne s'improvise pas, et n'est pas chose si facile et si prompte qu'il devienne le prix de trois ours de combats; bien des révolutions de palais peuvent se jouer au travers d'une révolution sociale. Un mouvement social est une idée qui se développe, embrassant l'état du sommet à la base, et changeant la forme du trône, parce qu'elle change la forme du foyer domestique.

Si le mouvement de juillet était destiné à demeurer un accident isolé au milieu d'une période de transition, il y avait assez en lui cependant pour donner à tous une haute leçon, et leur enseigner que les armes n'ont puissance de mort sur un système que lorsqu'elles soutiennent un système nouveau plus complet et plus sûr. Une génération plus sérieuse avait grandi et demandait de plus sérieuses pensées; l'exemple de ces quinze ans perdus en d'oiseuses discussions lui tenait lieu d'expérience, et, réveillée par un choc imprévu, elle prenait place, les yeux fixés vers l'avenir. Ceux qui avaient pénétré le plus avant dans cette carrière de progrès ouverte à l'humanité par la déclaration de 89, qui avaient compris que l'égalité était le nouvel élément des sociétés modernes, et que le développement politique du dix-neuvième siècle était tout entier dans le développement philosophique de cet élément encore vague et confus, ne devaient point demeurer dans la retraite et la méditation solitaire, tenant leur travail dans l'ombre jusqu'à ce qu'il pût enfin se déployer à la lumière sans défaut et sans lacune. Jamais jours n'avaient été plus favorables pour porter, jusque dans le sein des masses l'intérêt des questions les plus avancées et les plus hautes; les natures les plus communes semblaient s'être élevées au-dessus du niveau habituel de leur vie, et, dans leur insatiable ardeur de nouveautés, avoir atteint la capacité des grandes choses. Les saint-simoniens se levèrent, et debout, devant tous, ils posèrent les questions nettement et sans détour. Leur but venait de changer; il ne s'agissait plus d'élaborer, mais de publier : leur habitude changea; il ne s'agissait plus de s'isoler, mais de se produire.

Une hiérarchie fut improvisée, des chefs furent reconnus, des travaux distribués, des fortunes dévouées; tout était prêt pour agir, et le mouvement nouveau commença à s'étendre. L'amour du même but tenait unis autour de la même tâche les esprits les plus opposés, et l'ardente activité qui les animait les entraînait par-dessus les vices d'un classement indistinct et à peine convenu. Sur les théories générales qui avaient conduit à la position des questions, sur la position des questions, ce vaste champ de discussion qu'il fallait ouvrir au public, tous étaient d'accord et marchaient de compagnie; mais hors de ces limites tout était désordre, divisions, débats. Rien n'était convenu sur la manière dont l'humanité pourrait résoudre ces grands problèmes; et chacun, guidé seulement par la voix du sentiment, laissait son espérance flotter vers le pouvoir ou vers la liberté. Aussi la collection d'idées nommée doctrine saint-simonienne était un ensemble insaisissable, variant de nuance de l'un à l'autre; et *le Globe* lui-même, organe officiel du pouvoir, trahissait publiquement le défaut d'unité, et changeait de couleur suivant que la main de l'un ou de l'autre des deux chefs avait pesé plus ou moins sur celle du rédacteur. C'était surtout dans les missions destinées à éveiller l'esprit public dans les provinces, que chacun, témoignant consciencieusement de sa propre personne et de sa propre pensée, montrait dans tout son jour cette éclatante diversité. En Belgique, la première partie de la mission était toute philosophique et positive, la seconde toute mystique et religieuse; à Paris, dans la même enceinte où une dévotion toute catholique à la sainteté du révélateur ressuscitait avec emphase les formules d'adoration de l'église ou de la synagogue, des discours politiques sur la guerre étrangère ou la législation intérieure ramenaient énergiquement la réalité, et transformaient périodiquement en un club populaire le tabernacle pontifical; à Lyon l'hérésie était prêchée au nom de Saint-Simon, et les journaux libéraux eux-mêmes en étaient presque venus à réclamer pour les révélateurs hardiment ramenés au rang des philosophes (1).

---

(1) *Le Précurseur*, dans un article écrit avec beaucoup d'amertume et d'a-

Cependant l'œuvre d'annonciation se poursuivait avec une persévérance soutenue. Nombre de partisans nouveaux étaient venus apporter le tribut de leurs efforts ; les ressources ne manquaient ni aux journaux, ni aux missions, ni aux enseignemens ; le nom de Saint-Simon retentissait de toutes parts, et la doctrine nouvelle, exposée en tous lieux, s'était étendue comme une invasion sur la campagne et sur la ville. *Le Globe*, au milieu des agitations et du mouvement politique, demeurait ferme à son devoir, répétant sans se lasser ses formules d'égalité, prêchant en toutes circonstances l'association universelle, le classement selon la capacité, l'amélioration des classes prolétaires, la distinction des travailleurs et des oisifs ; invariable dans son discours, et marchant à son but par l'éternel retour de ses éternels principes : rendre la doctrine proverbiale et en mettre le résumé dans toutes les bouches était un résultat qui compensait bien l'avantage d'une rédaction plus amusante et plus variée. La raillerie elle-même, qui ne tarda point à attacher ses grelots à tous ces lambeaux confusément pillés aux sacristies et aux autels, éveillait l'attention et devenait un auxiliaire utile ; en plus d'un salon, pour s'être pris aux risibles histoires d'une papesse ou d'un évêque, on arrivait bientôt à discuter sur les plus hautes questions de la philosophie et de l'histoire ; bien des gens qui se seraient enfuis avec effroi devant la moindre apparence de solidarité, se livraient avec ardeur à la propagation des idées les plus profondes, à l'abri de tout soupçon de connivence, grâce à une inébranlable protestation contre le mysticisme ou la hiérarchie.

Mais le travail qu'avaient entrepris les saint-simoniens, en

---

greur, le seul qui fut laissé sans réponse, dévoilant la tactique ambitieuse des chefs de la doctrine, prenait acte contre les saint-simoniens de ce que leurs missionnaires avaient enseigné à Lyon que, pour eux, *la révélation était l'opinion particulière d'un philosophe*. Le *Journal du Commerce* se plaignait également de ne pas rencontrer dans les discours des saint-simoniens envoyés dans cette ville le plagiat de l'ancienne forme religieuse.

interrompant leurs études pour se livrer à la propagation des idées antérieurement acquises, devait avoir un terme; car leur doctrine n'était pas complète et avait elle-même son terme. Leur tâche devait se trouver achevée du jour où leur influence sur l'opinion publique aurait porté à la connaissance de tous les théories nouvelles, et préparé une portion de la masse à accepter la vue générale et la position des questions. Le germe de dissolution croissait donc dans le sein de la Société, et se développait à mesure que sa puissance grandissait et que le succès répondait à sa persévérance. Elle marchait confiante, contemplant sans crainte les obstacles qui se dressaient devant elle, mais ne songeant point aux précipices, et ne calculant pas que bientôt le terrain viendrait à manquer sous ses pas. Ce fonds commun, qui depuis un an ne s'était pas accru d'une seule idée et dans lequel on avait tant puisé, commençait à se tarir; l'esprit des chefs était ouvert sur une position si précaire, et ils avaient bien compris que, faute de pouvoir puiser une vie nouvelle dans une théorie plus profonde, il faudrait suspendre la hiérarchie et terminer le mouvement.

S'arrêter au milieu d'une course éclatante, et revenir humblement à l'étude; avoir rêvé la papauté universelle et la suprême direction du genre humain et se trouver réduit aux paisibles méditations de l'économiste ou du philosophe; avoir régné en dictateur, et abdiquer sans regret sa grandeur pour se replonger dans la foule, sont choses qui ne naissent point facilement en l'esprit; et il semble qu'il soit dans l'essence du pouvoir, même le plus chétif et le plus incertain, de faire naître autour de lui l'ambition et le vertige. Un parallélisme inflexible entre le catholicisme et le saint-simonisme, poursuivi depuis la révélation du mont Thabor jusqu'à la domination du Vatican, un envahissement exagéré des pensées de De Maistre et de Lamennais avaient érigé en principe l'unité du pouvoir absolu; l'humanité, fut condamnée à passer de la papauté catholique à la papauté saint-simonienne, et ni l'odieux ni le ridicule de ce nom décrépit ne furent, pour les chefs de la doctrine, empêchement à la prise de possession de ce titre bizarre : ils furent papes. Ce fut une vie nouvelle ; il s'agissait non plus, comme autrefois, d'enseignemens au public, mais de commandemens aux fidèles ; non plus de discussions à soutenir, mais de sacremens à administrer ; confessions, baptêmes et mariages formaient de pieux spectacles amenant à la file processions de dévots convertis. Il était moins question d'augmenter le nombre de ses idées, que d'augmenter le nombre de ses sujets, et un recrutement aveugle, lancé jusque dans le sein des classes ouvrières, permettait d'étaler dans *le Globe* de grands cadres et de fastueux recensemens. Sur les tableaux pompeusement offerts à la curiosité publique, on voyait la capitale divisée en sections et en arrondissemens, la province en métropoles et en églises, la Belgique élevée au rang de succursale, et l'Angleterre désignée pour une conquête prochaine.

La folle passion du pouvoir vient quelquefois frapper la fantaisie des hommes et maîtriser leur volonté, lorsque tout se dérobe autour d'eux et se refuse à satisfaire leur ardeur ; alors, comme il arrive à ces voyageurs surpris par la soif dans le sable du désert, leur esprit s'inquiète et se travaille, le monde réel échappe à leurs regards, et leur imagination s'épuise en songes trompeurs de contrées riches et riantes ouvertes devant eux. La direction suprême de quelques néophytes partagés par provinces bientôt fit place à une pensée plus brillante et plus vaste ; la France, avec son divin génie et sa puissante industrie, si belle avec les fleurs de ses douces campagnes et les trésors de ses villes populeuses, fatiguée et incertaine sous le feu de sa fièvre intérieure, la France, comme soutenue sur les ailes de l'ange tentateur, se balançait incessamment à cet horizon féerique, source intarissable de rêves dorés et de chimériques espérances. Le jour où les Tuileries pavoiseraient leurs pavillons pour l'intronisation des pontifes-souverains semblait se rapprocher d'heure en heure ; et chaque matin le journal officiel, à travers la transparence de ses prédictions guerrières ou pacifiques, laissait entrevoir le salut de la France associé à la domination pontificale de MM. Bazard et Enfantin.

Mais toutes ces bizarreries, tous ces capricieux écarts n'étaient qu'agitation à la surface, et la partie profonde de la propagation demeurait à l'abri et suivait paisiblement son cours; le travail sérieux entrepris dès l'origine, qui seul, durant dix-huit mois de vie et de prospérité, avait entretenu le lien social, touchait à son terme, et, avec lui, tout mouvement extérieur devait cesser et s'éteindre.

Il n'était pas une ville importante qui n'eût été traversée par quelqu'une de ces nombreuses missions qui avaient sillonné la France; les esprits avaient été tirés du cercle habituel de la politique routinière, et l'intérêt des hautes questions de l'humanité avait été réveillé chez le plus grand nombre; *le Globe*, distribué à quatre mille exemplaires, avait porté ses formules jusque dans les villages, et ne trouvait plus d'enseignemens nouveaux; les livres et les brochures donnés, répandus, colportés comme des feuilles d'annonces, couraient comme d'eux-mêmes, et venaient à ceux qui désiraient pénétrer plus avant dans les principes de la doctrine nouvelle; la science était épuisée, et l'imprimerie ne s'alimentait plus que de la répétition des mêmes ouvrages. La propagation saint-simonienne avait réussi au-delà de toute espérance, et son empreinte sur l'opinion publique était désormais ineffaçable; la presse départementale, à son drapeau de liberté, unissait presque partout celui de l'amélioration des classes laborieuses; l'école économique opposée à la souveraine concurrence était devenue, puissante, et ne manquait d'organes ni dans les ateliers du peuple, ni dans les salons de la bourgeoisie; les esprits les plus avancés ne traitaient plus de folie l'idée religieuse, et comprenaient qu'elle offrait à la philosophie du dix-neuvième siècle une grave et profonde étude.

L'œuvre était terminée. Les hommes qui pour l'accomplir avaient momentanément réuni leurs voix et leurs efforts, devaient rentrer dans l'indépendance de la vie et le silence du travail philosophique. Les sociétés rencontrent toujours une limite infranchissable dans le tems qui se développe devant elles, et cette limite dans l'espace est celle qui correspond à la limite de l'idée qui leur a donné naissance; mais il importe peu à l'humanité qu'une société périsse, la vérité acquise lui demeure toujours, car la vérité n'est point chose qui dépende du tems.

La recherche de la vérité ne saurait être le lien d'une association hiérarchique. Ce n'est pas un travail dans lequel on puisse dès le début fixer chaque tâche et chaque méthode; les trésors de la science sont épars dans ce monde de l'ame, ce monde où chaque homme habite seul, et dont il n'est donné à personne de partager avec d'autres les immenses solitudes. Les découvertes philosophiques ne se font point de compagnie; lorsque Colomb appela des hommes à lui et les conduisit à travers le vaste Océan, la terre nouvelle était trouvée, le génie du grand homme planant sur les eaux embrassait déjà les deux rivages.

L'heure de la décadence était arrivée : il fallait une solution à ces problèmes si résolument énoncés depuis dix-huit mois; il fallait une doctrine. Alors chacun des papes, frappant d'anathème la tête de son ancien collègue, se posa chef suprême et révélateur de la loi nouvelle par droit d'hérédité saint-simonienne. Ce fut le signal. Les membres du collége, noyau primitif de l'ancienne école, reprirent, aux yeux de tous, leur liberté civile et leur droit individuel : le travail à accomplir pour demeurer dans la ligne du progrès était désormais tout philosophique, et ne demandait plus ni réglement ni contrat.

Dans le partage, la meilleure part demeura à M. Enfantin; la caisse, la maison, le journal furent à lui; quatre ou cinq membres de l'ancienne école continuèrent à rester groupés autour de lui, se rangeant non à son opinion, mais à sa personne; et enfin toute la puissance mécanique, voix, argent, activité, obéissance, qui formait une longue traînée à la suite de cet aimant de propagande si long-tems promené sur le sol, se trouva, après une légère secousse, attachée de nouveau à son ancienne place, séduite par l'habitude de la fidélité et le prestige du nom de Saint-Simon. Le nouveau chef déclarait connaître, sauf quelques additions de détail, la morale nouvelle, et ne demandait à ses adeptes qu'une patience de quelques mois pour leur révéler son dogme tout entier. Pendant long-tems le soupçon de cette doctrine secrète avait plané sur la société saint-simonienne; mais elle ne s'échappait du sanctuaire intime des deux pontifes que par lueurs insaisissables et fugitives, et demeurait aux yeux des pieux adorateurs de Saint-Simon comme ce nuage sacré qui, au centre du camp des enfans d'Israël, enveloppait le faîte du tabernacle d'un voile mystérieux. Pour les autres, cette théorie inconnue était sujet de sollicitude ou de défiance, non de découragement ou de crainte : de nos jours l'erreur, lorsqu'elle ne se ronge point elle-même, n'est difficile ni à combattre ni à vaincre.

L'examen du rêve bizarre conçu par M. Enfantin serait tout-à-fait en dehors du but de cet article. Dans sa partie la plus sérieuse, c'est l'harmonie universelle commençant par un étêtement général de l'humanité, et se complétant par un monstrueux groupement de tous ces corps sans ame autour de la tête pontificale; dans sa partie chimérique, c'est une fable qui dépasse la limite des contes orientaux, une humanité en trois morales, et sans doute en trois races comme une ruche d'abeilles, une imagination de fantastiques abbayes de volupté et de modernes conquêtes, à l'imitation de Bacchus, avec des bacchantes et des fleurs; quant à la partie ridicule, elle se déploie d'elle-même avec une si fastueuse abondance, que *le Globe*, chaque matin, la détaille au public dans une forme que la verve la plus satirique ne saurait imiter. Si cette société n'était que prodigieusement ridicule, on ne pourrait sans doute rien conclure sûrement contre elle; mais son arrêt de mort est écrit dans son principe qui est prodigieusement faux, puisqu'il est l'incroyable négation de toute liberté et de toute dignité.

Au reste, aujourd'hui l'enceinte de la rue Monsigny semble emportée hors de terre dans les espaces imaginaires; le pape, assis dans son fauteuil d'or, pousse l'impiété envers Dieu et envers les hommes jusqu'à se faire publiquement adorer par son prédicateur d'office, M. Barraut; puis, comme lassé de cette vie sur-humaine, il laisse tomber une plainte amère sur cette grandeur solitaire à laquelle sa destinée le condamne, et envoie ses chambellans parmi les villes et les provinces quêter cette femme que son cœur appelle, et lui amener enfin une compagne digne de lui et de sa fortune.

M. Bazard s'est posé de son côté comme successeur de Saint-Simon et chef d'une hiérarchie nouvelle; mais la société réunie autour de lui est encore sans organe et paraît peu considérable. Il prétend, comme M. Enfantin, posséder la loi définitive; mais sa théorie religieuse est pour nous en partie dans l'ombre. Dans un livre imprimé depuis un an il s'écartait assez peu de l'organisation catholique du pouvoir absolu, et, dans un dernier travail, il a fait connaître ses idées sur le mariage. La solution générale de tous les termes de la grande série humanitaire et l'idée métaphysique sur laquelle elle s'appuie doivent être prochainement exposées par ce philosophe, et permettront alors au jugement de se fixer sur les fragmens séparés de l'ensemble et publiés isolément.

M. Rodrigues, ancien disciple de Saint-Simon, et qui lors de la dissolution de la société avait quitté ses affaires financières pour s'unir à M. Enfantin et lui donner un nouveau sacre, en le déclarant l'homme le plus moral de l'humanité et l'héritier légitime du révélateur, a de nouveau brisé les liens hiérarchiques pour accomplir plus à son aise ses grands projets de Charlemagne industriel et de Moïse pacifique; c'est le troisième prétendant à la direction suprême de l'humanité. Heureusement l'humanité n'est point tenue de choisir.

Quant à nous qui ne croyons ni à la légitimité nouvelle,

ni à la légitimité catholique, nous ne nous détournerons pas de la grande ligne du mouvement humain pour nous soumettre à la règle d'un nom: il ne nous importe ni de le soustraire à ceux qui le couvrent d'une souillure imméritée, ni de nous en emparer pour en faire une formule à la bannière de l'avenir.

Les grands hommes sont les grands initiateurs, et c'est leur destinée que de voir leur nom tomber au domaine public. Les plus sales empereurs ont revêtu le nom de César, et les jésuites se sont parés de celui de Jésus; mais César et Jésus étaient au-dessus de telles atteintes, leurs noms ont dominé l'infamie et sont demeurés glorieux et purs.

Aujourd'hui l'humanité a conscience de son progrès et de sa dignité, et, pour faire honneur à ses grands hommes, elle n'a plus besoin de les élever dans les régions du ciel et de se prosterner dans la poussière de leurs trônes; elle n'est plus réduite à leur donner l'exil pour récompense, et la chaste louange de l'histoire remplace les adulations et les mensonges de l'apothéose et de la canonisation. L'humanité a compris qu'en elle est l'origine de toute inspiration pour les sages, et que, si elle reçoit d'eux quelque richesse, c'est qu'elle leur donne en échange tout l'héritage des tems passés. L'humanité, période de la pensée éternelle, se déroule sans relâche dans le sein de l'être infini, et n'est l'œuvre de personne : ni Bouddha, ni Jésus, ni Mahomet ne l'ont faite ce qu'elle est, et elle se sent aujourd'hui trop de majesté pour s'humilier devant un homme et se vêtir de la livrée de son nom.

La carrière du progrès est ouverte à tous ceux qui sentent une force se dresser en leur esprit pour lutter contre les ténèbres qui couvrent encore la face du monde, à tous ceux qui entendent retentir en leur cœur un long écho de cette vaste plainte qui du sein de l'humanité monte incessamment vers le ciel, et qui voient l'espoir d'un meilleur avenir se lever en leur ame, comme un soleil nouveau qui chasse devant lui l'humide brouillard et les fantômes glacés de la nuit. Les fruits de l'automne sont aussi les semences du printems ; à nous de cultiver ce que nous a légué le génie de nos pères, nos enfans moissonneront un jour.

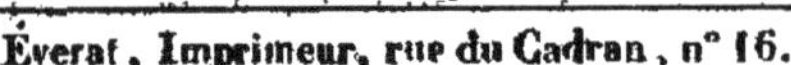

Éverat, Imprimeur, rue du Cadran, n° 16.

MÉMOIRE

D'UN

PRÉDICATEUR

SAINT-SIMONIEN.

Extrait de la Revue Encyclopédique. — 1832.

PARIS.

AU BUREAU DE LA REVUE ENCYCLOPÉDIQUE,
rue des Saints-Pères, N° 26.
PAULIN, PLACE DE LA BOURSE.

—

1832.

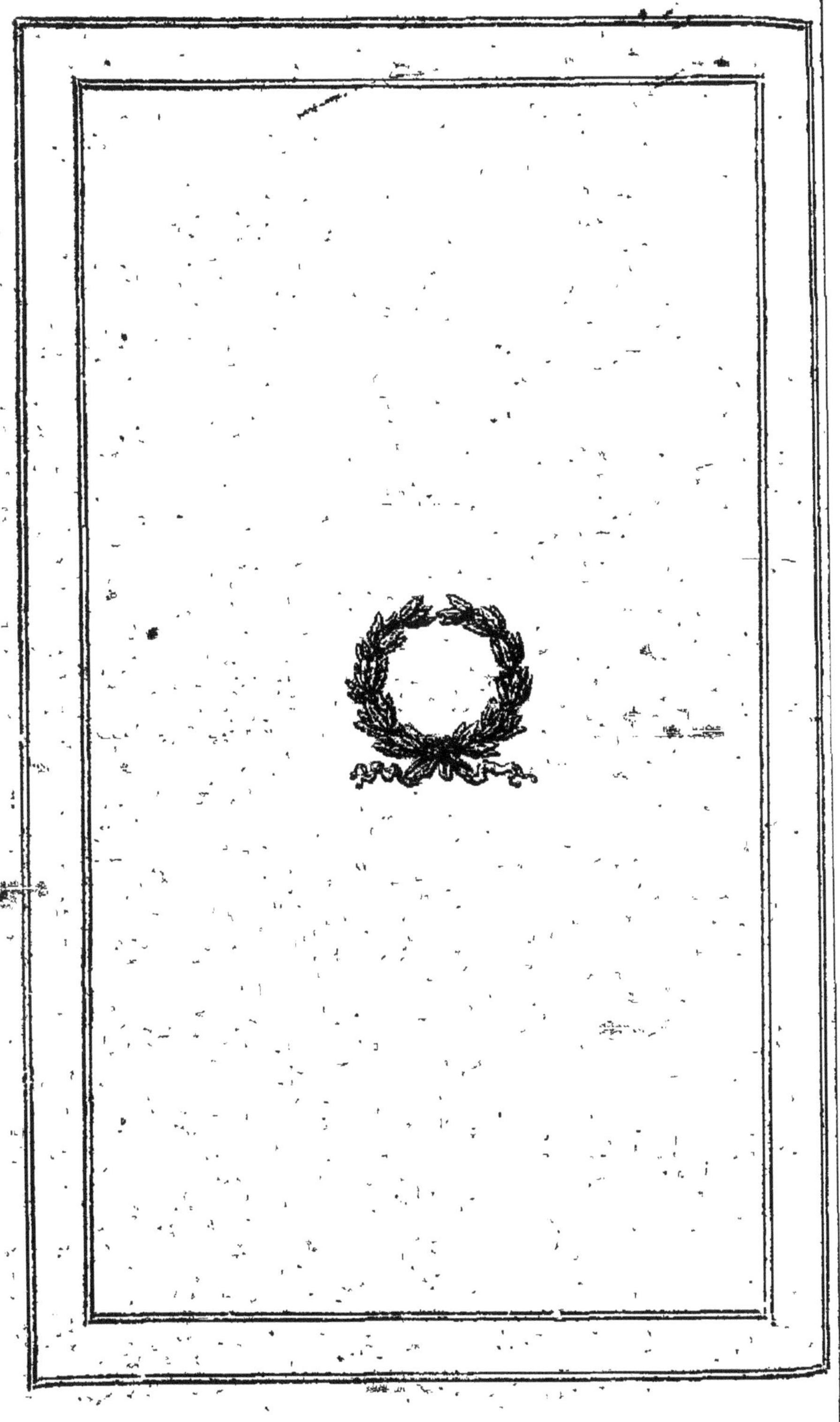

MÉMOIRES

D'UN

PRÉDICATEUR SAINT-SIMONIEN.

MÉMOIRES

D'UN PRÉDICATEUR

SAINT-SIMONIEN.

Cette esquisse d'un ouvrage inachevé a été publiée dans l'un des derniers numéros de la REVUE ENCYCLOPÉDIQUE, recueil dirigé par MM. H. CARNOT et P. LEROUX.

La REVUE ENCYCLOPÉDIQUE paraît tous les quinze jours, le 1er et le 15 de chaque mois. Prix de l'abonnement, pour un an à Paris, 46 fr.; dans les départemens, 53 fr.

PARIS.

AU BUREAU DE LA REVUE ENCYCLOPÉDIQUE,

RUE DES SAINTS-PÈRES, N° 26;

PAULIN, PLACE DE LA BOURSE.

1832.

PRÉFACE.

Ce matin, j'ai rangé soigneusement ma bibliothèque, j'ai relu d'anciennes lettres et remué long-tems quelques joyaux au fond d'un coffret noir que ma mère m'a donné. Il y a plus d'un an qu'il ne m'était arrivé de m'enfermer ainsi pour faire lentement un délicieux inventaire de mes souvenirs.

Mon Dieu ! que s'est-il donc passé en moi depuis un an ? quelle étrange influence bonne ou mauvaise m'a rendu tant de jours infidèle à toutes ces choses qui m'entourent et que j'aime. J'avais oublié jusqu'à mes vieilles estampes, dont les mille figures mouvantes m'appellent avec des signes mystérieux, jusqu'à ce joli buste d'enfant qui me sourit toujours à mon réveil.

Quand je regarde en arrière à travers mes douze derniers mois, il me semble vraiment que je parcours un pays inconnu où mes pensées se perdent une à une, vagues et indistinctes. A peine ma mémoire reluit çà et là à de rares intervalles. Je suis comme au premier instant du retour d'un rapide voyage, alors qu'assailli par mille impressions confuses, on ne peut d'abord se souvenir que de quelques monumens élevés, de groupes bizarres de passans sur les routes, ou de perspectives fortement contrastées dans la plaine.

Qui voudra me croire si j'essaie de raconter des scènes de ma vie en 1831? Ne soupçonnera-t-on pas que je m'éveille en sursaut après une de mes rêveries ordinaires, ou que je viens de fermer un volume de ces fantaisies qu'un infortuné conseiller d'Allemagne a mises à la mode?

CHAPITRE PREMIER.

Un enseignement saint-simonien.

Je me rappelle parfaitement le moment où je commençai à sortir « du monde réel, » pour me servir de l'expression des hommes positifs. Il était nuit ; seul dans ma chambre, depuis plus d'une heure j'entendais au-dessus de ma tête un murmure de paroles, un bruit tumultueux de pas. Je m'étais attristé à penser à la mort récente du plus cher de mes amis d'enfance, au mariage prochain de la plus aimable des jeunes filles que je connaissais, à un mauvais drame refusé, à une plaidoirie d'assises, que sais-je encore ? Distrait, je m'habillai à la hâte, et montant l'escalier, j'entrai en même tems que plusieurs personnes dans une grande salle consacrée à des assemblées publiques. Il y avait une réunion nombreuse. L'atmosphère était étouffante. Assis devant une table au milieu d'un rang de jeunes gens, deux hommes de moyen âge attiraient tous les regards. Leur attitude et leur physionomie révélaient une grande puissance de volonté, de même que leur stature témoignait d'une force physique remarquable. L'un d'eux parlait : les mots s'échappaient lentement de ses lèvres ; il tournait entre ses doigts une tabatière d'un bois commun ; et sa tête presque constamment immobile se rejetait seulement de tems à autre en arrière par secousses imperceptibles : il ne levait les yeux que lorsqu'il voulait faire sentir quelqu'une de ses expressions plus vivement que les autres.

— Comment nommez-vous celui qui parle ? me hasardai-je à demander tout bas à mon voisin.

—Bazard, me répondit-on.

— Et celui-là ? ajoutai-je, en indiquant le second personnage qui, d'un air singulier de majesté, promenait des regards caressans sur l'auditoire.

— Enfantin.

Ces noms m'étaient entièrement inconnus. Je regardai autour de moi et je reconnus les traits d'un ancien carbonaro, de quelques écrivains d'une conviction politique incertaine, et au fond de l'embrasure d'une fenêtre, d'un petit abbé moliniste. Du moins, malgré les mouvemens de trouble et de surprise que j'éprouvai plusieurs fois pendant le cours de la soirée, je ne crois pas avoir été trompé par de fausses ressemblances. Je me disposai ensuite à écouter attentivement, m'efforçant de deviner dans quelle sorte d'assemblée le hasard m'avait conduit. Était-ce un club, une congrégation ou un comité philantropique ? Rien ne pouvait encore me l'indiquer : l'orateur traitait tour à tour les questions les plus générales de la religion, de la politique et de la philosophie, de l'industrie, de la science et des beaux-arts.

Souvent le petit abbé souriait gravement en signe d'approbation, et alors le carbonaro haussait les épaules. A d'autres passages c'était le contraire : quelquefois les assistans exprimaient tous un même assentiment ou une même réprobation. Mon étonnement et ma perplexité redoublaient à chaque phrase. Et cependant il arrivait que la plupart des hardis principes, en apparence contradictoires, qu'on exposait devant moi, me semblaient des souvenirs de méditation que je n'avais jamais osé raconter à personne, ou des axiomes d'une si grande simplicité et d'une si complète évidence, que je me reprochais de ne pas les avoir moi-même découverts.

On leva la séance; et sur-le-champ de toutes parts les voix, rompant le silence, se croisèrent dans de sérieuses controverses. Quelques vives interpellations me dévoilèrent alors en partie le but de ces réunions, que je n'ai compris entièrement que beaucoup plus tard. Mais, sentant ma tête lourde, je me levai et me frayai un passage pour sortir. Bientôt une fatigue inouïe me ferma les yeux au milieu de l'éblouissement de mille pensées nouvelles qui me poursuivirent dans mon sommeil.

Singulier rêve! m'écriai-je le lendemain matin. Il me fallut plusieurs minutes de réflexion pour dissiper cette erreur.

Il m'est impossible d'expliquer la nature de l'attrait austère qui me força de suivre toutes les autres leçons de M. Bazard avec une scrupuleuse exactitude; cela devint insensiblement pour moi une habitude et un besoin. Ses enseignemens sur l'histoire humaine et sur l'avenir des sociétés m'étaient une sorte de grave consolation, qui croissait et s'étendait chaque jour dans le vide aride qu'avaient fait autour de moi un long désenchantement de toutes choses et une paresseuse mélancolie.

Mes parens et mes amis ne tardèrent pas à remarquer les premiers effets de ma métamorphose; mais ils s'arrêtaient à considérer mon air plus libre et plus joyeux, ma pâleur moins sombre, mes réponses plus vives et moins douloureuses. Lorsque dans un instant d'exaltation je parlais avec chaleur du bonheur qu'on devait sentir à se jeter dans la mêlée des opinions individuelles pour les rallier, à sauver le dévouement des étreintes épuisantes de l'égoïsme, à dominer par un travail noble et digne une mesquine profession, à élargir dans de grandes et généreuses affections des passions étroites et languissantes de jeune homme, et à marcher toute sa vie vers un but chéri, glorieux, en épandant avec joie sur ses pas les trésors d'un cœur pur et plein d'ardeur; autour de moi l'on souriait, et tandis que quelques personnes cherchaient à me comprendre, les autres se disaient à demi-voix :

— Madame, voyez donc comme il s'anime.

— Vraiment il est beaucoup mieux.

— Il n'est plus triste comme autrefois.

— Oh! il a bien changé à son avantage.

Je ne sais pas à quel événement secret leur pénétration attribuait la révolution qui s'opérait dans tout mon être; j'en ignorais moi-même la cause. Je m'étais abandonné sans projet à mon admiration du bel avenir que je commençais à entrevoir.

Un jour, dans une discussion, un jeune député venant à confondre avec le principe de l'abolition progressive des priviléges de naissance l'utopie de la communauté des biens, involontairement je m'écriai : « Mais *nous* ne disons pas cela. » Au même instant le fils d'un général de la république me prit la main et m'attira dans une autre partie de la salle ; nous eûmes ensemble une longue conversation. Depuis ce moment, quand on m'interrogeait sur mes opinions philosophiques ou politiques, je répondais : Je suis saint-simonien.

CHAPITRE II.

Hôtel saint-simonien, rue Monsigny, n° 6. — Je deviens rédacteur du Globe. — Division de travaux. — Repas. — Soirées.

« Je viens vous enlever, me dit un jour en entrant chez moi Gustave d'Eichthal; jusqu'ici vous n'avez fait qu'approuver notre doctrine, il est tems d'agir : si vous croyez à la vérité de nos enseignemens, prouvez-le par des œuvres. Laissez là vos occupations ordinaires qui vous glacent et émoussent toutes vos facultés. Avec votre foi, vous ne pouvez plus être heureux désormais qu'avec ceux qui partagent toutes vos sympathies, et qui ont résolu de vouer leur vie entière à les répandre dans le monde. »

Ces paroles étaient prononcées avec l'autorité que donne la conviction, par un jeune homme plus mathématicien que poète, et qui depuis a sacrifié loyalement une partie de sa fortune à la propagation des idées saint-simoniennes. En les entendant, je me sentais honteux de mon inutilité, et les doutes confus qui m'agitaient malgré moi me répugnaient comme de lâches conseils d'égoïsme. Je demandai un seul jour pour réfléchir. Le lendemain, ému et sans avoir pris aucune décision, j'allai à la rue Monsigny.

On avait employé les premières sommes d'argent qu'on avait pu réunir à louer des appartemens dans l'ancien hôtel de Gèvres, dont une partie est jetée comme un pont sur le passage Choiseul. C'était un spectacle inouï de voir le mouvement silencieux et la joie sérieuse qui régnaient dans ces salles encore brillantes des restes d'une ancienne splendeur, mais alors à peine éclairées par quelques pâles bougies et dépouillées de leurs riches tentures. Trente ou quarante jeunes gens, ingénieurs, médecins, avocats, artistes, les traversaient en tous sens, se serrant les mains, et s'embrassant avec un véritable attendrissement. Les uns avaient fait transporter leurs livres, les autres leurs meubles; chacun offrait ce qu'il possédait, et murmurait sans douleur un adieu à ses travaux, à ses plaisirs, à ses espérances d'autrefois, aux souvenirs et aux conseils de sa vie passée.

On eût dit la fondation d'une colonie.

La plupart prophétisaient les rapides triomphes de la religion nouvelle; discours singuliers qui n'étonnaient personne :

« Cette bibliothèque est bien pauvre !

— Eh! ce sont les premiers rayons de la bibliothèque universelle. »

« Ces chambres seront bientôt trop petites.

— Avant six mois nous aurons un palais et un temple. »

Un ordre, une hiérarchie commençaient à s'établir. Les plus anciens disciples se réunissaient entre eux à certaines heures et formaient le premier degré ou le collége; il y avait un second et un troisième degré : depuis on a constitué un degré d'initiation, et au-dessous encore un degré préparatoire divisé en deux sections, celle des ouvriers et celle des bourgeois. Les membres de chaque degré inférieur donnaient aux membres des degrés supérieurs le nom de Pères. Aux divers rangs furent successivement introduites des dames, des demoiselles, qui recevaient les noms de mères, de sœurs et de filles.

Les travaux les plus importans étaient les enseignemens, la conversion individuelle, la correspondance, la rédaction d'articles, la conservation de la bibliothèque et les soins intérieurs d'administration.

« Prenez-moi, dis-je à l'un des chefs, indiquez-moi une fonction, je suis à vous. »

On m'envoya vers Michel Chevalier, le directeur du *Globe.* Pendant trois mois, depuis neuf heures du matin jusqu'à deux heures après minuit, je travaillai assiduement, découpant, réduisant les nouvelles d'Europe, alors si mystérieuses, les discussions des chambres, alors si étonnantes, recevant pendant le jour les solliciteurs de recommandations et d'annonces, et pendant la nuit couvrant de signes bizarres des marges d'épreuves dans le cabinet de l'imprimeur, à la lueur rouge d'une lampe, à l'odeur lourde qui s'exhalait des presses. Sans la foi, c'eût été un rude et ennuyeux travail.

Notre nombre augmentait chaque jour. Les divisions, l'impuissance du libéralisme depuis juillet, et la misère croissante des classes pauvres nous exaltaient de plus en plus. Le ridicule même dont on nous couvrait, et qui s'attachait indistinctement aux principes du système le plus incontestablement vrais et utiles, ne faisait que redoubler notre enthousiasme. Froissés par l'irritation aveugle ou le dédain ignorant qui nous accueillait partout, indifférens aux questions de circonstance étrangères à l'œuvre que nous accomplissions, nous nous étions promptement habitués à ne trouver de satisfaction pure que dans la maison commune; et nos occupations multipliées empêchant qu'on pût se parler beaucoup dans le jour, c'était toujours avec un vif sentiment de plaisir qu'on se rencontrait aux momens des repas. On déjeunait à dix heures; on dînait à six heures.

Il est impossible d'imaginer ce qu'il y avait pour nous de charme alors à entendre parler des personnes qui commençaient à se convertir, à entendre citer des fragmens de lettres favorables, ou raconter les propos extravagans répandus sur nous dans le monde. On lisait les attaques des journaux, les plaisanteries de *Figaro*, et l'on riait de bon cœur quand elles étaient spirituelles.

Les deux chefs, Bazard et Enfantin, étaient placés en face l'un de l'autre.

Enfantin servait; il s'inquiétait avec une admirable sollicitude de chacun de nous, et nous interrogeait tour à tour sur mille détail.

Bazard dirigeait ordinairement la conversation sur le mouvement politique extérieur, présageant les intentions des ministres ou les scandales de la chambre des députés. Plus d'un bon mot prononcé par lui à table devenait le texte de longs articles ou de longs discours.

Le dimanche et le jeudi, les dîners étaient moins familiers; on y invitait les personnes qui paraissaient s'intéresser aux succès de la doctrine. Souvent on y voyait des artistes de renom, des étrangers, des officiers d'artillerie et du génie, et des journalistes de province. Après ces dîners d'apparat il y avait des soirées : celles du jeudi étaient les plus nombreuses et les plus brillantes. Aucun bal, aucune réunion littéraire ou diplomatique ne peut donner une juste idée de ces assemblées; jamais on ne jouait; on dansait rarement; quelquefois on valsait.

Çà et là des groupes se promenaient dans les salles, ou s'arrêtaient devant les canapés. De tems à autre une voix se faisait entendre au piano; tous les entretiens cessaient, on se pressait en demi-cercle au salon, et on savait bien trouver d'autres moyens que des applaudissemens pour exprimer ce qu'on éprouvait. Parfois les deux chefs se retiraient dans une chambre voisine avec quelque nouvel adepte.

Confiantes dans la préoccupation sérieuse qui dominait toutes les conversations, les dames se mêlaient aux promeneurs, prenaient part avec aisance à leurs débats, brisant les abstractions par des saillies naïves, et traduisant en causeries les dissertations animées sur les souffrances et les discordes actuelles de l'humanité, sur ses joies, ses harmonies de l'avenir; car ces sujets seuls, sous mille formes, occupaient les esprits. Il semblait qu'on était transporté au belvédère élevé d'un phare : le bruit du monde ne parvenait point jusque là.

D'ailleurs, il était difficile qu'aucune personne indifférente ou hostile s'y introduisît ou bien y revînt plusieurs fois, car on y parlait une langue toute neuve, et il n'existait pour l'apprendre ni grammaire, ni dictionnaire. On ne la pouvait connaître parfaitement qu'après avoir assisté long-tems aux séances, et après de fréquentes entrevues avec l'un de nous. Or jamais un homme de bonne foi ne subissait de telles épreuves sans estimer au moins les saint-simoniens.

Dans ces derniers tems, lorsque j'eus rendu quelques services et fait preuve d'un entier dévoûment, ce m'était une singulière situation de voir qu'on s'empressait autour de moi, que de jeunes femmes avec leurs époux, de jeunes filles amenées par leurs frères, me consultaient affectueusement et me demandaient de leur donner de l'espoir et du courage. Il y avait des jeunes gens au visage rose et sans barbe encore qu'on appelait *pères*, et des hommes d'un âge mûr, des vieillards, qu'on appelait *fils*.

Tout ce que je viens de dire se passait en 1831.

CHAPITRE III.

Réflexions.

Beaucoup de personnes ont ri de mon illusion et m'ont pris en pitié. Pourquoi donc? J'étais profondément convaincu que je travaillais à l'œuvre la plus grande et la plus belle du monde. Mes journées étaient actives, animées. Dans cette atmosphère de dévoûment, une chaleur d'ame, douce comme le « merci » du pauvre m'enivrait sans cesse. J'aimais tous ceux qui m'entouraient et ils m'aimaient aussi. Oh! qu'à chacune des années qui me restent Dieu attache une illusion semblable! Ne suis-je pas encore prêt à donner ma vie, même au prix de moins de bonheur, à qui me persuadera qu'il peut la rendre utile?

CHAPITRE IV.

Salle Taitbout. — Je suis prédicateur.

Chaque dimanche, à midi, dans la salle de la rue Taitbout, sous un toit de verre, une foule nombreuse emplissait trois étages de loges, et couvrait les banquettes rouges d'un amphithéâtre. Trois rangs de jeunes gens vêtus de bleus, où se mêlaient quelques dames en robes blanches avec des écharpes violettes, venaient tour à tour se placer sur une estrade en face du public. Un moment arrivait où ces trois rangs se levaient à la fois ; c'est que les deux pères suprêmes entraient, conduisant le prédicateur ; et quelquefois le prédicateur c'était moi, car en sortant du bureau de rédaction du *Globe*, je m'étais élevé de grade en grade dans les enseignemens de Paris et de Versailles.

Je restais cinq minutes assis derrière la tribune entre Bazard et Enfantin. Pendant ce tems, l'assemblée achevait à la hâte ses dialogues, prenait son équilibre, s'asseyait et apaisait son tumulte. De mon côté je parcourais tous les visages, je voyais des sourires sardoniques à faire frémir un accusé devant un jury; j'apercevais d'anciens amis qui me reconnaissaient et me regardaient d'un air effaré, de jeunes dames qu'autrefois dans les bals j'avais pu entretenir de singulières folies, ou des habitués de nos séances, que le matin, au milieu des tortures de l'attente, j'avais rencontrés, et à qui mon œil désespéré avait dit : Vous êtes bienheureux de vous promener ainsi, d'aller lentement sans souci le long du chemin; dans quelques heures vous viendrez tranquillement m'écouter, et moi je crains, je souffre à vous préparer une heure d'émotions peut-être inféconde.

On me donnait un signal, et j'approchais de la tribune, chancelant, les genoux brisés, les yeux à demi morts, le corps vide de son sang, qui refluait et me bouillonnait au cœur. D'abord, des paroles vagues et plaintives s'échappaient sourdement de ma poitrine écrasée : mes lèvres étaient de plomb.

Bientôt je pouvais m'entendre parler, je redevenais peu à peu mon maître, je me sentais emporté dans un courant de pensées, et je prenais courage. Je suivais mes souvenirs, passant avec calme et confiance de l'un à l'autre, et m'entourant hardiment de leur seule influence. Si j'invoquais la pitié pour les misères du peuple, j'avais réellement froid, j'avais faim. Si je plaignais les douleurs de l'homme isolé, trahi, je retrouvais autour de moi l'ancienne solitude de ma chambre d'étudiant, ou devant moi des traits dédaigneux repoussant mes prières. J'étais heureux, car je vivais corps et ame plus qu'il ne m'avait été donné de vivre en aucun autre instant de mon existence : mon être entier se répandait et flottait dans l'enceinte : toutes mes impressions de tendresse, de douleur, de regret ou d'espérance s'élançaient avec moi en jets brûlans : je planais sous un ciel mystérieux, soulevé par mes émotions les plus vives comme par de puissantes ailes.

Parfois, il est vrai, entraîné hors du plan que je m'étais tracé, ma mémoire s'égarait : les mouvemens qu'en silence j'avais arrangés avec art s'effaçaient sous mon front : mes paroles de transition tombaient en anneaux brisés. Je pressentais que j'allais être obligé de m'arrêter ; je fléchissais, j'enfonçais en terre, et toutes les figures, grandissant devant moi, devenaient plus distinctes, plus lumineuses, plus menaçantes, ainsi que d'effrayantes apparitions de fantasmagorie.

Je ne saurais concevoir de telles sensations de terreur qu'au nageur qui, sentant ses forces épuisées, du pied cherche au fond vainement le sable, et voit monter la vague, ou bien au malheureux aéronaute qui vient d'avoir les cordes de sa nacelle rompues par le vent, et, éperdu, regarde dessous lui grossir les rochers, les forêts, les tours armées des villes.

Cependant jamais il ne m'est arrivé de m'interrompre et de demeurer muet. Seul j'avais conscience de mon épouvante. Ma bouche parlait, mes bras frappaient l'air, les muscles de mon visage se contractaient ; intérieurement mon esprit courait en arrière pour trouver dans ce labyrinthe d'idées le fil que j'avais perdu, courait en avant pour découvrir des traces de pensée nouvelle, une route à suivre, s'agitait en tous sens, tressaillait désespéré et se lançait avec rage, tandis que j'épiais l'auditoire pour y découvrir si l'on soupçonnait mon inquiétude, tandis que mes oreilles recueillaient le moindre murmure, le moindre souffle. Cet horrible tourment ne cessait qu'au moment où tous ces êtres divers, parties séparées de mon être venant à se rencontrer tout à coup et à se ressaisir, une commotion violente m'emportait, me brûlait; je m'écriais d'une voix tonnante, et quelquefois un fracas que me renvoyait l'assemblée me rendait à moi-même, me permettait de prendre un instant de repos et de me recueillir.

Je me rappelle ces prédications, comme on se rappelle peut-être une bataille ou une course au clocher. Auprès de ces souvenirs viennent aussi ceux plus simples du Prado et de l'Athenée, où sans trouble, sans apprêts, j'étais tout entier au désir de faire luire à travers les attaques, les murmures, les cris, les sifflets ou les bravos d'auditoires orageux, des vérités que j'aimais et que j'aime encore, n'ayant enseigné que ce qui s'était pris à ma conviction, sans plus de peine qu'en mon enfance les vertueuses leçons de mon père et de ma mère.

CHAPITRE V.

Retour d'une mission saint-simonienne. — Anarchie et division.

Assoupi et rêveur dans une diligence des messageries royales, sur la route d'Orléans à Paris, je revenais d'une mission dans la Bretagne, dans l'Aunis et la Saintonge. J'avais prêché dans des salles de bal, de spectacle, de jeu de paume, à Brest, à Lorient, à Nantes, à Rochefort. J'avais fait œuvre d'apôtre dans les voitures, dans les hôtels, dans les cafés, sur les vaisseaux; j'avais discuté avec les journalistes et les savans de province, avec les maires et avec les commissaires. Plusieurs fois je m'étais trouvé au moment de manquer d'argent ainsi que mon compagnon, excellent jeune homme, et nous nous étions vus exposés à tous les soupçons, à tous les outrages. La relation de mes aventures se déroulait sous mes yeux tandis que j'approchais de Paris; je comptais un à un les partisans que nous nous étions faits dans chaque ville ; je pensais à Émile Souvestre, ami précieux que j'ai conquis à Nantes, puis je me disais :

« Dans quelques instans, je serai au sein de ma grande famille, que depuis deux mois je n'ai pas vue. Avec quelle joie ils vont me serrer dans leurs bras, avec quels transports ils m'écouteront raconter mes fatigues et mes victoires. Demain je reprendrai ma place accoutumée et mes anciennes occupations. »

Je tremblais d'impatience : quelques heures après, oh mon Dieu ! j'étais entré dans la maison commune. Tous ceux que je rencontrais m'embrassaient avec une froide surprise et passaient à la hâte. Je me fis introduire dans un salon ; une partie du collége y était assemblée : toutes les figures portaient les traces de longues insomnies ; les yeux étaient plombés, les lèvres pâles, les cheveux en désordre ; il y avait des traits décomposés, des regards extatiques, des sons creux et lugubres. Dans de certains momens, toutes les voix s'élevaient ensemble, se mêlaient, grandissaient confuses et aigres comme les clameurs d'une émeute ; ensuite elles s'abaissaient, s'apaisaient et tombaient comme sous un coup de vent. Ce que j'entendais me donnait des vertiges ; on parlait de l'un des chefs et d'un grand nombre de ceux que j'étais habitué à aimer, à consulter, ainsi qu'on aurait parlé de personnes mortes ; et cependant à considérer toutes ces tristesses ensemble, elles semblaient exprimer la joie ; à entendre toutes ces voix ensemble, sans chercher à les distinguer les unes des autres, il en sortait une sorte de murmure fantastique, sonore comme un chant de triomphe éloigné, qui me faisait éprouver un frémissement cruel :

« La doctrine secrète ! la doctrine secrète ! elle sourdissait, et elle creusait sa pente, petite, petite, cachée. La voilà ! la voilà ! Le père Enfantin l'a fait jaillir pour désaltérer nos lèvres. Fuyez ! fuyez loin d'ici, docteurs, philosophes, républicains ; loin d'ici, hommes du devoir ancien, hommes de la vieille morale ; nous appellerons la femme libre qui nous dira une morale nouvelle. »

Et plus bas résonnaient aussi ces accens timides et entrecoupés :

« Nous t'invoquons, nous t'implorons, nous t'attendons, type vivant de la morale nouvelle, reine d'Orient et d'Occident, de Rome païenne et de Rome chrétienne, divine Androgyne, où es-tu, couple souverain des mobiles et des immobiles, des amans du divorce et des amans de la fidélité ? »

Oh ! que disent-ils ? et la sueur me découlait du front. A la folie ! ils jettent des pierres à l'horizon ; veulent-ils donc murer l'avenir ?

Mais d'un autre endroit de la salle, un autre murmure répondait :

« Laissons la doctrine secrète. A l'émancipation des classes pauvres, à la vraie liberté ! Que chacun n'ait de part au repos, à la richesse, que suivant son travail, sa vertu ! Paix à la famille ! que la sainte individualité se lève ! que l'autorité soit franche, simple de cœur, sincère. Allons, allons, pas de couvens, pas de remparts entre nous et le monde. Ne relevons pas les débris des trônes et des chaires antiques. Memphis et Venise, gardez en vos tombeaux vos ossémens et vos mystères. »

Je suppliai, je m'emportai pendant un mois, un mois d'affreuses douleurs après une année de bonheur et d'exaltation.

Dès le 21 novembre, j'ai cessé de prendre part aux prédications, aux enseignemens, à la rédaction du *Globe*, je me suis éloigné de toute hiérarchie saint-simonienne.

CONCLUSION.

Oui, je sais qu'un jour, devant moi, quelques voiles brillans se sont détachés. J'ai été effrayé, les voyant tomber ainsi, car d'abord j'ai cru follement que c'était l'azur même du ciel qui se déchirait.

A cette heure même, je ressens encore au cœur les traces d'un serrement douloureux ; mais, malgré mon isolement et ma faiblesse, je suis calme et confiant.

Si ce vent impétueux, qui disperse et chasse en avant tous les enfans du siècle, a enlevé en lambeaux la tente où j'avais espéré vivre toujours, au moins il n'a pu refroidir dans mon sein les pensées généreuses que des mains amies y ont déposées. Elles germeront en moi et autour de moi. Hommes du dix-neuvième siècle, mes frères, je n'oublierai pas que nous assistons à une nouvelle origine de la société qui incessamment renaît pour mourir et meurt pour renaître encore. Notre génération aura peu de chose à détruire, parce que tout est ruine derrière elle, et aussi à édifier peu de chose, parce que devant elle tout est à fonder ; sa mission est de se jeter au large à son tour dans une recherche consciencieuse d'une solution assurément prochaine de ces grands problèmes : Dieu et l'humanité.

Maintenant venez, mes vieilles rêveries de famille et de patrie, et ne repoussez pas les nouvelles compagnes que vous donne mon retour : ce ne sont pas des ennemies, quoiqu'elles soient plus que vous ambitieuses et fières.

Édouard CHARTON.

2 janvier 1832.

Imprimerie d'Éverat, rue du Cadran, n° 16.

Olinde Rodrigues

AUX

SAINT-SIMONIENS.

AUX SAINT-SIMONIENS.

L'APPEL AUX FEMMES tel que l'a conçu *Enfantin* et les théories morales qui s'y rattachent ont fait naître entre *lui* et MOI un dissentiment formel, qui a été plus ou moins connu de vous tous. Ce dissentiment vient de produire le résultat qui ne pouvait être évité que par la conversion d'Enfantin aux bases de la loi morale que j'ai proposées au sein du Collége de la Religion Saint-Simonienne (1).

J'ai affirmé que dans la famille Saint-

---

(1) Voir ma note sur le mariage et le divorce, du 17 octobre 1831, dans la RÉUNION GÉNÉRALE, et ci-après, page 4.

Simonienne, tout enfant devait pouvoir connaître son père. Enfantin a exprimé le vœu que la femme seule fût appelée à s'expliquer sur cette grave question.

Il a donc admis des cas de promiscuité religieuse, tandis que j'ai seulement admis *la sanction du divorce et la sanctification des secondes noces* comme l'unique combinaison qui pût à la fois satisfaire *tous* les légitimes penchans de l'homme et de la femme sous le rapport de leur association, aussi bien que sous le rapport de la sanction réservée aux sentimens de famille. J'ai appelé la femme à nous révéler, d'après ces bases, la *loi des convenances*.

Enfantin a donc admis des *faits moraux* dans la *communauté des femmes*. Je les ai classés au nombre des *cas immoraux*.

Ce dissentiment sur les termes de l'appel aux femmes s'est même fait remarquer dans les rapprochemens qui ont été faits dans *le Globe*, entre l'Orient et l'Occident, Satan et Dieu. Il aurait probablement éclaté en face du public, le jour où les prédications ont été forcément suspendues.

Loin de s'apercevoir de l'effet funeste de cette aberration, au moment même où nous fondons le crédit Saint-Simonien, aberration qui s'explique assez d'ailleurs par la situation personnelle d'Enfantin quant aux relations de famille, relativement aux sentimens d'époux et de père, Enfantin, dont j'avais proclamé la haute *moralité* alors qu'il accomplissait l'œuvre la plus importante, le changement de la hiérarchie, Enfantin-Bazard (1), a cru pouvoir déclarer *immoral* le premier disciple de Saint-Simon, en brisant ce jour même les liens hiérarchiques qui me rattachaient directement plusieurs fonctionnaires importans.

Cet acte *inexplicable* est pour moi le signal d'un progrès nouveau, l'industrie est appelée dans ma personne à *constituer* définitivement la religion nouvelle.

SAINT-SIMONIENS !

Votre hiérarchie éprouve dans sa sommité un changement capital. L'héritier di-

(1) Dans mon appel du 27 novembre 1831.

rect de Saint-Simon assume enfin sur lui *toute* la tâche que lui a confiée son maître, il vous appelle tous, hommes et femmes, à fonder avec lui l'union des travailleurs pacifiques, au nom du NOUVEAU CHRISTIANISME, dernière parole, testament de SAINT-SIMON.

Paris, le 13 février 1832.

OLINDE RODRIGUES,

CHEF DE LA RELIGION SAINT-SIMONIENNE.

BASES DE LA LOI MORALE

PROPOSÉES

A l'acceptation des Femmes.

LE MARIAGE.

Toute œuvre *sociale*, dans l'avenir, est l'œuvre d'un COUPLE, homme et femme, complément l'un de l'autre, recherché, accepté *librement*, dont l'*union* préparée par l'éducation a reçu la sanctification de l'autorité religieuse, *homme* et *femme*.

L'homme et la femme *seront mariés*, alors qu'ils seront tous deux arrivés à aimer, désirer l'un et l'autre, l'un par l'autre, l'accomplissement d'un œuvre commune, manifestation d'une commune destinée. A cette condition, l'union sera sanctifiée, elle aura toute sa force, toute son *abnégation*, tout son *égoïsme*. Elle sera RELIGIEUSE.

Je crois fermement que *tous* doivent, au moment où ils vont compléter leur vie par le mariage, après y avoir été amenés par le développement du système d'éducation, espérer, désirer, que ce mariage ne soit pas dissout, dans quelque catégorie qu'ils puissent être rangés à cet égard.

Nul ne sera en état normal pour être marié, qui désirerait ou accepterait le mariage en voyant devant lui le divorce.

Mais, d'un autre côté, j'admets fermement qu'il existe, suivant la qualification des individus, des différences plus ou moins grandes, dans la *probabilité* d'une durée quelconque pour le maintien de l'état normal du mariage.

Et j'entends que le mariage est à l'état normal stable, tant que les deux époux, à travers toutes les petites variations d'humeur, de goût et de puissance, inévitables dans l'union la mieux assortie, sont ramenés sans cesse à aimer, à concevoir, à pratiquer *ensemble*, l'œuvre sociale qu'ils ont reçu mission d'accomplir, à se *sentir* complément l'un de l'autre.

LE DIVORCE.

Mais du jour où l'autorité religieuse, homme et femme, renonce, après maintes épreuves, à considérer comme possible le maintien de l'état normal de mariage entre les deux époux; du jour où les chances d'un pénible déchirement deviennent prédominantes, il y a lieu, dans l'intérêt personnel des deux époux, aussi bien que dans l'intérêt social, à préparer, à prononcer le *divorce*, c'est-à-dire le passage *d'un lien* à un *autre lien*.

Je crois donc fermement qu'un individu ne peut être à *la fois* l'époux que d'une seule femme, et qu'il ne peut en conséquence l'être de plusieurs que *successivement*.

QUELQUES CONSÉQUENCES DU DIVORCE.

Les causes du divorce peuvent être telles, suivant les individus, que pour les uns il soit une preuve d'élévation, et pour d'autres le signe d'un abaissement. Dans certains cas sociaux, selon certaines fonctions, et indubitablement pour la fonction suprême, il équivaut à une *abdication*; car le divorce, pour les deux chefs suprêmes, homme et femme, ne pourrait être un moyen d'*élévation* pour aucun d'eux, et ne saurait recevoir sa sanction que d'un autre couple à eux supérieur, qui deviendrait, par le fait, investi du suprême pouvoir.

CONSIDÉRATIONS SUR LA FAMILLE.

Le mariage n'est pas seulement l'association la plus complète d'un homme et d'une femme, ayant pour objet l'accomplissement d'une œuvre sacerdotale, scientifique ou industrielle;

Le mariage est encore le *lien sacré* des générations, et ici de nouvelles considérations se présentent.

Saint-Simon a promulgué le règne de Dieu sur la terre. L'homme, par lui, est désormais appelé à *connaître* et à *pratiquer* selon son AMOUR.

L'AMOUR doit unir le *vrai* et l'*utile*, l'*idéal* et le *réel*; il n'y a plus, il ne doit plus y avoir de fictions constitutionnelles ni dans l'*état* ni dans la *famille.*

L'homme, à sa naissance, veut être entouré de ceux dont il est réellement le plus *aimé*, pour *apprendre*, par leur exemple, à *pratiquer* la vie.

La *mère* veut toujours offrir aux caresses du *père* l'enfant que Dieu fit naître d'eux, pour que par *eux commençât* la famille, famille toujours *progressive*, qui entoure sans cesse l'enfant grandissant du *patronage* le plus *intelligent* et le plus *actif*, pour développer ses facultés.

La procréation doit donc être le fruit du plus grand amour; de l'amour le plus complet, de l'amour qui fait le mariage de deux êtres, *égaux* sans être *identiques*, égaux parce qu'ils sont complémens l'un pour l'autre.

MORALITÉ DES RELATIONS SAINT-SIMONIENNES.

Ainsi donc, dans l'avenir, l'autorité religieuse, le prêtre et la prêtresse, mariés eux-mêmes, président aux mariages et aux divorces, veillent au maintien des *unions normales*, sanctionnent le divorce et sanctifient les secondes noces quand les circonstances énoncéees ci-dessus viennent le réclamer. Par leur intervention religieuse, la loyauté règne dans toutes les affections; la fausseté, la dissimulation, comme la violence et la ruse, disparaissent dans la *famille* comme dans la *cité*, et avec elles l'*adultère*, c'est-à-dire le divorce caché, outrageant, irréligieux, protestation violente du passé contre une loi incomplète du mariage; et la *séduction*, c'est-à-dire la tentative d'adultère à l'égard d'une des deux parties d'un couple, ou la tentative, auprès d'un être faible et sans défense, d'obtenir l'amour sans le donner soi-même.

Enfin, grâce à ces mariages vraiment saints, la famille ne commence plus, avec certitude, *seulement* à la *mère*, qu'une loi barbare et immorale ne pouvait récuser; elle commence à la mère *et au père*, et la législation voit disparaître cet axiome romain, honteux témoignage de l'impuissance de la loi morale, *Pater is est quem nuptiæ demonstrant*: parce que les mariages, par l'éducation et par le divorce, peuvent désormais placer constamment l'homme et la femme dans la situation de sympathie réciproque la plus favorable à leur mutuel développement, à l'accomplissement de tous leurs devoirs sociaux.

DES RELATIONS DU PRÊTRE ET DE LA PRÊTRESSE AVEC LES INDIVIDUS MARIÉS OU NON MARIÉS.

Relations générales des hommes et des femmes.

L'épouse est la femme que l'époux aime le plus complétement, le plus *intimement*. C'est la moitié de sa vie.

L'époux est l'homme que l'épouse aime le plus complétement, le plus *intimement*. C'est la moitié de sa vie.

Mais la vie est à la fois individuelle et sociale, c'est-à-dire que l'époux ressent aussi de l'affection pour d'autres femmes que la sienne, l'épouse de l'affection pour d'autres hommes que celui qui est son époux. Un intervalle relativement immense sépare toutefois l'affection mutuelle des époux de celle qu'ils peuvent éprouver, à titre de supériorité, d'égalité ou d'infériorité, pour celui-là même ou celle-là qu'après son époux la femme aime le *plus*, qu'après son épouse l'homme aime le *plus ;* parce qu'avec l'épouse *seule* l'époux est vraiment *lié*, parce qu'avec l'épouse *seule* l'époux forme une *unité* dans la famille universelle, parce qu'avec l'épouse *seule* l'époux constitue un des *liens* qui unissent les générations humaines.

L'expression *spirituelle* et *charnelle* de l'affection qui unit l'époux à toutes les femmes autres que la sienne, l'épouse à tout autre que son époux, doit donc avoir une manifestation et des *limites* d'une nature différente de celles qui caractérisent l'union la plus *intime* de deux êtres, l'union conjugale, et différentes aussi selon l'état des individus par rapport au mariage.

Quelles seront ces manifestations, ces limites?

Au premier couple, placé au sommet de la hiérarchie Saint-Simonienne, il sera donné de jeter une vive lumière sur ces problèmes de la vie individuelle que la préoccupation d'une éducation critique ou chrétienne empêche des hommes et des femmes, aujourd'hui placés à des points de vue insuffisans, d'envisager avec le *calme* indispensable. La première *femme* qui s'assoiera au trône pontifical pourra seule révéler la loi des *convenances* au-delà desquelles commencerait l'*immoralité*.

J'affirme toutefois, en vertu des principes ci-dessus posés, que cette loi devra satisfaire aux conditions suivantes :

A l'époux et à l'épouse appartient *exclusivement* ce saint état, l'*intimité* du cœur, de l'esprit et des sens, sphère mystérieuse, impénétrable, où deux *spontanéités* se confondent, où la *vie* peut produire la *vie*.

L'œil et l'esprit de *tous* devront reconnaître à toutes les relations des deux époux avec les autres membres de la famille que cette *intimité* qui fait leur joie et leur vertu sociale est *intacte*.

Mais à l'égard de ces époux prêts à divorcer, dont l'harmonie n'existe plus, l'action du prêtre et de la prêtresse a pour objet spécial de rendre la plus douce possible la transition d'un nœud détruit à un autre plus moral, plus convenable à chacun des deux époux. Et là où il n'existe pas de lien à briser, on peut concevoir, de la part du supérieur, une influence assez grande pour diriger les divorcés par l'attrait de l'esprit ou des sens vers les nouveaux liens qu'ils cherchent à contracter.

La limite qui se présente est que le supérieur et l'inférieur ne soient jamais placés dans les circonstances morales où ils puissent oublier que l'*intimité* du mariage est l'attribut exclusif de l'*égalité*. Un tel oubli annulerait la hiérarchie et briserait l'égalité même du prêtre et de la prêtresse chargés de la direction des fidèles.

Des considérations du même genre s'offrent à l'esprit pour tous les individus qui souffrent en cherchant l'être qui doit compléter leur vie.

Mais, je le répète, en-deçà de ces limites, j'attends avec confiance la révélation de la première femme qui sera à la tête de la doctrine; c'est à la femme *affranchie*, LIBRE ET PRÊTE POUR L'AVENIR, qu'il appartient de révéler la loi des convenances, LE CODE DE LA PUDEUR.

EVERAT, imprimeur, rue du Cadran, N° 16.

LE

DISCIPLE DE SAINT-SIMON

aux Saint-Simoniens

ET AU PUBLIC.

AUX SAINT-SIMONIENS.

L'APPEL AUX FEMMES tel que l'a conçu *Enfantin* et les théories morales qui s'y rattachent ont fait naître entre *lui* et MOI un dissentiment formel, qui a été plus ou moins connu de vous tous. Ce dissentiment vient de produire le résultat qui ne pouvait être évité que par la conversion d'Enfantin aux bases de la loi morale que j'ai proposées au sein du Collége de la Religion Saint-Simonienne (1).

J'ai affirmé que dans la famille Saint-

(1) Voir ma note sur le mariage et le divorce, du 17 octobre 1831, dans la RÉUNION GÉNÉRALE, et ci-après, page 21.

Simonienne, tout enfant devait pouvoir connaître son père. Enfantin a exprimé le vœu que la femme seule fût appelée à s'expliquer sur cette grave question.

Il a donc admis des cas de promiscuité religieuse, tandis que j'ai seulement admis *la sanction du divorce et la sanctification des secondes noces* comme l'unique combinaison qui pût à la fois satisfaire *tous* les légitimes penchans de l'homme et de la femme sous le rapport de leur association, aussi bien que sous le rapport de la sanction réservée aux sentimens de famille. J'ai appelé la femme à nous révéler, d'après ces bases, la *loi des convenances.*

Enfantin a donc admis des *faits moraux* dans la *communauté des femmes.* Je les ai classés au nombre des *cas immoraux.*

Ce dissentiment sur les termes de l'appel aux femmes s'est même fait remarquer dans les rapprochemens qui ont été faits dans *le Globe*, entre l'Orient et l'Occident, Satan et Dieu. Il aurait probablement éclaté en face du public, le jour où les prédications ont été forcément suspendues.

Loin de s'apercevoir de l'effet funeste de cette aberration, au moment même où nous fondons le crédit Saint-Simonien, aberration qui s'explique assez d'ailleurs par la situation personnelle d'Enfantin quant aux relations de famille, relativement aux sentimens d'époux et de père, Enfantin, dont j'avais proclamé la haute *moralité* alors qu'il accomplissait l'œuvre la plus importante, le changement de la hiérarchie, Enfantin-Bazard (1), a cru pouvoir déclarer *immoral* le premier disciple de Saint-Simon, en brisant ce jour même les liens hiérarchiques qui me rattachaient directement plusieurs fonctionnaires importans.

Cet acte *inexplicable* est pour moi le signal d'un progrès nouveau, l'INDUSTRIE est appelée dans ma personne à *constituer* définitivement la RELIGION NOUVELLE.

SAINT-SIMONIENS !

Votre hiérarchie éprouve dans sa sommité un changement capital. L'héritier di-

(1) Dans mon appel du 27 novembre 1831.

rect de Saint-Simon assume enfin sur lui *toute* la tâche que lui a confiée son maître ; il vous appelle tous, hommes et femmes, à fonder avec lui l'union des travailleurs pacifiques, au nom du NOUVEAU CHRISTIANISME, dernière parole, testament de SAINT-SIMON.

Paris, le 13 février 1832.

OLINDE RODRIGUES,

CHEF DE LA RELIGION SAINT-SIMONIENNE.

PRÉFACE

DES

ŒUVRES DE SAINT-SIMON.

LE DISCIPLE DE SAINT-SIMON

AU PUBLIC.

Je commence aujourd'hui à remplir directement, et par moi-même, la mission qui me fut léguée par SAINT-SIMON.

J'ai repris l'héritage que j'avais confié à des mains qui furent plus capables que les miennes, pendant tout le temps qui m'était nécessaire pour délier tous les nœuds qui m'empêchaient de livrer ma vie entière à l'œuvre immense dont j'avais accepté la responsabilité, au lit de mort de SAINT-SIMON (1).

Je rends grâces à Bazard et à Enfantin pour le concours qu'ils m'ont apporté pendant ces six années écoulées depuis la mort du révélateur, l'un par l'*énergie* de son libéralisme *politique*, et l'autre par la *séduction* de son libéralisme *moral* (2).

Tous deux, dévoués au progrès,

---

(1) Voir ma proclamation aux Saint-Simoniens.

(2) «Vous, mon père, arraché à vos méditations par une généreuse activité, vous organisez en France cette association secrète dont le nom seul semblait une déclaration de guerre au pâle drapeau du passé ; et marchant à côté de Lafayette dans cette route périlleuse que vous avez ouverte à plusieurs des partisans aujourd'hui les plus exaltés ou les plus timides de la liberté, vous exposez dans les hasards de cette longue conspi-

sentirent le besoin d'un *ordre* nouveau et vinrent au disciple de SAINT-SIMON, suivis d'hommes également zélés, que le *libéralisme* seul, en *politique* ou en *morale*, avait pu jusque-là satisfaire.

Par Bazard et par Enfantin, l'opinion publique a été saisie du Saint-Simonisme. Gloire à eux! ils ont préparé les *leurs* à entendre, à comprendre

---

ration une vie que les juges dévouent à l'échafaud. » (*Prédication de Barraut, adressant la parole à Bazard, le 12 juin 1831.*)

C'est là l'œuvre *critique*, mais *originale* et *capitale* de Bazard.

L'appel *aux femmes*, ou ce qui revient au même, d'après la conception qui lui sert de base, l'appel à une insurrection *morale*, voilà l'œuvre *critique*, mais *originale* et *capitale* d'Enfantin.

Or Saint-Simon est venu pour *édifier* et non pour *détruire*.

Bazard, quand il *conspirait* contre l'ordre *politique* ancien, n'était pas Saint-Simonien.

Enfantin, quand il *conspire* contre l'ordre *moral* ancien, n'est plus Saint-Simonien.

enfin la voix du régénérateur *politique* et *moral*. Mais leur mission ne pouvait s'étendre au-delà des limites mêmes de leur propre organisation. Nés démolisseurs en *politique* ou en *morale*, ils sont les derniers représentans du génie révolutionnaire qui, las de détruire, essaya un jour de reconstruire, et, de ce jour, vit tomber sa puissance.

Ainsi que Robespierre, de gigantesque mémoire, proclama l'existence de l'être suprême au milieu des ruines amassées par l'athéisme révolutionnaire, de même Enfantin et Bazard sont venus rendre hommage à SAINT-SIMON, et lui apporter le tribut de leur influence *politique* et *morale;* mais ils ne pouvaient transformer *leur nature* jusqu'au point d'édifier eux-mêmes le temple de la *paix* et de la *famille* universelles. Hardis démolisseurs, Saint-Simon les avait jugés lorsqu'il promulgua cette loi invariable de l'humanité, que les instrumens de la destruction ne pouvaient servir à la reconstruction.

Et déjà, vous souvient-il, Enfantin et Bazard, de ce jour mémorable où j'allais brusquement ressaisir mon héritage, alors que, malgré moi, vous prétendiez, au nom de Saint-Simon, saper la famille jusque dans ses fondemens. Logiciens impitoyables, et toutefois privés de sentimens assez larges pour raisonner juste, vous vouliez enseigner, au nom de Saint-Simon, qu'à l'avenir l'enfant vagissant à peine serait arraché au regard même de sa mère délivrée, aussi bien qu'à celui du père, pour *abolir* plus sûrement selon vous tous les priviléges de la naissance.

Je déclarai qu'en ce moment vous n'étiez plus les chefs de la doctrine. Il suffit alors de ma voix puissante pour sauver votre cœur du vertige de votre esprit révolutionnaire; vous reculâtes devant moi, et je restai encore à l'écart; mon jour n'était pas venu.

La crise de destruction finit en vous; la crise de réorganisation en *politique* et en *morale* commence en moi par Saint-Simon, dont je suis l'héritier *selon la fonction*.

L'homme de *paix* et de *famille* peut seul installer dans le monde la *paix* et la *famille* universelles promises au monde par Saint-Simon.

Cet homme est celui qui *seul* vécut deux ans de la vie du révélateur.

Celui qui seul a pu s'écrier à la face de Dieu et des hommes :

« Du jour où SAINT-SIMON rencon-
» tra l'homme qui, amoureux de l'ave-
» nir, avait compris les sciences, senti
» les beaux-arts et pratiqué l'industrie,
» l'homme qui avait en lui par le sang
» la tradition de Moïse, par le désinté-
» ressement celle du Christ; du jour
» où cet homme, qui, savant et indus-
» triel, avait connu près des industriels
» et des savans le secret de leur force
» et de leur faiblesse morale; du jour
» où cet homme, brûlé jusque dans ses
» entrailles par la flamme vivante de
» SAINT-SIMON, sentit pénétrer en lui
» une vie nouvelle et reconnut en

» SAINT-SIMON, *chrétien féodal*, un
» nouveau père; de ce jour fut enfantée
» l'association de la famille universelle;
» de ce jour fut possible la réunion des
» juifs et des chrétiens au sein d'un
» *nouveau christianisme*, religion uni-
» verselle. »

Enfantin, Bazard, hommes puissans, jaloux du progrès de l'humanité, l'enthousiasme de la religion ne vous fut pourtant pas donné. Jamais vous ne puisâtes à la source vivifiante du révélateur. Jamais vous ne sentîtes votre ame embrasée du feu nouveau que, pour le salut du monde, il alluma comme un phare resplendissant au milieu de l'effroyable et sublime tempête soulevée par les apôtres de la destruction.

Vous pûtes faire accepter l'*autorité* à

des esprits *indisciplinés,* fatigués et malades de scepticisme; vous en avez fait des *dévots*, des fanatiques ; mais des hommes *religieux*, jamais. En ce moment l'orientalisme et ses doctrines d'adoration stupide et de lâcheté sensuelle aveuglent tous les *Enfantinistes*. Ceux qui se sont séparés avec Bazard sont retournés à des travaux *individuels*.

A moi d'inspirer l'enthousiasme aux apôtres Saint-Simoniens ; à moi de passionner au nom de SAINT-SIMON, de faire éclater sa gloire au-dessus de toutes les gloires, à moi de commencer enfin l'œuvre *pratique* du NOUVEAU CHRISTIANISME.

A moi donc tous ceux que la passion du bien général fait vivre ; eux seuls peuvent accomplir de grandes choses; *souvenez-vous que pour faire du grand, il faut être passionné*, m'a dit Saint-Simon expirant. Viennent donc à l'œuvre les hommes et les femmes sains de COEUR, d'*esprit* et de *corps*, vraiment *saints et saintes*, vraiment dignes de porter le glorieux fardeau de l'apostolat.

Le génie des conspirateurs politiques est usé, leur œuvre est consommée. La société n'a plus rien à attendre ou à redouter d'eux. La critique du libéralisme *politique*, directement entreprise par le Saint-Simonisme, est désormais complète.

Quant à la conspiration morale des *Enfantinistes*, elle n'ira pas loin; malgré tout le *talent* et toute la *dévotion* qu'elle a corrompus à son service. La RELIGION NOUVELLE aura bientôt triomphé des écueils qu'elle a dû rencontrer sur son chemin : la *communauté des biens* et la *communauté des femmes*.

Et bientôt, par sa vive et puissante influence, la doctrine de Saint-Simon aura terminé, dans la *morale* comme dans la *politique*, la lutte de l'*oisif* et du TRAVAILLEUR, du *salon* et de l'ATELIER, de l'*amateur* et du PRODUCTEUR, du *mal* et du BIEN.

Je publierai successivement tous les écrits de mon maître, ainsi que j'en ai reçu de lui la mission spéciale.

J'imprime d'abord, en tête de ce volume, plusieurs fragmens de l'histoire de la vie de SAINT-SIMON, écrite par lui-même à diverses reprises.

Le monde a méconnu SAINT-SIMON, le monde va le connaître.

Viennent ensuite trois œuvres importantes, monumens impérissables du développement de la conception Saint-Simonienne, dans la vie même du révélateur.

La première est émanée de l'inspiration primitive et créatrice de SAINT-SIMON.

SAINT-SIMON, il y a trente ans, vint appeler les hommes ET les FEMMES à accomplir l'œuvre de la régénération sociale. Frappé des éclatans progrès accomplis au dix-huitième siècle par les successeurs de Newton, c'est aux *savans* qu'il s'adresse d'abord, aux *artistes* ensuite, pour réédifier le pouvoir *spirituel*, dont la chute est la seule cause du désordre qui agite toute l'Europe. L'organisation du pouvoir *temporel*, il ne la conçoit pas encore nettement ; aussi les formes délibérantes, quoique déjà modifiées radicalement par son système d'élection, tiennent-elles encore une grande place dans ses plans de réorganisation. En un mot, la division des propriétaires et des non-propriétaires n'a pas encore fait place à celle des oisifs et des travailleurs.

C'est en 1819 que le principe de la politique industrielle éclate dans toute son originalité, par la célèbre *parabole*, pour laquelle SAINT-SIMON fut accusé et acquitté en cour d'assises, le 20 février 1820.

Enfin, le *Nouveau Christianisme*, testament du révélateur, élève au-dessus des institutions *spirituelles* et *temporelles* un pouvoir MORAL, inspirateur direct des beaux-arts, qui devient ainsi le lien de la science et de l'industrie, de la *théorie* et de la *pratique*, de l'*esprit* et de la *chair*, de l'HOMME et de la FEMME.

Paris, le 1er *mars* 1832.

OLINDE RODRIGUES,

Chef de la religion Saint-Simonienne.

BASES DE LA LOI MORALE

PROPOSÉES

A l'acceptation des Femmes.

LE MARIAGE.

Toute œuvre *sociale*, dans la *famille Saint-Simonienne*, est l'œuvre d'un COUPLE, homme et femme, complément l'un de l'autre, recherché, accepté *librement*, dont l'*union* préparée par l'éducation a reçu la sanctification de l'autorité religieuse, *homme* et *femme*.

L'homme et la femme *seront mariés*, alors qu'ils seront tous deux arrivés à aimer, à désirer l'un et l'autre, l'un par l'autre, l'accomplissement d'une œuvre commune, manifestation d'une commune destinée. A cette condition, l'union sera sanctifiée, elle aura toute sa force, toute son *abnégation*, tout son *égoïsme* : Elle sera RELIGIEUSE.

Je crois fermement que *tous* doivent, au moment où ils vont compléter leur vie par le mariage, après y avoir été amenés par le développement du système d'éducation, espérer, désirer que ce mariage ne soit pas dissous, dans quelque catégorie qu'ils puissent être rangés à cet égard.

Nul ne sera en état normal pour être marié, qui désirerait ou accepterait le mariage en voyant devant lui le divorce.

Mais, d'un autre côté, j'admets fermement qu'il existe, suivant la qualification des individus, des différences plus ou moins grandes, dans la *probabilité* d'une durée quelconque pour le maintien de l'état normal du mariage.

Et j'entends que le mariage est à l'état normal stable, tant que les deux époux, à travers toutes les petites variations d'humeur, de goût et de puissance, inévitables dans l'union la mieux assortie, sont ramenés sans cesse à aimer, à concevoir, à pratiquer *ensemble* l'œuvre sociale qu'ils ont reçu mission d'accomplir, à se *sentir* complément l'un de l'autre.

LE DIVORCE.

Mais du jour où l'autorité religieuse, homme et femme, renonce, après maintes épreuves, à considérer comme possible le maintien de l'état normal de mariage entre les deux époux; du jour où les chances d'un pénible déchirement deviennent prédominantes, il y a lieu, dans l'intérêt personnel des deux époux, aussi bien que dans l'intérêt social, à préparer, à prononcer le *divorce*, c'est-à-dire le passage *d'un lien* à un *autre lien*.

Je crois donc fermement qu'un homme ne peut être *à la fois* l'époux que d'une seule femme, et qu'il ne peut en conséquence l'être de plusieurs que *successivement*.

QUELQUES CONSÉQUENCES DU DIVORCE.

Les causes du divorce peuvent être telles, suivant les individus, que pour les uns il soit une preuve d'élévation, pour d'autres le signe d'un abaissement. Dans certains cas sociaux, selon certaines fonctions, et indubitablement pour la fonction suprême, il équivaut à une *abdication*; car le divorce, pour les deux chefs suprêmes, homme et femme, ne pourrait être un moyen d'*élévation* pour aucun d'eux, et ne saurait recevoir sa sanction que d'un autre couple à eux supérieur, qui deviendrait, par le fait, investi du suprême pouvoir.

CONSIDÉRATIONS SUR LA FAMILLE.

Le mariage n'est pas seulement l'association la plus complète d'un homme et d'une femme, ayant pour objet l'accomplissement d'une œuvre morale, scientifique ou industrielle :

Le mariage est encore le *lien sacré* des générations, et ici de nouvelles considérations se présentent.

Saint-Simon a promulgué le règne de Dieu sur la terre. L'homme, par lui, est désormais appelé à *connaître* et à *pratiquer* selon son AMOUR.

L'AMOUR doit unir le *vrai* et l'*utile*, l'*idéal* et le *réel*; il n'y a plus, il ne doit plus y avoir de fictions constitutionnelles ni dans l'*état* ni dans la *famille.*

L'homme, à sa naissance, veut être entouré de ceux dont il est réellement le plus *aimé*, pour *apprendre*, par leur exemple, à *pratiquer* la vie.

La *mère* veut toujours offrir aux caresses du *père* l'enfant que Dieu fit naître d'eux, pour que par *eux commençât* la famille, famille toujours *progressive*, qui entoure sans cesse l'enfant grandissant du *patronage* le plus *intelligent* et le plus *actif*, pour développer ses facultés.

La procréation doit donc être le fruit du plus grand amour; de l'amour le plus complet, de l'amour qui fait le mariage de deux êtres, *égaux* sans être *identiques*, égaux parce qu'ils sont complémens l'un pour l'autre.

MORALITÉ DES RELATIONS SAINT-SIMONIENNES.

Ainsi donc, dans l'avenir, l'autorité religieuse, le prêtre et la prêtresse, mariés eux-mêmes, président aux mariages et aux divorces, veillent au maintien des *unions normales*, sanctionnent le divorce et sanctifient les secondes noces quand les circonstances énoncées ci-dessus viennent le réclamer. Par leur intervention religieuse, la loyauté règne dans toutes les affections; la fausseté, la dissimulation, comme la violence et la ruse, disparaissent dans la *famille* comme dans la *cité*, et avec elles l'*adultère*, c'est-à-dire le divorce caché, outrageant, irréligieux, protestation violente du passé contre une loi incomplète du mariage; et la *séduction*, c'est-à-dire la tentative d'adultère à l'égard d'une des deux parties d'un couple, ou la tentative, auprès d'un être faible et sans défense, d'obtenir l'amour sans le donner soi-même

Enfin, grâce à ces mariages vraiment saints, la famille ne commence plus, avec certitude, *seulement* à la *mère*, qu'une loi barbare et immorale ne pouvait récuser, elle commence à la mère *et au père*, et la législation voit disparaître cet axiome romain, honteux témoignage de l'impuissance de la loi morale, *Pater is est quem nuptiæ demonstrant* : parce que les mariages, par l'éducation et par le divorce, peuvent désormais placer constamment l'homme et la femme dans la situation de sympathie réciproque la plus favorable à leur mutuel développement, à l'accomplissement de tous leurs devoirs sociaux.

DES RELATIONS DU PRÊTRE ET DE LA PRÊTRESSE AVEC LES INDIVIDUS MARIÉS OU NON MARIÉS.

Relations générales des hommes et des femmes.

L'épouse est la femme que l'époux aime le plus complétement, le plus *intimement*. C'est la moitié de sa vie.

L'époux est l'homme que l'épouse aime le plus complétement, le plus *intimement*. C'est la moitié de sa vie.

Mais la vie est à la fois individuelle et sociale, c'est-à-dire que l'époux ressent aussi de l'affection pour d'autres femmes que la sienne, l'épouse de l'affection pour d'autres hommes que celui qui est son époux. Un intervalle relativement immense sépare toutefois l'affection mutuelle des époux de celle qu'ils peuvent éprouver, à titre de supériorité, d'égalité ou d'infériorité, pour celui-là même ou celle-là qu'après son époux la femme aime le *plus*, qu'après son épouse l'homme aime le *plus ;* parce qu'avec l'épouse *seule* l'époux est vraiment *lié*, parce qu'avec l'épouse *seule* l'époux forme une *unité* dans la famille universelle, parce qu'avec l'épouse *seule* l'époux constitue un des *liens* qui unissent les générations humaines.

L'expression *spirituelle* et *charnelle* de l'affection qui unit l'époux à toutes les femmes autres que la sienne, l'épouse à tout autre que son époux, doit donc avoir une manifestation et des *limites* d'une nature différente de celles qui caractérisent l'union la plus *intime* de deux êtres, l'union conjugale, et différentes aussi selon l'état des individus par rapport au mariage.

Quelles seront ces manifestations, ces limites?

Au premier couple, placé au sommet de la hiérarchie Saint-Simonienne, il sera donné de jeter une vive lumière sur ces problèmes de la vie individuelle que la préoccupation d'une éducation critique ou chrétienne empêche des hommes et des femmes, aujourd'hui placés à des points de vue insuffisans, d'envisager avec le *calme* indispensable. La première *femme* qui s'assoiera au trône pontifical pourra seule révéler la loi des *convenances* au-delà desquelles commencerait l'*immoralité*.

J'affirme toutefois, en vertu des principes ci-dessus posés, que cette loi devra satisfaire aux conditions suivantes :

A l'époux et à l'épouse appartient *exclusivement* ce saint état, l'*intimité* du cœur, de l'esprit et des sens, sphère mystérieuse, impénétrable, où deux *spontanéités* se confondent, où la *vie* peut produire la *vie*.

L'œil et l'esprit de *tous* devront reconnaître à toutes les relations des deux époux avec les autres membres de la famille que cette *intimité* qui fait leur joie et leur vertu sociale est *intacte*.

Mais à l'égard de ces époux prêts à divorcer, dont l'harmonie n'existe plus, l'action du prêtre et de la prêtresse a pour objet spécial de rendre la plus douce possible la transition d'un nœud détruit à un autre plus moral, plus convenable à chacun des deux époux. Et là où il n'existe pas de lien à briser, on peut concevoir, de la part du supérieur, une influence assez grande pour diriger les divorcés par l'attrait de l'*esprit* ou de la *beauté*, double manifestation de la supériorité *morale*, vers les nouveaux liens qu'ils cherchent à contracter.

La limite qui se présente est que le supérieur et l'inférieur ne soient jamais placés dans les circonstances morales où ils puissent oublier que l'*intimité* du mariage est l'attribut exclusif de l'*égalité*. Un tel oubli annulerait la hiérarchie et briserait l'égalité même du prêtre et de la prêtresse chargés de la direction des fidèles.

Des considérations du même genre s'offrent à l'esprit pour tous les individus qui souffrent en cherchant l'être qui doit compléter leur vie.

Mais, je le répète, en-deçà de ces limites, j'attends avec confiance la révélation de la première femme qui sera à la tête de la doctrine ; c'est à la femme *affranchie* par l'homme, LIBRE ET PRÊTE POUR L'AVENIR, qu'il appartient de révéler la loi des convenances, LE CODE DE LA PUDEUR.

EVERAT, imprimeur, rue du Cadran, N° 16.

Souscription.

ŒUVRES

COMPLÈTES

DE SAINT-SIMON,

PUBLIÉES ET MISES EN ORDRE

PAR OLINDE RODRIGUES,

SON DISCIPLE,

CHEF DE LA RELIGION SAINT-SIMONIENNE.

Elles formeront dix ou douze volumes in-8°, qui comprendront les travaux inédits de Saint-Simon, imprimés sur papier fin satiné, dont le prix variera de 4 à 6 fr., suivant la force des livraisons.

La première livraison est actuellement en vente; elle contient la PRÉFACE GÉNÉRALE DU DISCIPLE DE SAINT-SIMON; des FRAGMENS DE L'HISTOIRE DE LA VIE DE SAINT-SIMON, ÉCRITE PAR LUI-MÊME, les LETTRES D'UN HABITANT DE GENÈVE A SES CONTEMPORAINS, la PARABOLE POLITIQUE et LE NOUVEAU CHRISTIANISME. — Prix : 4 fr.

Sous presse, la seconde livraison, contenant:

Le CATÉCHISME POLITIQUE DES INDUSTRIELS.

VUES SUR LA PROPRIÉTÉ ET LA LÉGISLATION.

Prix : 5 fr.

On Souscrit à Paris,

Chez AD. NAQUET, Libraire-Éditeur, à la librairie Saint-Simonienne, rue Vivienne, n° 16;

Et chez les principaux libraires des départemens.

RELIGION SAINT-SIMONIENNE.

OLINDE RODRIGUES,

A M. MICHEL CHEVALIER,

RÉDACTEUR DU GLOBE.

OLINDE RODRIGUES,

A M. MICHEL CHEVALIER,

RÉDACTEUR DU GLOBE.

PREMIÈRE LETTRE.

Paris, le 12 mars, 1832.

MONSIEUR,

En ma qualité d'ancien fondé de pouvoir de vous et de plusieurs autres personnes que vous représentez actuellement, j'ai contracté divers engagemens, dont la somme est considérable, envers des tiers; j'ai ajouté ma responsabilité personnelle à la vôtre; mon nom est même le seul qui ait paru dans la signature de ces engagemens.

Depuis que vous m'avez retiré votre procuration, vous avez négligé, malgré mes demandes réitérées, de me tenir exactement informé des mesures que vous avez dû prendre pour assurer la liquidation de la Société de fait, qui a existé entre nous. Vous vous êtes brusquement emparé du mouvement de la caisse, ainsi que des pièces qui pouvaient constater notre actif et notre passif, et vous avez négligé d'en faire dresser un inventaire, comme vous deviez le faire, conformément à la loi civile et commerciale, sous l'empire exclusif de laquelle vous vous êtes placé par rapport à moi, du jour où vous avez cessé d'être en communion religieuse avec moi. Vous avez poussé l'oubli de toutes les convenances jusqu'à refuser de me représenter les titres revêtus de ma signature rentrés dans la caisse par leur acquittement, pour que j'y pusse biffer mon nom. A mes instances légitimes, vous n'avez répondu, ou fait répondre, que par des fins de non-recevoir, entièrement étrangères aux débats qui nous occupent. C'est ainsi, par exemple, que vous avez cru pouvoir me refuser toute satisfaction, tant que je continuerais à occuper l'appartement que j'habite, rue Monsigny, appartement où je suis arrivé votre associé, du loyer duquel je me reconnais débiteur, à dater du 13 février dernier, et qu'il ne me convient d'abandonner qu'à l'expiration des délais d'un congé qui me serait légalement signifié. Vous m'avez encore répondu que je devais rester sans aucune inquiétude sur *ma* libération, que je pouvais m'en rapporter à vous du soin de l'effectuer.

Il s'agit, Monsieur, d'abord de *notre* commune libération envers les tiers; il s'agit pour moi surtout, et je ne puis me reposer sur personne d'un pareil soin; il s'agit de justifier à l'égard du public, la confiance qu'il avait pu m'accorder, et qui reposait sur des antécédens positifs.

Il s'agit, au moment où, suivant ma conviction, vous employez les deniers sociaux en dépenses complètement improductives, il s'agit pour moi de veiller au paiement exact des engagemens solidairement contractés par vous et par moi, afin de pouvoir prouver dans tous les cas que si les moyens matériels ont pu me manquer, j'ai tout fait du moins pour sauver mon honneur commercial, et en même temps celui des hommes dont j'avais accepté le mandat. Veuillez donc, Monsieur, regarder cette démarche écrite de ma part comme la dernière expression de mon desir formel de vous voir acquiescer à ma légitime demande, et comptez que, malgré la répugnance que j'éprouve bien naturellement à user d'autres moyens à votre égard que ceux de la persuasion, je suis pourtant irrévocablement décidé à mettre fin, dans le plus bref délai, à la position de complaisance où vous tenteriez vainement de me faire rester davantage.

La loi civile, que vous ni moi n'avons faite, est, je vous le repète, en l'absence d'une communion religieuse, le seul arbitre de nos différens. Ne vous étonnez donc pas que j'use promptement, dans cette circonstance, des moyens qu'elle met à ma disposition, pour fixer définitivement nos positions respectives.

J'attends de vous, Monsieur, une réponse entièrement satisfaisante jusqu'au 15 courant inclusivement.

RODRIGUES.

DEUXIÈME LETTRE.

Paris, ce 17 mars 1832.

MONSIEUR,

Le peu de bonne foi dont vous faites preuve dans les rapports publics ou privés que vous avez eu avec moi m'oblige à requérir *légalement* de vous (légalement, car vous vous refuseriez à tout autre moyen de persuasion) l'insertion dans le *Globe* de demain de la lettre que je vous ai adressée le 12 courant et qui est restée sans réponse de votre part, aussi bien que de ces lignes que je vous adresse aujourd'hui.

Vous prétendez que je *retiens* encore la procuration de M. Enfantin; mais comment puis-je *retenir* une procuration, et quel peut être le but de cette insinuation?

Par quel motif M. Enfantin s'est-il seul abstenu de révoquer la procuration qu'il m'avait donnée en même temps que vous et dans le même acte, alors que vous et ceux qui partagent votre aveuglement me fesiez *judiciairement* signifier le retrait des pouvoirs qui m'avaient été conférés ?

C'est encore, de la part de M. Enfantin, une de ces formes *séduisantes et diplomatiques* au moyen desquelles il espérait me convaincre un jour de sa supériorité *morale*.

Assez pour le moment; le public ne tardera pas à nous connaître *tous;* et quelles que soient toutefois vos prétentions à me juger, il ne s'en rapportera pas à l'abus que vous faites actuellement contre moi du pouvoir de la presse; le public me connaît déjà et depuis long-temps mieux que vous et tous ceux qui sont avec vous.

RODRIGUES.

TROISIÈME LETTRE.

Paris, ce 18 mars 1832.

MONSIEUR,

Vous me forcez, Monsieur, a caractériser enfin nettement, les procédés dont vous usez à mon égard, sous l'inspiration de M. Enfantin. Il me suffira de rappeler quelques faits :

Ma proclamation aux Saint-Simoniens, datée du 13 février n'a été répandue que le 18 du même mois. Vous avez d'abord refusé de la faire paraître dans le Globe. Vous ne vous y êtes décidé, que lorsque d'autres journaux l'avaient déjà inserée. Je n'ai pas, malgré mes légitimes et dernières instances à l'imprimerie, obtenu que vous donnassiez au texte de la loi morale, qui lui est nécessairement joint, une publicité égale à celle de la proclamation elle-même, vous avez refusé d'inserer cette loi morale dans votre journal.

Le lendemain, 19 février, en présence de deux amis, MM. Bailly et Cerclet, j'ai proposé à Stephane Flachat de servir désormais d'intermédiaire entre Enfantin et moi, pour toutes les explications qu'il pourrait avoir à me demander.

Prévoyant toutes les nuances possibles de délicatesse, je dis à Stephane Flachat que j'entendais désormais que la femme de charge de la maison m'ouvrît un compte spécial pour mes dépenses. J'ajoutais que l'union, qui, si long-temps, avait régné entre Enfantin et moi, me semblait admettre, malgré le débat énorme qui allait s'ouvrir entre nous, tous les égards personnels que chacun de nous pouvait attendre de l'autre.

Stéphane Flachat sortit de mon cabinet, enchanté de cette loyale proposition, mais il revint bientôt m'annoncer tristement, que le père Enfantin, regardant désormais mon influence comme funeste dans la maison, allait prendre tous les moyens possibles de m'en faire sortir, et qu'ainsi il venait de donner l'ordre à tous les employés de la maison, de me refuser tout service personnel, comme d'abord, celui de ma table, etc...

Je répondis à Flachat, que je ne sortirais de mon appartement que par un huissier, et par la force !

Voilà, Monsieur, ce qu'avec bonne foi et sans un hypocrite patelinage, vous deviez énoncer en tête de vos articles, lorsque vous osez bien mettre en doute la loyauté de mes procédés.

Telle est l'inspiration que votre père Suprême vous a donnée, pour vous guider à mon égard; aussi bien Isaac Pereire, est-il venu me déclarer maintes fois que son père Enfantin lui avait défendu de traiter aucune affaire avec moi, tant que je serais dans la maison, et c'est ainsi que vous avez constamment éludé des réponses nettes et catégoriques, a toutes les demandes que je vous ai faites, verbalement ou par écrit.

Il vous sied bien maintenant, Monsieur, de vous étonner que j'aie eu recours à la loi *extérieure*, lorsque aucune autre considération n'a pu vous engager à me satisfaire, comme j'ai le droit de l'être, et non pas comme vous entendiez le faire, dans votre orgueil et votre aveuglement.

Oui, Monsieur, je vous ai aimé comme un fils; mais je ne vous connaissais pas, et comme Saint-Simon, mon maître, dont vous avez cessé de comprendre la grandeur et la mission, si je me suis trompé, j'ai la puissance de me rectifier, et vous voyez que je le fais aussi.

Olinde Rodrigues.

IMPRIMERIE DE LACHEVARDIERE,
RUE DU COLOMBIER, N° 30.

www.ingramcontent.com/pod-product-compliance
Ingram Content Group UK Ltd.
Pitfield, Milton Keynes, MK11 3LW, UK
UKHW020427200726
13857UKWH00002B/319